首届中国考古学大会
（2016·郑州）会志

中国考古学会
郑州中华之源与嵩山文明研究会　编著
河南省文物考古学会

北　京

图书在版编目（CIP）数据

首届中国考古学大会（2016·郑州）会志 / 中国考古学会, 郑州中华之源与嵩山文明研究会, 河南省文物考古学会编著. —北京：科学出版社，2018.10
ISBN 978-7-03-059057-2

Ⅰ. ①首… Ⅱ. ①中… ②郑… ③河… Ⅲ. ①考古学 – 会议资料 – 汇编 – 中国 – 2016 Ⅳ. ①K87

中国版本图书馆CIP数据核字（2018）第228766号

责任编辑：王光明 / 责任校对：邹慧卿
责任印制：肖　兴 / 书籍设计：北京美光设计制版有限公司

科 学 出 版 社 出版
北京东黄城根北街16号
邮政编码：100717
http://www.sciencep.com

北京华联印刷有限公司 印刷

科学出版社发行　各地新华书店经销
*
2018年10月第 一 版　　　开本：787×1092　1/16
2018年10月第一次印刷　　印张：22
字数：522 000

定价：320.00元
（如有印装质量问题，我社负责调换）

序

首届中国考古学大会（2016·郑州）于 2016 年 5 月 21 ～ 23 日在河南省郑州市召开，来自中国、埃及、印度、洪都拉斯、俄罗斯、英国、德国、加拿大、日本、韩国、蒙古国、乌兹别克斯坦等十余个国家和地区的相关学者和媒体朋友近千人参加了此次大会。会议以前所未有的盛大规模、颇具特色的办会理念和精心周密的组织安排取得了圆满成功，成为新世纪中国考古学界的一次盛会。

中国考古学会自 1979 年成立以来，在夏鼐、苏秉琦、宿白、徐苹芳、张忠培等老一辈考古学家的主持下，每年召开考古学年会，就中国考古学及相关问题进行讨论，为促进中国考古学的发展起到了不可替代的作用。当时年会讨论的内容从旧石器时代一直到宋元明清，会期一般两到三天，讨论的内容比较宽泛，互动性和交流的深度有一定的局限性。参加会议的人员多限于正式代表，人数往往六七十人，最多也只有百人左右，许多考古学者终其一生都没有参加过考古学会的年会。

中国考古学会 2013 年换届以来，特别是第六届理事会成立以来，为了继承和发扬中国考古学会的优良传统，我们与时俱进，调整改革。按照研究领域先后成立了 16 个专业委员会，由专业委员会充分发挥在各领域领导、组织学术研究的作用，使中国考古学会引领、组织中国考古学研究的作用得到了大大加强。改变每年一次年会的做法，改为每两到三年举办一次中国考古学大会，大会由各专业委员会分别组织本领域的研究、本领域学者的论文发表和具体研讨，深化了各领域的考古学研究。同时，各专业委员会可根据实际需要每年召开数次学术会议，及时有效地引导本领域考古学的发展和研究。改变以往考古学年会参会代表限于国内大陆学者的局面，积极邀请十余个国家和地区的相关学者参与，充分表现了中国考古学面向世界，加强与国外学术界交流的态势和愿望。设置了中国考古学终身成就奖、中国考古学会研究成果奖（金鼎奖）、中国考古学会青年学者奖（金爵奖），同时各专业委员会也根据自身需要设置了相关奖项。目前，中国考古学会设置的所有奖项在每届中国考古学大会召开前评选一次。中国考古学会青年学者奖（金爵奖）的设置，旨在鼓励那些有发展潜力的青年才俊，使中国考古学能够不断向前发展。以前考古学会的年会多是闭门会议，偶尔会有一些媒体朋友参与。这次我们的会场面向社会开放，同时设置了十几场面向社会大众的公共考古讲座，让一流的考古学家讲述中国考古学，大大拉进来考古学与社会大众的距离，也是中国考古学走出象牙塔，走向社会的重要体现和行动。

首届中国考古学大会之所以选择在河南召开，这是因为河南所在的中原地区是中华文明的重要发祥地，是夏商周王朝的王都所在地，是多元一体的中华文明的核心区，是名副其实的中国考古学的诞生地。1921 年瑞典学者安特生在河南渑池仰韶村的发掘标志着中国考古学的开端，1928 年开始的安阳殷墟的持续发掘掀起了河南考古的一个高潮，河南考古除了第二次世界大战、"文化大革命"期间有所中断外，已经持续进行了 70 多年，基础雄厚、成果丰硕。此外河南省特别是郑州市的文物考古同行们，非常热心支持中国考古学会的事业，积极踊跃地申请成为首届中国考古学大会的举办地。上述种种因素促使我们在河南省郑州市举办首届中国考古学大会。

首届中国考古学大会（2016·郑州）的成功举办来之不易，回顾整个过程，我的感受有以下几点：

第一，首届中国考古学大会（2016·郑州）为国内外考古学者提供了一个交流的平台。参加此次大会的国外学者，既有来自北美洲、欧洲、东亚地区与中国学者交流密切的老朋友，也有来自非洲、南亚、中亚地区与中国学者交流逐渐增多的新面孔。中国学者目前在乌兹别克斯坦、洪都拉斯、俄罗斯、蒙古国等国正在与国外同行开展联合考古发掘，即将赴印度、埃及等国开展新的考古发掘项目。首届中国考古学大会（2016·郑州）上，既有中国学者介绍在国内外从事考古发掘的收获，也有国外学者介绍本国考古发掘的成果，会议期间大家就共同关心的问题进行了深入讨论，无论是共识还是分歧，大家越来越感觉到中国考古学大会这样一个日趋国际化平台的重要性。

第二，首届中国考古学大会（2016·郑州）为中国考古学提供了一个良好的展示机会。1921年仰韶村发掘，此后中国学者在安阳殷墟、北京周口店等地发掘，其成果逐渐为国外学者所了解。1949年以后，中国考古学进入全面发展时期，特别是改革开放40年来，中国考古学进入一个快速发展的新时代。中国考古学的发掘理念和发掘技术有了前所未有的进步，重要考古发现层出不穷，研究成果如雨后春笋般不断涌现，中国考古学的发掘成果和研究成果也越来越引起国外学术界的关注。2013年以来，每两年我们在上海举办一次"世界考古·上海论坛"，在每届论坛的世界重大考古发现和重要研究成果的评选活动中，中国学者的考古发掘项目和研究成果均有入选。此次考古学大会上，中国学者的发掘项目和最新研究成果再次引起国内外学者的高度关注，并成为大家谈论的焦点。

第三，首届中国考古学大会（2016·郑州）为中国考古学的发展创造了一个新的契机。中国考古学虽然已经走过了近百年的历程，但是还有一些问题依然制约着中国考古学的发展，如一些学者注重国内研究、忽视国外研究的情况依然存在；考古学依然是一门没有被社会大众了解和熟悉的学科；在一些地区，考古学与科学技术、遗产保护的结合仍然不够紧密。此次考古学大会上，公共考古指导委员会、新兴技术考古专业委员会、文化遗产保护专业委员会等专委会的分组讨论、公共考古讲座的举办等都引起了与会学者、相关媒体和社会大众的高度关注。我们有理由相信，通过首届中国考古学大会（2016·郑州）的成功举办，中国考古学将进入一个精益求精、科技创新与遗产保护并行的新时代。

此次考古学大会的主题是"走向世界、走向未来的中国考古学"。目前，中国正处在实施"十三五"规划，全面建设小康社会的关键阶段，习近平总书记等党和国家领导人对包括考古学在内的人文社会科学的发展做出了一系列的重要指示。我们有理由相信，有党和政府的大力支持，有人民群众的充分参与，借助于首届中国考古学大会（2016·郑州）成功举办的东风，中国考古学在所有考古学者的不懈努力下，不但会结出更加丰硕的成果，而且也会为世界考古学的发展做出新的更大的贡献。

中国考古学会理事长

中国社会科学院学部委员、研究员

2018年9月25日

《首届中国考古学大会郑州共识》

　　我们，来自中国内地（大陆）、中国香港、中国台湾的近 700 位中国学者和来自十几个国家的外国学者相聚古都郑州，参加了首届中国考古学大会。与会学者切磋学问，交流经验，分享彼此的成果，会议取得圆满成功。会议期间，与会中国学者还就中国考古学的发展方向进行了交流和探讨，达成以下共识。

　　中华优秀传统文化是中华民族的精神命脉，是涵养社会主义核心价值观的重要源泉，也是我们在世界文化激荡中站稳脚跟的坚实根基。考古学的研究成果，对于传承中华文明和优秀传统文化，振奋民族精神，增强民族凝聚力，推动社会发展，具有十分重要的作用。中国考古学会应团结、带领全国考古文博界同仁，继承传统，开拓创新，促进中国考古学的不断进步。

　　回忆往昔，中国考古学在近百年中国社会的变迁中历尽艰辛坎坷，不断取得进步，我们向筚路蓝缕为中国考古学发展贡献出毕生精力的前辈学者表示崇高的敬意。展望未来，中国考古学面临前所未有的发展机遇和广阔前景。作为活跃在考古研究一线的考古工作者，我们意识到责任重大，使命光荣。为了使中国考古学更好、更快地发展，我们应当努力做到以下几点。

　　一、强化考古工作者的责任感和使命感，继承老一辈考古学家的优良传统，端正学风，求真务实；爱岗敬业，甘于奉献。严格遵守《田野考古工作规程》，一丝不苟地开展田野考古工作，确保田野考古工作质量，不断为中国考古学的发展提供翔实、准确的新资料。

　　二、正确地把握考古学的发展方向，加强中国考古学学科体系建设，深化考古学研究，推动自然科学技术手段更加广泛的应用，不断推进学科体系、学术领域、研究手段和方法及研究成果的创新。

三、加强国际合作与交流，大力实施"走出去"战略，推动世界不同地区古代文明的比较研究，增强中国考古学在国际学术界的话语权和影响力，使中国成为名副其实的考古强国。

四、认真坚持考古为人民的理念，大力开展公共考古，努力做好考古成果的宣传和考古知识的普及工作，传承和弘扬中华优秀传统文化。

五、遵守职业道德和从业人员行为规范，不收藏文物，不参与文物的买卖，与盗掘和非法倒卖文物行为做坚决的斗争，保护祖先留下的珍贵遗产。

六、认真贯彻"保护为主，抢救第一，合理利用，加强管理"的文物工作方针，与有关部门积极配合，在城乡建设、考古遗址公园建设、文化遗产保护工作中积极发挥考古学的作用。

中国考古事业正处于承前启后、继往开来的关键时期，任重而道远。让我们团结一心，共同努力，为建设具有中国特色、中国风格、中国气派的中国考古学，为世界考古学的发展，为实现中华民族的伟大复兴，做出新的、更大的贡献！

参加首届中国考古学大会的全体中国学者

2016 年 5 月 23 日于郑州

目录

专题学术报告 / 47

中国考古学会各专业委员会分组研讨 / 123

闭幕式讲话／285

媒体报道／295

附录／317

简 介

首届中国考古学大会（2016·郑州）

　　中国考古学大会是中国考古学界规模最大、范围最广、规格最高的国际性高端学术会议。大会由中国考古学会主办，每2年举办一次。大会旨在全面展示中国考古学的发展现状和成果，促进考古学对外开放和国际学术交流，推动中国考古学的全面发展。

　　20世纪初中国考古学诞生，迄今已近百年，河南是中国考古学的诞生地，在中国考古学的发展史上占有重要地位，对中国考古学的发展起到了积极推动作用。2014年初，中国考古学会提议于2016年召开首届中国考古学大会。经过河南省文物局、郑州市文物局、郑州中华之源与嵩山文明研究会与中国考古学会积极沟通协商，同时也基于郑州在中国考古学上的重要地位，中国考古学会决定于2016年在郑州举办首届中国考古学大会。会议正式定名为"首届中国考古学大会（2016·郑州）"。

首届中国考古学大会（2016·郑州）于2016年5月21～23日在河南省郑州市举办，这是中国考古学史上第一次全国性、开放式的学术会议。会议主题是"走向世界、走向未来的中国考古学"。首届中国考古学大会（2016·郑州）共有正式代表385人，其中包括特邀代表25人、国外代表24人，另外还有列席代表337人，与会人数总计722人。首届中国考古学大会（2016·郑州）以史无前例的规模和鲜明的办会特色，成为中国考古学发展史上的一座里程碑。

组 织 机 构

首届中国考古学大会（2016·郑州）由中国考古学会主办，郑州中华之源与嵩山文明研究会、河南省文物考古学会承办，河南省文物考古研究院、郑州市文物考古研究院、郑州嵩山文明研究院协办。

中国考古学会是中国考古学界群众性的学术团体，成立于1979年，会址设在北京。学会宗旨是促进全国考古工作者之间的学术交流，定期组织专题讨论，推动中国考古事业的发展，提高考古研究的科学水平。学会现下设16个专业委员会。

郑州中华之源与嵩山文明研究会是经民政部门批准的由国内高等院校、科研院所的专家、学者组成的全国性的从事中华之源与嵩山文明研究的学术团体，成立于2010年5月23日，会址设在郑州嵩山文明研究院。学会宗旨是聚集和吸纳相关学术领域的专家、学者，组织、协作开展有关中华之源与嵩山文明相关课题的研究；重点开展中国人类起源研究、早期文明起源研究、中原古都群研究、"根""源"文化研究和"天地之中"

理念内涵的研究，进一步凸显嵩山文明在中华文明中的根源与核心地位及其在世界文明发展史上的独特价值；传承和弘扬中华优秀传统文化，增强中华民族的归属感和凝聚力；丰富和增强郑州作为文明古都的文化底蕴，提升郑州核心城市地位和国际知名度，促进郑州文化、经济、社会全面、持续、快速、健康地发展。

河南省文物考古学会是由河南省区域内文物考古工作者和单位自愿组成的地方性、学术性社会团体，原名"河南省考古学会"，成立于1980年12月，会址设在河南省文物考古研究院。学会宗旨是广泛地团结和联系河南省文物考古工作者，开展学术研究活动，不断地提高河南省文物考古的学术水平，促进文物考古事业的发展，在社会主义物质文明和精神文明建设中发挥积极作用。

开幕式致辞

中国社会科学院党组书记、院长王伟光致辞

尊敬的各位来宾、各位朋友、女士们、先生们：

上午好！

今天，高朋满座，济济一堂，我们在中华文明的腹心地带——河南省郑州市迎来了首届中国考古学大会。这次大会由中国考古学会主办，郑州中华之源与嵩山文明研究会、河南省文物考古学会承办，河南省文物考古研究院、郑州市文物考古研究院、郑州嵩山文明研究院协办，是中国考古学会自 1979 年成立以来主办的历次学术会议中规模最大的一次国际学术会议。来自中国大陆、香港、台湾，以及埃及、印度、洪都拉斯、俄罗斯、英国、德国、加拿大、日本、韩国、蒙古国、乌兹别克斯坦等国家的近 400 位中外考古专家、学者将参加本次会议并进行学术研讨，此外，还有特邀代表、列席代表、媒体代表等参加本次会议。

中国考古学会自成立以来，已经走过了近 40 年的成长历程。夏鼐、苏秉琦、宿白、徐苹芳、张忠培等前任理事长为中国考古学会的发展做出过卓越贡献，在全国考古工作者的支持下，中国考古学会与时代同步发展，已经成为我国考古学界最为重要的一个学术团体，始终引领着中国考古学学科前进和发展的方向。以王巍同志为理事长的新一届理事会上任以来，中国考古学会更是以全新的姿态活跃在考古学界，特别是近年陆续成立了 13 个专业委员会，为考古学科建设搭起了新的交流与合作平台，从而更有效地将考古学界的专业研究人员组织在了一起，能够更好地发挥考古学会的专业指导作用。本次大会正是在这一背景下召开的，各位代表们将在13个专业委员会分别开展学术研讨，相信这一新的变化一定能够使各专业委员会的讨论更为聚焦，更加富有成效。本次大会以"走向世界、走向未来的中国考古学"为主题，内容丰富，可以说是中国考古学界发现与研究成果的一次集中展示，也是中外考古学合作交流的一次难得的机会。

中国现代考古学自创建至今已将近一个世纪，1921年安特生发掘河南仰韶村遗址，拉开了我国近代田野考古学的大幕。20世纪30年代河南安阳殷墟的前后15次考古发掘及对其的相关研究，则奠定了中国考古学的基础。中国现代考古学开创期的许多重要工作都是在河南省完成的，中原大地以其深厚的文化底蕴，为中国考古学的发展和进步提供了丰富的养料。此后90余年的中国考古学历程中，一代代考古学家艰苦奋斗、不断探索，使五千年的中华文明画卷日益清晰，使多元一体的中华文明的起源与发展、中华文化多样性及其多民族统一国家的形成与发展等重要的研究课题得以不断深入。近数十年来，特别是进入21世纪以来，随着科学技术水平的发展和考古学研究的深入，中国考古学在田野考古调查、发掘和考古研究中不断引入新的科学技术手段，使得田野考古技术不断提高，借助科技考古所获取的古代人类与社会的信息愈发综合全面。在这一基础上，文物保护与公共考古也蓬勃展开，中国考古学作为一门交叉融合的学科不断焕发新的魅力，已经在学术舞台上展现出了独特和动人的特色。

我们还应看到，包括考古学在内的哲学社会科学的创新与交流，是社会发展的持续动力所在。在过去的几年中，中国社会科学院作为马克思主义的坚强阵地、哲学社会科学的最高殿堂、党中央和国务院的思想库和智囊团，全面实施创新工程，全院同仁齐心协力，开拓进取，各方面工作取得了显著的进步和丰硕的成果。今年是中国社会科学院全面实施创新工程的第二个五年的开局之年，在过去的五年里，中国社会科学院考古研究所无论是在田野发掘、专题研讨、综合研究、文物保护，还是在公共考古、科研管理、人才队伍建设等方面都取得了突破性的进展，目前在全国各地近40个遗址同时开展考古工作，并积极实施"走出去"和"请进来"战略，迈出国门，深入乌兹别克斯坦和洪都拉斯发掘古代遗址，还计划进一步赴印度、埃及等世界古代文明中心开展考古发掘工作，并成功地举办了两届"世界考古·上海论坛"，很好地发挥了中国考古学的龙头作用。这些工作，为推进中国考古学的发展与创新，为抢占国际学术前沿和掌握国际话语权，为探索中华文明和延续中华民族的精神血脉，起到了重要作用。

当前，中华民族正处于伟大复兴的历史节点上，同时也处于改革开放和社会转型的关键时期。坚持正确的政治方向和学术导向，对于考古学的健康发展是至关重要的。在考古学研究中，必须坚持以马克思主义为指导，坚持把辩证唯物主义和历史唯物主义的立场、观点、方法运用到考古学研究中。唯物史观是当代中国历史和考古学研究的旗帜和灵魂，是当代考古学研究的重要指南。在这一正确理论、方法的指引下，通过中国考古学界广大同仁的不懈努力，中国考古学可以丰富和发展对于人类历史发展进程、道路、动力等一系列重要历史问题的认识，乃至为丰富和发展马克思主义做出独特的贡献，为中华民族走向复兴提供新的动力。

习近平总书记指出，"中华优秀传统文化是中华民族的精神命脉，是涵养社会主义核心价值观的重要源泉，也是我们在世界文化激荡中站稳脚跟的坚实根基"。中国考古学 90 余年来取得的丰硕成果，正是挖掘和弘扬中华优秀传统文化的重要方面。中国考古学界的广大同仁们，正应以此为己任，大力推进考古学研究，通过自己的努力，为推动中华文明创造性转化和创新性发展添砖加瓦，让习近平总书记"把跨越时空、超越国度、富有永恒魅力、具有当代价值的文化精神弘扬起来，让收藏在博物馆里的文物、陈列在广阔大地上的遗产、书写在古籍里的文字都活起来，让中华文明同世界各国人民创造的丰富多彩的文明一道，为人类提供正确的精神指引和强大的精神动力"这一重要战略思想付诸实施。

最后，预祝本次大会圆满成功！谢谢大家！

文化部党组成员，国家文物局党组书记、局长刘玉珠致辞

尊敬的王伟光院长、张广智副省长、各位专家、女士们、先生们：

大家早上好！今天，我们相聚于美丽的黄河之滨、嵩山脚下，召开首届中国考古学大会，共同探讨当代考古学发展的前沿问题。这是考古学界的盛会，也是我国文物工作中的一件大事。首先，请允许我代表国家文物局向大会的隆重召开表示热烈祝贺，向与会的国内外专家学者致以诚挚的问候。

考古是文物保护的一项基础性工作，也是我国文物事业的重要组成部分。中国考古学自20世纪初兴起，从最初的证经补史到自成体系，迅速地成为与传统文献史学并重的人文学科，为深入探究中华文明的源流、发展，发挥了关键性的作用。进入21世纪以来，我国考古工作在学科发展、基本建设考古、大遗址保护、人才培养等方面成绩斐然。陕西神木石峁遗址、浙江余杭良渚遗址、广东阳江南海Ⅰ号等一批重要考古发现引起国内外广泛关注，高句丽遗迹、殷墟、元上都遗址、土司遗址等考古遗址成功列入世界文化遗产。特别是江西新建墩墩汉墓经过5年考古工作，取得重大成果，堪称考古工作的典范。考古工作的影响力和关注度与日俱增，在传承、弘扬和发展中华优秀传统文化、构建社会主义核心价值体系、促进国家经济社会发展等方面，发挥了不可或缺的重要作用。

国家文物局一直高度重视考古工作。近年来，我们在积极推进三峡、南水北调等大型基本建设工程中的考古工作，保障国家经济建设和民生发展的同时，结合中华文明探源等重大课题研究，进一步加大了对主动性考古项目的引导和支持。制定并颁布了《田野考古工作规程》《大遗址考古工作要求》等文件，充分地体现了考古学科发展的新理念、新要求。国家文物局对考古和大遗址保护的经费投入持续大幅度地增长，"十二五"期间投入资金较"十一五"时期增长了 3 倍，为我国考古工作的加快发展提供了有力保障。

今年是"十三五"开局之年，文物事业迎来了前所未有的历史性发展机遇。习近平总书记、李克强总理对文物工作做出重要指示批示，强调要切实加大文物保护力度，推进文物合理适度利用，努力走出一条符合国情的文物保护利用之路。国务院印发了《关于进一步加强文物工作的指导意见》，并召开全国文物工作会议，进一步明确了新时期文物工作的指导思想、目标任务和政策措施。本周国办又转发了四部门《关于推动文化文物单位文化创意产品开发的若干意见》。当我们站在新的历史起点上，展望和推动文物事业再上新台阶的过程中，考古工作始终是其中的重点和亮点。借此机会，我也想就新时期考古工作提几点建议。

增强大局意识，做好基本建设考古。我国正处在城镇化快速发展的历史进程中，必须处理好文物保护与服务经济、社会发展大局的关系，积极做好基本建设工程中的考古工作。在当前经济增速放缓、下行压力较大的形势下，从国家到地方政府都有一批关系国计民生的油、气、水、电和交通等重大建设工程，进一步提高基本建设考古工作的质量和效率，尤其具有重要的现实意义。考古单位特别是各省、市考古所作为基本建设考古的主要力量，要按照守土尽责的要求，将抢救性保护和预防性保护相结合，提高考古工作的前瞻性和科学性，尽可能多地抢救保护珍贵的历史文化遗产，实现文物保护与经济建设的双赢。

增强保护意识，促进遗址保护利用。近年来，我国大遗址保护和国家考古遗址公园建设发展很快，但也存在着考古基础薄弱、与保护工作脱节等问题，导致遗址讲不清楚、看不明白，难以发挥公共文化服务和社会教育功能。考古是做好遗址保护利用工作的前提和基础。正所谓万事开头难，考古这个头开好了，工作做得扎实到位了，就会为后续的规划、保护、展示、利用工作提供极大的便利和发挥空间。我们在考古工作中强调保护意识，就是要掌握遗址保护展示的基本方法，对考古发现的重要遗迹现象要不要保、怎么保，心中有数，充分考虑到遗址后续保护和展示利用的需求；不光管"挖"，也要管"保"和"用"。从考古学科的发展角度来说，也要坚持问题导向，在理论研究和田野实践中更多地关注和解决当前考古遗址保护利用中的实际问题，为探索具有中国特色的文物保护利用之路做出应有的贡献。

增强合作意识，提升考古研究水平。目前我国考古工作涉及不同领域和不同学科，因此，考古研究要进一步创新工作机制，深入开展多学科合作和区域协作，充分吸纳自然科学和其他人文科学的研究成果，广泛运用空间技术、测绘技术、数字技术等新技术手段和新型材料、新技术装备，提升考古工地信息采集、检测分析和出土文物现场保护的技术水平，不断拓展考古学研究的范围和深度。积极推动考古单位联合开展对大遗址、重要遗址群、考古学文化或区域性文明进程等重大课题的综合研究，建立文物信息资料的共享机制和协作研究机制，将分散于各单位的考古资源有效地整合利用起来，为中华文明的发展演进勾勒出更加清晰、完整的历史画卷。

增强开放意识，推动国际合作共赢。中国考古学要更加具有国际眼光和开放胸襟，进一步加强与国际同行的交流与合作。我们欢迎各国同行来中国参与考古工作，深入交流考古和遗址管理方面的新理念、新方法、新技术和实践经验，以国际视野来推动关于人类起源、农业起源、文明起源等考古学重大课题的比较研究，推进动植物考古、环境考古、科技考古等新兴考古学领域的研究工作。同时，中国的考古工作者也要积极地走出去，加强与周边国家和"一带一路"沿线国家的考古合作，进一步探究中华文明与周边地区文明的相互交流、融合与发展，在世界考古的舞台上展现中国考古人的风采。

长期以来，中国考古学会在促进考古学界学术研究和交流，引领学风建设等方面发挥了重要作用。本次中国考古学大会的成功举办，正是学会改革创新、开拓进取的成果，将为中国考古学发展注入新的生机与活力。我们期待考古学界各位同仁在本次大会中深入交流探讨，积极建言献策，共同努力开创中国考古学更加广阔的发展局面。

最后，预祝本次大会取得圆满成功！

谢谢大家！

河南省人民政府副省长张广智致辞

尊敬的王伟光院长，尊敬的刘玉珠局长，各位领导、各位学者，同志们、朋友们：

今天，我们相聚华夏腹地、黄河之滨，参加由中国考古学会主办，郑州中华之源与嵩山文明研究会、河南省文物考古学会承办的首届中国考古学大会，这是中国考古学界的一件大事，也是河南文物考古事业发展的一件盛事。在此，我谨代表河南省人民政府，向大会的成功召开表示热烈的祝贺！向各位来宾表示诚挚的欢迎！向长期以来关心支持河南发展的各界朋友表示衷心的感谢！

河南总面积 16.7 万平方千米，辖 18 个省辖市、158 个县（市、区），总人口 1.07 亿，是全国第一人口大省。改革开放特别是近年来，河南经济持续、快速、健康发展，综合实力显著增强，已成为全国重要的经济大省、新兴工业大省和有影响的文化大省，成为全国重要的农副产品生产加工基地、能源原材料基地、交通通讯枢纽和人流、物流、信息流中心。随着粮食生产核心区、中原经济区、郑州航空港经济综合实验区三大国家战略的深入实施，河南已进入一个大开放、大跨越的发展新阶段。2015 年河南省生产总值 3.7 万亿元，同比增长 8.3%，居全国第五位。今年一季度河南省生产总值 8284 亿元，同比增长 8.2%，高于全国平均水平 1.5 个百分点。

河南是中华民族和华夏文明的重要发祥地。在 5000 年中华文明史中，河南作为国家的政治、经济、文化中心长达 3000 余年。中国八大古都，河南有 4 个，即九朝古都洛阳、八朝古都开封、殷商古都安阳、商都郑州。中国古代四大发明均源自河南。悠久的历史和灿烂的文化给河南留下了丰富的文物资源。河南地上文物、地下文物均居全国前列，被誉为"天然的中国历史博物馆"。现有洛阳龙门石窟、安阳殷墟、登封"天地之中"历史建筑群、大运河河南段、丝绸之路河南段5处世界文化遗产，全国重点文物保护单位358处，河南全省可移动文物数量190余万件。一直以来，河南省委、省政府把文物事业作为提升文化软实力、增强综合竞争力的重要支撑，采取有效措施，加快文化资源大省向文化强省跨越，文物事业发展呈现出良好态势，较好地发挥了资政育人、传承文明、丰富生活、促进发展的重要作用。

河南是中国近代考古学的发祥地。1921年，经当时的北洋政府批准，瑞典地质学家、考古学家安特生和中国学者袁复礼等人对渑池县仰韶村遗址进行了考古发掘，确立了中国考古学史上第一个考古学文化——仰韶文化。1928年，由中国考古学家独立主持开展的殷墟发掘，拉开了中国田野考古学的大幕。此后，中国考古学家又分别在河南鹤壁辛村、卫辉山彪镇等地进行了一系列考古发掘工作，探索建立了一套科学的考古发掘技术和研究方法，为中国现代考古学的诞生奠定了基础。

近年来河南省一系列重要考古发现，在"夏商周断代工程""中华文明探源工程"等国家重大科技攻关项目中均有重大突破，有力地推动了中国考古学的发展。目前，河南正在深化"中华文明探源工程"研究，如可能与传说中的"黄帝"部落有关的河南灵宝北阳平遗址群，学界普遍认为与"禹都阳城"地望有关的河南登封王城岗城址，与"夏启之居"有关的河南新密新砦遗址，还有考古学界共识的夏代中晚期都城遗址——偃师二里头遗址等都被列入研究重点，这些重要遗址的考古学研究，对于研究华夏文明的诞生、早期国家的形成、古代城市的起源等具有重要的历史、科学和艺术价值。据统计，自1990年开始评选年度"全国十大考古新发现"以来，河南省先后有40余项考古发现入选，居全国之首。河南的考古发掘和研究水平一直处于全国领先地位，被称为中国考古学的"黄金宝地"。

本届大会作为国内首次举办的多学科、开放式、国际化考古学大会，邀请了国内外众多专家、学者，可谓嘉宾纷至、大家云集。我们期盼，与会的专家、学者积极地发表真知灼见，为中国考古学发展建言献策，为河南文物事业问诊把脉。我们相信，在各有关方面的共同努力下，本届大会一定会办成传播思想、加深友谊、促进发展的盛会！

最后，预祝本次大会圆满成功！祝愿各位领导、专家、各位来宾身体健康、工作顺利！

谢谢大家！

中共河南省委常委、郑州市人民政府市长马懿致辞

尊敬的王伟光院长、刘玉珠局长，各位代表、各位专家，朋友们：

和风送绿黄河岸，华夏文明荟群英。在首届中国考古学大会隆重召开之际，我谨代表郑州市委、市人民政府，向各位领导、专家、学者和媒体界朋友，表示热烈的欢迎和衷心的感谢！

在华夏民族传统宇宙观中，郑州嵩山是"天地之中心"。在华夏文明起源发展中，以郑州为中心的嵩山地区孕育了连绵不断、传承有序的华夏文明，奠定了中华文明的基石，也为我们留存了丰富的文化遗产。目前，郑州地区拥有世界文化遗产 2 项，全国重点文物保护单位 74 处 80 项，不可移动文物近万处。郑州市是中国八大古都之一、国家历史文化名城、华夏历史文明传承创新示范区、世界历史都市联盟成员城市和国家重点支持保护的全国六个大遗址片区之一。

20 世纪 50 年代以来，郑州地区的考古工作取得了一系列重大发现，入选"中国 20 世纪 100 项大考古发现" 4 项，入选历年来"全国十大考古新发现" 13 项。这些重大发现，体现了以郑州为中心的嵩山地区，在华夏文明起源发展中的重要价值，再现了郑州在华夏文明史中的重要地位，充实了郑州的历史底蕴，提升了郑州市文化软实力和影响力。

郑州历届党委、政府都十分重视文物保护工作。在政府机构逐步精简的背景下，单独设立郑州市文物局，设立了文物保护专项资金，支持郑州中华之源与嵩山文明研究会的设立，致力于华夏文明起源、发展和遗产保护研究。郑州被列入国家重点支持的六个大遗址片区之后，郑州市政府立即启动并完成了大遗址片区战略规划编制工作。在新型城镇化建设中，确定实施了"文物梳理建档""传统村落保护"和"乡村记忆强化"等文化遗产保护传承工程，明确要求将文物保护工作纳入城市发展"五规合一"，纳入领导考核指标。目前，郑州市已经基本形成文物保护与城市协调发展、互促双赢的良好机制和局面。

在文物保护工作中，郑州市委、市政府认真学习和践行习近平总书记关于文物保护工作系列重要讲话精神、积极贯彻落实国务院《关于进一步加强文物工作的指导意见》和国务院、河南省关于建设华夏历史文明传承创新区、建设文化强省的战略部署，大力支持文物考古与保护工作，积极促进历史文化传承创新，不断激活文物资源在服务社会、促进发展中的深厚潜力。首届中国考古学大会在郑州召开，必将推动郑州市文物考古工作更好更快地发展。在此，我真切地希望各位领导、专家、学者和社会各界人士，走进郑州，关注郑州，关心郑州，参与到古都郑州的传承、创新中来，让我们智慧相融、携手共进，使历史文明与现代化建设交相辉映，照亮未来！

祝本次大会圆满成功！

谢谢！

郑州中华之源与嵩山文明研究会会长刘其文致辞

尊敬的王伟光院长、刘玉珠局长，各位代表，各位专家，各位朋友：

　　首届中国考古学大会在郑州召开，这是河南考古学界乃至河南全省的荣耀。我谨代表郑州中华之源与嵩山文明研究会向光临大会的各位领导、各位专家、各位朋友表示热烈欢迎！

　　郑州中华之源与嵩山文明研究会荣幸地参与了本次大会的承办工作，使我们有机会在更大的平台和更高的层次上同国内外高端专家、学者面对面地相互交流，相互学习。我们衷心地感谢本次大会主办方——中国考古学会的信任和支持，我们热切期待各位专家、学者展现新的科研成果。

　　郑州中华之源与嵩山文明研究会由国内知名高校和科研院所的专家、学者组成，是全国性学术研究团体。研究会立足中原，面向全国，以考古发现为基础，通过科学研究，探索中华文明的起源和演变过程，凸显嵩山文明在中华文明起源、形成与发展过程中的地位，揭示中华文明五千年绵延不绝的内在动因。研究会诞生以来，成功地举办了"华夏历史文明传承创新""聚落考古""早期中国""夏商周时期的中原与周边"等主题研讨会，面向全国发布了140多个课题，邀约全国知名专家、学者参与研究，形成了许多有远见的学术观点，已出版专著10余册。

探索中华文明的起源离不开考古学的发展，再现中华文明的灿烂辉煌离不开考古人的田野发现。中华文明是世界人类文明的一部分，嵩山文明是中华文明的一部分。中华文明与周边文化基因相承，血脉相连。郑州中华之源与嵩山文明研究会希望和国内外考古学界的专家、学者共同致力于中华文明起源的研究，见证辉煌璀璨的人类早期文明，展示中华文明的独特魅力。

　　祝大会圆满成功！

著名考古学家、北京大学考古文博学院教授李伯谦致辞

尊敬的各位领导，尊敬的各位来宾，朋友们：

我代表中国考古学家向首届中国考古学大会的胜利召开表示热烈的祝贺！同时，我也代表中国学者向不远万里来到中国参加这一次盛会的国外同行们表示热烈的欢迎！

中国自 20 世纪 20 年代初从国外引进考古学以后，如果以李济先生在山西夏县西阴村 1926 年的考古发掘为标志，至今正好是 90 年，如果以 1921 年安特生发现仰韶村并开始发掘仰韶遗址算起，至今已经快 100 年了。

近 100 年以来，中国考古学虽然历经波折，但还是取得了令人瞩目的成绩。在人类起源特别是现代人起源、农业起源、中国文明起源，以及文明的演进、社会发展的不同阶段、社会结构的演变等各个方面，都取得了丰硕的研究成果。同时，还有动物考古、植物考古、DNA 考古、地震考古、环境考古等一系列以考古学为基础的分支学科不断地涌现。

回顾这样一个历程，我们特别怀念创立中国考古学的李济先生、梁思永先生、尹达先生，以及裴文中先生、夏鼐先生、苏秉琦先生，是他们的不懈努力使中国考古学从宋代以来的金石学，变成了现代以田野调查发掘为特征的现代考古学，并且不断地取得新的成果。因此，我想我们应该对他们表示深深的敬意。同时，我想我们还应该怀着非常虔诚的心情，祝贺这次首届中国考古学大会将要颁发的中国考古学终身成就奖的获得者宿白教授，还要向这次即将颁发的中国考古学会研究成果奖（金鼎奖）、中国考古学会青年学者奖（金爵奖）等奖项的获得者表示热烈的祝贺。

中国考古学发展到今天，取得了很多成果，现在面临着一个新的发展机遇，所以我们想以这次中国考古学大会的召开为契机，总结经验，看看还有哪些不足之处，很好地部署今后的发展，正像这次会议的主题一样，"走向世界、走向未来"。我想，通过这次考古学大会，我们一定会对今后的考古学的发展充满信心，做出我们自己应有的贡献，谢谢大家！

印度考古调查局考古所所长
桑杰·库玛尔·曼纽尔致辞

女士们，先生们：

大家上午好！我感到十分荣幸，能够参加首届中国考古学大会，并且作为海外学者代表在开幕式上发言。我要特别感谢主办方的热忱邀请，以及中国人民的友好热情。

作为海外代表，我们感到十分幸运能够来到位于黄河之滨并孕育着世界上最古老文明之一的城市郑州参加首届中国考古学大会。

今天恰逢乔达摩佛的诞辰，我也希望借此吉日预祝首届中国考古学大会取得圆满成功。众所周知，同为世界文明古国的中国和印度一直以来也是友好邻邦，无论是在文化还是经济方面，关系都源远流长。

历史上，中国和印度在佛教传播之前已经开始了联系。根据资料显示，一个叫"Chin"的人名出现在古代印度文献中，并且现在普遍认为此人是中国人。公元前 5 世纪印度《摩诃婆罗多》中记载着"Chin"的相关信息：可能指代战国时期的秦国，后来变为秦帝国。古印度孔雀王国首席顾问、塔克西拉大学老师考底利耶（公元前 350～公元前 283 年）在他的书籍《政事论》中将中国的丝绸称为"chinamsuka"（中国的丝质礼服）和"chinnapatta"（中国的丝绸束）。

从公元 1 世纪开始，许多印度学者和僧人到中国游访。与此同时，很多中国学者和僧人也到印度游历。从公元 1 世纪到 10 世纪，法显、玄奘和义净是众多到印度朝圣的僧人中最著名的三位。玄奘和义净还是位于比哈尔邦的那烂陀大学的学生。他们的游历记录成为众多历史学家、考古学家、佛学家，以及关注古代文化区域交流的学者们的重要资料。根据这些资料，考古学家发现了很多之前消失的佛教遗址，例如 Taxila、Sankisa、Sravasti、Piprawah、Kushinagar、Sarnath、Vaishali 和 Nalanda 等。印度考古调查局考古所在北方邦和比哈尔邦开展了考古发掘工作。最近几年，在 Sankisa、Juffardih、Ghorakatora、Rukmanisthan、Tilhara、Vashali 和 Kolhua 又发现了新的佛教考古证据。

考古学连接了过去和现在，并且为我们通往未来的道路指明方向。我们应该高度重视对我们的多样且创造性的艺术形式及丰富的物质文化遗产的保护。这是一个艰巨的任务，它需要广阔的视野、明确的目的及多种资源的通力合作才能完成。

我确信人数众多的参会者一定会在这 3 天的会期内积极参与讨论，这将有利于考古学研究的发展。

这次考古大会，为中国和世界各地积极参与遗产保护的学者提供了平台。

我非常感谢中国社会科学院考古研究所的王巍所长及其团队，特别是张泉女士邀请我来郑州参加本次大会并安排我随后访问北京的行程。

最后，我呼吁各位同行积极分享、交流我们对考古遗迹的发现、发掘及保护的研究经验，这对我们的后代至关重要，此外，我认为我们应该加紧对金石并用时代及早期农耕时代的文化交流的研究。

如今，我们需要朝着共同的价值观继续前进，追逐着我们共同的战略利益，以求更好地解决考古学问题。

再一次，我谨代表印度考古调查局考古所预祝本次大会圆满举行！

Mayke Wagner

德国考古研究院欧亚考古研究所副所长王睦致辞

尊敬的领导们，尊敬的同志们、朋友们：

大家上午好！

今天我代表德国考古研究院也代表来自国外的各位同志们，对首届中国考古学大会组织单位的盛情表示感谢！我们感到非常荣幸，今天能够在郑州参加本次隆重的会议。几个星期以前，山东的一个好朋友提醒我，今年是我们建立友谊30周年，值得庆祝。对，正好30年前我是第一次到中国，1986年在山东大学开学了，我的第一个老师是蔡凤书教授和栾丰实教授，岳石文化、龙山文化是我在中国首次学到的考古学文化，最早挖的陶器是龙山文化黑陶高足杯，因此，我对汉代以前考古有一种特别的亲密的感情。30年期间，我在中国其他地区认识了很多优秀的学者、老师，看了不少伟大的考古发现和研究成果，印象很深，忘不了。30年以来，我亲身经历中国考古学各个方面的迅速发展，中国考古学成为一个现代化的国际性的学科，实行先进的科学技术，可以帮助我们更深入地了解古代中国文明，也可以更好地折射中国社会发展。

前天我参加了在呼和浩特举办的"5·18国际博物馆日"，国家文物局的一位领导说了一句很好的话，他说博物馆是城市的名片。我想，也能这么说，考古学提供名片所印刷内容的一部分，考古学赋予名片以意义。看完今天的会议日程表，我觉得意义和内容非常丰富，我非常期待听你们的报告。

现在我预祝这一次大会圆满成功，祝大家身体健康，谢谢！

颁

奖

5月21日，首届中国考古学大会（2016·郑州）在河南郑州开幕。会议颁发了1项中国考古学终身成就奖、21项中国考古学会田野考古奖（一、二、三等奖）、11项中国考古学会研究成果奖（金鼎奖）和11项中国考古学会青年学者奖（金爵奖）。

中国考古学终身成就奖

宿白先生获中国考古学终身成就奖。

宿白（1922～2018年），字季庚，著名考古学家、杰出的考古学教育家、北京大学考古学科主要创办人之一，在中国历史时期考古、佛教考古、建筑考古、雕版印刷与版本目录学等领域成就卓著。1922年8月3日生于辽宁省沈阳市，1944年毕业于北京大学史学系，1948年北京大学文科研究所研究生肄业。1952年任教于北京大学历史系考古研究室，兼教研室副主任。1978年任北京大学历史系教授，1979年兼任中国社会科学院考古研究所学术委员，同年当选为中国考古学会常务理事。1981年国务院学位委员会发布了首批博士生导师名单，宿白先生为当时北京大学唯一的考古学博士生导师。1983年任北京大学考古学系首任系主任，兼北京大学学术委员，同年担任文化部国家文物委员会委员。2000年出任中国考

宿白先生获中国考古学终身成就奖，北京大学考古文博学院院长杭侃教授代为领奖

宿白先生

宿白先生研究专著

古学会名誉理事长。曾获北京大学第三届蔡元培奖。著有《白沙宋墓》《藏传佛教寺院考古》《中国石窟寺研究》《唐宋时期的雕版印刷》《魏晋南北朝唐宋考古文稿辑丛》和《宿白未刊讲稿系列》等。其中1957年出版的《白沙宋墓》，是新中国成立后最早出版的考古报告之一，此后《白沙宋墓》多次再版，其开创的编写体例和对墓葬结构、墓室壁画的精深考证，至今仍深刻影响着历史时期考古学的研究和发展。《魏晋南北朝唐宋考古文稿辑丛》将考古材料与文献史料相结合，构建起历史时期考古学的基本框架。《中国石窟寺研究》《藏传佛教寺院考古》反映了中国佛教考古学的创建历程，《唐宋时期的雕版印刷》是雕版印刷和版本目录学领域的经典之作。

中国考古学会田野考古奖一等奖颁奖

中国考古学会田野考古奖

在听取各位田野考古发掘项目负责人汇报后，经中国考古学会田野考古奖评审专家组投票选举，共有 21 项田野考古项目荣获 2011～2015 年度中国考古学会田野考古奖。其中，一等奖 5 项、二等奖 5 项、三等奖 11 项。

一等奖

河南省郑州市东赵遗址考古发掘

承担单位：郑州市文物考古研究院
　　　　　北京大学考古文博学院

负 责 人：顾万发

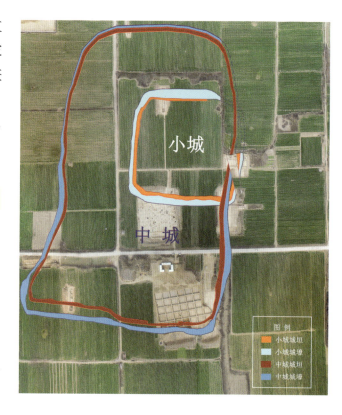

东赵遗址二里头时期城址（中城）与新砦期城址（小城）

河南省洛阳市汉魏故城北魏宫城四号建筑遗址考古发掘

承担单位：中国社会科学院考古研究所

负 责 人：钱国祥

北魏洛阳宫城太极
殿与都城轴线

浙江省杭州市良渚古城遗址外围水利系统考古调查与发掘

承担单位：浙江省文物考古研究所

负 责 人：王宁远

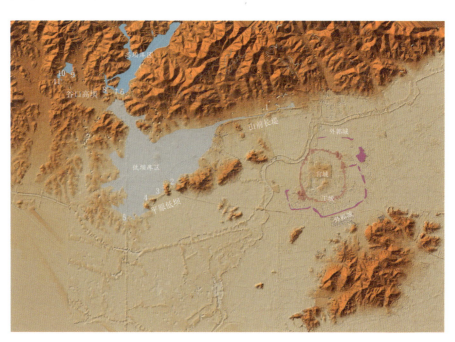

良渚古城及外围水
利系统结构DEM

贵州省遵义市播州杨氏土司遗存（海龙囤遗址、新蒲杨氏土司墓地、团溪杨辉墓与墓祠）考古发掘

承担单位：贵州省文物考古研究所　中国社会科学院考古研究所　遵义市文物局
　　　　　遵义市海龙囤文化遗产管理局　遵义市汇川区文体广电局
　　　　　遵义市新蒲新区文物管理所　遵义县文物管理所

负责人：周必素

播州杨氏土司遗址皇坟嘴墓地和赵家坝墓地

陕西省神木县高家堡镇石峁遗址考古调查与发掘

承担单位：陕西省考古研究院　榆林市文物考古勘探工作队　神木县文体广电局
　　　　　神木县石峁遗址管理处

负责人：孙周勇

石峁城址外城东门发掘鸟瞰

中国考古学会田野考古奖二等奖颁奖

二等奖

云南省宾川县白羊村遗址考古发掘

承担单位：云南省文物考古研究所　大理州文物管理所　宾川县文物管理所
负 责 人：闵　锐

白羊村遗址

安徽省含山县铜闸镇凌家滩遗址考古调查与发掘

承担单位：安徽省文物考古研究所

负 责 人：吴卫红

凌家滩遗址

甘肃省早期秦文化遗址
考古调查与发掘

承担单位：甘肃省文物考古研究所
　　　　　西北大学文化遗产学院
　　　　　北京大学考古文博学院
　　　　　陕西省考古研究院
　　　　　中国国家博物馆

负 责 人：赵化成　王　辉

甘谷毛家坪遗址 K201

礼县大堡子山遗址 M32

江西省南昌市新建区大塘坪乡墎墩墓葬（海昏侯墓）考古调查与发掘

承担单位：江西省文物考古研究所　南昌市博物馆　南昌市新建区博物馆
负 责 人：徐长青

海昏侯墓乐器库

海南省陵水县桥山遗址考古发掘

承担单位：中国社会科学院考古研究所
　　　　　海南省博物馆（海南省文物考古研究所）
负 责 人：傅宪国

桥山遗址

中国考古学会田野考古奖三等奖颁奖

三等奖

吉林省大安市后套木嘎遗址考古发掘

承担单位：吉林大学边疆考古研究中心　吉林省文物考古研究所

负　责　人：王立新

后套木嘎遗址

广东省郁南县磨刀山遗址考古发掘

承担单位：广东省文物考古研究所　北京大学考古文博学院

负责人：王幼平

磨刀山遗址第1地点

陕西省宝鸡市渭滨区石鼓山墓地考古发掘

承担单位：陕西省考古研究院　宝鸡市考古研究所　宝鸡市渭滨区博物馆

负责人：王占奎

石鼓山 M3 墓室

浙江省宁波市"小白礁1号"水下考古发掘

承担单位：宁波市文物考古研究所　国家文物局水下文化遗产保护中心

负 责 人：林国聪

"小白礁1号"水下考古发掘工作船

河南省栾川县孙家洞旧石器遗址考古发掘

承担单位：洛阳市文物考古研究院　栾川县文化广电新闻出版局

负 责 人：史家珍

孙家洞遗址

广东省 2012 年度"南澳 1 号"古沉船水下考古发掘

承担单位：中国文化遗产研究院　国家文物局水下文化遗产保护中心
　　　　　广东省文物考古研究所　广东省博物馆
负 责 人：崔　勇　周春水

"南澳 1 号"发掘现场

上海市松江区广富林遗址考古发掘

承担单位：上海博物馆
负 责 人：陈　杰　宋　建

广富林遗址

河南省安阳市殷墟同乐花园北区 2011～2012 年考古发掘

承担单位：中国社会科学院考古研究所

负 责 人：何毓灵

殷墟刘家庄北地

浙江省绍兴市越国王陵及贵族墓考古勘探与发掘

承担单位：浙江省文物考古研究所　绍兴市柯桥区文化发展中心

负 责 人：黄昊德

绍兴特大型越国贵族墓

河南省伊川县鸣皋镇徐阳墓地考古发掘

承担单位：洛阳市文物考古研究院　伊川县文物保护管理委员会办公室

负 责 人：吴业恒

徐阳墓地出土车马坑

陕西省西安市大兆镇唐韩休墓考古发掘

承担单位：陕西省考古研究院　陕西历史博物馆　西安市长安区文物局

负 责 人：刘呆运

韩休墓乐舞图

中国考古学会研究成果奖（金鼎奖）

为促进中国考古学的发展，奖励在中国考古学研究中具有重要学术价值和影响的研究成果，经各专业委员会推荐，由中国考古学会第六届理事会第七次常务理事会议投票选举，评选出 11 项中国考古学会研究成果奖（金鼎奖）。

中国考古学会研究成果奖（金鼎奖）颁奖

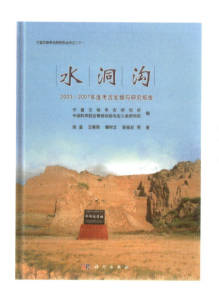

宁夏文物考古研究所、中国科学院古脊椎动物与古人类研究所编，高星、王惠民、裴树文、陈福友等著：《水洞沟——2003～2007年度考古发掘与研究报告》，科学出版社，2013年。

周慧：《中国北方古代人群线粒体DNA研究》，科学出版社，2011年。

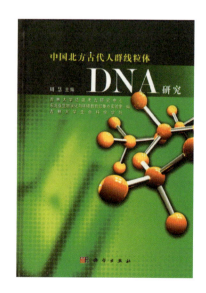

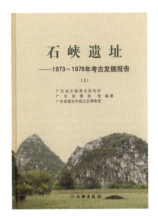

广东省文物考古研究所、广东省博物馆、广东省韶关市曲江区博物馆：《石峡遗址——1973～1978年考古发掘报告》，文物出版社，2014年。

袁靖：《中国动物考古学》，文物出版社，2015年。

韩建业：《早期中国——中国文化圈的形成和发展》，上海古籍出版社，2015年。

Zhijun Zhao. New Archaeobotanic Data for the Study of the Origins of Agriculture in China. Current Anthropology, Vol.52, S4, 2011.

刘建国：《考古遗址的超低空拍摄与数据处理》，《考古》2015年第11期。

王巍总主编：《中国考古学大辞典》，上海辞书出版社，2014年。

山东省文物考古研究所：《临淄齐故城》，文物出版社，2013年。

黑龙江省文物考古研究所：《渤海上京城——1998～2007年度考古发掘调查报告》，文物出版社，2009年。

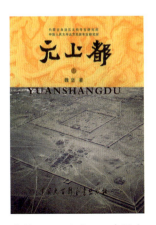

魏坚：《元上都》，中国大百科全书出版社，2008年。

中国考古学会青年学者奖（金爵奖）

　　为促进中国考古学的发展，奖励在中国考古学研究中做出突出贡献的青年学者，经各专业委员会推荐，由中国考古学会第六届理事会第七次常务理事会议投票选举，评选出11位中国考古学会青年学者奖（金爵奖）。青年考古学者的健康成长是中国考古学稳健发展、"走向未来"的坚实基础，他们心中的阳光和脚下的力量是中国考古学"走向世界"的学术希望。

中国考古学会青年学者奖（金爵奖）颁奖

吕红亮
四川大学历史文化学院
考古系　教授

李　锋
中国科学院古脊椎动物与古人类
研究所　副研究员

张全超
吉林大学边疆考古研究中心　教授

李 飞

贵州省文物考古研究所　研究员

崔剑锋

北京大学考古文博学院　副教授

陈晓露

中国人民大学历史学院　讲师

王 芬

山东大学历史文化学院考古学系
副教授

常怀颖

中国社会科学院考古研究所
助理研究员

蒋洪恩

中国科学院大学考古学与人类学系
副教授

李志鹏

中国社会科学院考古研究所　副研究员

王 涛

首都师范大学历史学院　副教授

专题学术报告

顾万发

　　1998年毕业于北京大学考古文博学院考古学专业。郑州市文物考古研究院院长，研究员，中国考古学会理事，国家文物局全国重点文物保护工程方案审核专家，河南省文物考古学会副会长。主要从事史前、夏商考古及中国古代艺术史研究。先后参与了国家夏商周断代工程、中华文明探源工程、"一带一路"丝绸起源研究等重大课题。主持花地嘴、望京楼、东赵、青台、汪沟、双槐树等重要遗址的考古发掘工作，获得"全国十大考古新发现"奖、田野考古奖一等奖等省部级专业奖6项。出版著作10余部，发表论文80余篇。

郑州东赵遗址的田野考古工作

一、工 作 背 景

　　郑州是中华文明早期起源的核心区域，郑州市的西北郊也是我们夏商考古的重要舞台。从2012年至今，我们与北京大学考古文博学院，围绕"中原腹心地区早期国家的形成与发展"这一重大课题，对东赵遗址进行较大规模的田野工作。东赵遗址是由著名考古学家李伯谦先生20世纪50年代调查发现的，位于河南省省会城市郑州的西部、高新技术开发区和中原区的交界处檀山东北麓。

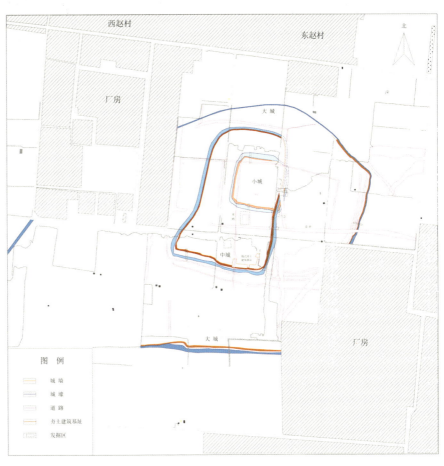

东赵遗址遗迹分布平面图

野外智能考古工作集成平台

考古发掘与"嵌入式可逆性遗址公园"同步建设

专业应急考古移动实验室

自动传输与自动筛选一体机

二、主 要 目 标

我们的工作目标主要分为初始目标和动态目标。第一，践行《田野考古工作规程》，并尽力进行田野考古发掘技术的创新。第二，初步建立该遗址及附近区域的考古学文化谱系。第三，丰富"新砦文化"的内涵。第四，研究东赵遗址本身的聚落格局及其变迁过程，以及相关区域甚至是郑、汴、洛地区相关聚落之间的互动关系。

三、工作理念和方法

在上述目标的指导下，我们确定了工作理念和方法，大的方面依然属于聚落考古理念和方法，以及文化遗产保护理念和方法，重点和着力点主要是精细化的落实和规范化的运用，以及基于实践的创新和探索。

1. 聚落考古理念和方法

（1）对区域系统与考古口述史的调查。我们在 22～25 平方千米的范围内进行详细的调查，利用早期的影像资料、史志材料、民间记忆包括一些地方史书，发现了各个时期不同的遗迹、遗址和周边聚落的一些基本情况和线索。

（2）对东赵遗址进行全覆盖式的钻探，钻探面积约 100 万平方米，发现了 1000 多个遗迹现象。然后把不同的遗迹现象全部叠加在航空影像图上，看得非常直观。

（3）大面积揭露和选择性解剖。为解决国家审批面积有限和厘清聚落格局需要一定面积之间的非对称性问题。我们对东赵遗址比较浅层的遗迹，采取了大面积的揭露，然后在有限的发掘面积下，采取聚落框架性遗迹、功能性区域界限、关键性节点等重要区域优先发掘，其他区域待航拍、绘图后予以回填或保护性展示的方式。

（4）二次布方的"凸"字形发掘法。这种方法雷兴山教授已经在周原等地予以了实践，取得了比较好的效果。这次东赵遗址中城城墙也采取了这种方法。该方法主要适用于线性遗迹，目的是解决头一次发掘时探沟与城墙不垂直的问题。如果不垂直的话，我们要进行二次布方。并且我们还可能沿着和二次布方的剖沟垂直的方向再布一些方，以便了解线性遗迹的顶部情况及其分层堆积的情况，这样发掘也利于将来的展示。

（5）虚拟单位和虚拟功能区的复原研究。东赵遗址有很多的东周墓葬区域分布有各时期的遗迹遗物，包括一些烧土块等。我们经过一定的复原发现附近有各个时代的虚拟单位，当虚拟单位数量积攒到一定程度后，我们可以大概地看出一定的区域或功能区。另外，我们还要用聚类分析方法等对它的置信度和置信区间进行研究。

（6）三维建模的记录与田野测绘。该项工作得到中国社会科学院考古研究所刘建国先生的指导。这一方法较好地解决了常规三维建模的准确度问题。通过三维建模之后，结合 GIS 分层，能够更准确地看到聚落的变迁。并且我们应用了社会学和经济学中常见变迁的两种方式，来区分强制性变迁和渐进性变迁。

通过上述工作方法，我们获得了一系列的收获，主要有 6 个方面。①发现了新砦期小城，这是目前嵩山、万安山以北发现的第一座、全国第二座新砦期城址。②发现了新砦期的仓储和祭祀遗迹，这也是这一时期的最新考古发现。③发现了二里头文化时期的城址，目前是全国第四座，始建时期相当于二里头文化二期，也是目前全国范围内这个时间段最大的二里头文化早期城址。④发现了大型占卜甲骨埋藏坑，这是在安阳殷墟之外出现数量最多的占卜甲骨坑。同时，在二里头文化时期城址西城墙处发现了一个婴儿祭祀坑，这在早期城墙奠基里面也很少见。⑤发现了二里岗下层相当于H9阶段的商代大型夯土基础，面积近3000平方米。除了偃师商城之外，它是目前我们发现的商代早期面积最大的完整宫殿建筑基础。⑥发现一座面积达100万平方米的战国时期城址，相当于当时韩国的战略重镇。

（7）采取发掘、整理并重的方式，实行"即时性整理研究"和"研究性发掘"。简要地说，就是在最短的时间内展开研究，以减少随着记忆的缺失、现场的缺失、记录不准确等问题导致"公说公有理、婆说婆有理"的现象。学术实践中确实存在对于一些关键性问题再想找和恢复场景已经不可能的情况，从而留下遗憾。

（8）开展多学科的研究，包括植物、动物、DNA研究等。当然，我们在这个方面也略有创新，就是把自动传输带和自动筛选机一体化，既避免漏掉小件文物，又提高了效率。

2. 文化遗产保护理念和方法

（1）保护性和拟展示性的发掘。大家都很清楚，在此不再赘述。

（2）现场的应急保护主要有两方面：一是"专业应急考古移动实验室"，这是和重庆军工企业合作的，包括天幕系统、北斗导航系统、机器人模块等。二是"野外智能考古工作集成平台"，主要是解决长期困扰一线考古学者的生活环境、学术研究环境及现场环境保护问题等多个模块集成在一起，其中有智能化的多功能室、低氧舱、生活区等，并且可以是拎包入住、重复利用。

（3）现场有考古发掘保护的基础设施，附属的还有创新性的高清晰玻璃罩，它虽然看起来很简单，但是专利技术较高。

（4）在考古发掘过程中运用"嵌入式可逆性遗址公园"同步建设的理念，其目的有两个，一是及时展示，向公众进行传播；二是有效地避免文化遗产项目建设落后于遗址周边项目规划实施的一个非常现实的问题，"嵌入式可逆性遗址公园"建设，是基于专家的一些论证，甚至是专家的现场指导，重要的是它具有可逆性。

（5）规范化工作。在发掘现场设置了公示牌、警戒线、规章制度上墙、重要遗迹的标准化标识、安全SOP标准化操作程序等。

（6）公众考古学传播。在现场建设展示馆，适时向公众播放东赵遗址宣传片。将"考古重地、闲人免进"调整为"考古重地、预约参观"。

重要遗迹保护罩

邀请全国各地公众包括文物爱好者、志愿者前来参观。依托东赵遗址，举办"近百年来的郑州考古重要发现展"，协助中央电视台探索发现之《考古进行时》栏目拍摄纪录片，协助河南省中视新科文化产业有限公司拍摄电影《殷商传奇之再生缘》。另外，与《人民日报》主管、《环球时报》主办的《讽刺与幽默》专刊、小樱桃动漫集团合作举办了"全国考古和文化遗产保护优秀漫画大展"，和小樱桃动漫集团合作将《联合国宪章》《威尼斯宪章》《西安宣言》《中国文物古迹保护准则》等文物保护内容和国际、国内的现实案例编入《如是漫说——文化遗产保护法制主题创意绘本》（第一季），由人民日报出版社出版。

总之，在国家文物局、河南省、郑州市文物主管部门和各位领导，以及各位同仁的大力关心和支持下，按照上述的理念和方法，经过近4年的努力工作，锻炼了业务，创新了理念，取得了一系列的重要考古成果。但是我们也深知，我们的工作还有很多需要不断提高和向国际、国内同行学习的地方，因此，期望各位领导、各位同仁继续关心、帮助和指导东赵遗址的考古工作！

王宁远

　　1990 年毕业于南京大学历史系考古学专业，浙江省文物考古研究所研究馆员。负责良渚遗址科技考古和多学科合作研究。主持的"良渚古城遗址外围水利系统考古调查与发掘"项目入选 2015 年度"全国十大考古新发现"，获得 2011 ～ 2015 年度田野考古奖一等奖。著有《遥远的村居——良渚文化的聚落和居住形态》《从村居到王城》等相关专著。

良渚古城外围水利系统的调查与发掘

　　良渚遗址从发现到今年，正好是 80 周年。我们非常惊奇地发现，只要是逢十的年份，它往往就会有比较重要的发现。比如说，1936 年，施昕更先生首先发现了良渚遗址，并对良渚遗址进行了首次发掘；1986 年，反山王陵发现；2006 年，良渚古城发现；2016 年，良渚水利系统正式确认和公布。80 年来，在几代考古人的努力下，良渚文明的面纱终于被逐步地揭示出来。今天在这里做关于其水利系统的汇报，也是对之前几代考古学者 80 年来的持续努力表示敬意！

　　良渚遗址是距今 5300～4300 年，分布于太湖流域、长江三角洲区域内的一个史前遗址。最近几十年来良渚遗址成为中国文明起源研究中非常令人瞩目的地点。

良渚古城结构 DEM

一、良渚古城及其水利系统的概况

约距今 5000 年，中华大地上各区域文明呈满天星斗状态。在这一时期，良渚文化发展程度最高，良渚遗址是实证中华 5000 年文明史的最具规模和水平的地区之一。良渚遗址位于太湖南部杭州西侧一个"C"形盆地的北侧，面积 42 平方千米。2007 年确认的良渚古城，被誉为"中华第一城"，它进一步证实良渚文化已经超越了古国（酋邦）阶段，是王国第一阶段的典型代表。良渚古城以莫角山宫殿和反山王陵区为中心，面积 3 平方千米，外部围绕着外郭的结构。城墙呈圆角方形，有内外马面状凸起，共有 8 个水门，南部有一个陆门。城墙内有内外城河夹抱，内部水系呈"工"字形沟通，并发现通向莫角山宫殿区的数个码头。良渚古城确认后，在国家文物局的支持和各位专家的指导下，我们确立了"三年计划、十年规划、百年大计"的工作方针。先框架后细节，内外并重，积极寻找与古城相关的外部结构，于 2010 年确认古城的"外郭"。通过多年连续工作，近年又确认了良渚古城外围存在一个庞大的水利系统，已发现 11 条水坝。从而证实良渚古城由内而外具有宫城、王城、外郭和外围水利系统的完整结构。它的尺寸，从西侧的石坞坝体到良渚古城有 11 千米，从石坞坝体到南部的堤坝有 4.5 千米。

二、工作思路与发现过程

首先我们确立了大遗址考古的新思路，将整个 C 形区域内的良渚遗址统一纳入以古城为中心进行整体考察，C 型区域面积近 1000 平方千米。"跳出城圈看古城"，良渚水利系统的发现，正是这一思路指导下的成功实践。

岗公岭—老虎岭—周家畈坝体现状

秋坞—石坞—蜜蜂弄坝体现状

狮子山—鲤鱼山—
官山坝体现状

良渚水利系统的发现经历了 20 余年，首先要从塘山遗址说起。20 世纪 90 年代的时候我们在良渚遗址群的北侧、大遮山的南麓发现了塘山遗址，塘山长 5 千米，分三段，东段连接了一组聚落，中部有类似于双重渠道的结构，西南端向南连接到毛元岭。塘山经历数次发掘，发现了良渚贵族墓葬和玉石器作坊，时代是非常明确的。但是对于塘山遗址的功能，有的学者推测它可能是整个良渚遗址外围的城墙结构，更多的学者认为它可能是水利设施。但是因为当时只找到塘山这一条，我们一直往南没有找到毛元岭往南延续的结构。所以说，如果说它是水坝的话，水从北边下来，流到西边会又绕到遗址群里，好像起不到防洪作用。因此塘山遗址的性质，20 年来一直让我们非常纠结。

打破这个僵局的时点出现在 2009 年，这一年在古城西北部 8 千米的彭公村发现了岗公岭水坝，岗公岭水坝堆筑在山间谷口最狭窄的谷口位置，它堆筑的工艺和结构与莫角山的完全一致，底部是淤泥，上部是黄土。底部淤泥的草裹泥的测年数据超过 5000 年，所以引起了我们的高度重视。我们通过了连续考古勘探，确定了高坝共有 6 条坝体，坝顶高程 30 米，堆积于山间谷口位置。部分坝体内现仍为水库。开始的时候我们认为它所起的作用可能是封堵山谷的来水，然后把它导引到山北侧的德清地区。但是，经过我们与中国社会科学院考古研究所进行 GIS 分析，结论是它无法将水导向山北德清地区，而是能形成两个独立的山塘水库。

高坝的发现促使我们将它和之前的塘山联系起来，但是在空间上两者并不接续，故而引发我们在更大范围内的寻找。因为调查范围达几十平方

老虎岭 G3 出土良渚
文化遗物

千米，在此范围之内原无任何遗址，传统勘探手段几乎无从下手。所以我们采取了"卫片寻找线索，考古勘探验证"的方法，取得了很好的效果。我们利用 google 和 corona 卫片，2013 年在高坝南侧 4.5 千米处找出了鲤鱼山等 3 条水坝；2014 年找到了梧桐弄坝体，确认整个低坝系统，坝顶高程 10 米，连接平原孤丘而成。更为重要的是发现低坝系统通过栲栳山、南山等自然山体和塘山长堤相连，构成一个闭合的系统。至此揭示出整个水利系统的整体结构。

水利系统结构被揭示以后，判断它的年代就成为中心任务。因为塘山上面是有明确的墓葬和作坊的，它的年代是非常肯定的。其余的坝体皆由生土堆筑，几乎没有陶片等包含物，为判断其年代，我们进行了年代学、地层学和堆筑结构工艺三个方面的研究。年代学研究方面，我们对 6 条坝体的 14 个样本进行 ^{14}C 测年，树轮校正值都落在距今 5100～4700 年，属于良渚文化的早中期。为获得可靠的地层依据，2015 年，我们联合山东大学和南京大学对 3 条坝体进行了小规模发掘，共 490 平方米。我们在高坝的老虎岭发掘区，获得了令人惊喜的成果，发现了确凿的地层依据，坝体被良渚晚期灰沟 G3 打破。沟内出土了良渚晚期的"T"形鼎足、侧扁足、盉足等典型陶片，确认坝体下限年代不晚于良渚晚期。发掘证实了坝体的堆筑工艺与莫角山、反山的相同，基本上为底部是淤泥、草裹泥，上部堆筑黄土，如果是特别容易流失的沙性土壤的话，会在下面先挖一个槽，然后用隔水性非常好的淤泥填平，上面再堆坝体。水坝草裹泥堆筑的方式与莫角山的也完全一致。

根据上述地层学、年代学及堆筑工艺研究，证实了良渚古城外围系统的年代。通过计算，构筑整个水利系统的土方量达 260 万立方米，水利系统影响的流域面积达 100 平方千米。对于水利系统功能的研究现在还非常初步，我们推测它可能兼有防洪、运输、灌溉等诸方面的用途。首先通过高、低两级坝体阻挡山谷来水，有一个蓄水防洪的作用。其次高、低两级坝体分别形成两级库区，低坝库区水面直抵高坝坝下，构成了水上交通网络，有助于将山地的资源通过两级水路运到良渚遗址群和良渚古城。

我们认为良渚水利系统发现的的意义包括三个方面。

其一，科学史方面。它是中国现存最早的大型水利工程，比大禹治水的传说还早 1000 年，开创了史前水利史研究的新领域。它也是世界上最早的拦洪水坝系统，与埃及和两河流域以蓄水灌溉为主要目的的治水系统形成鲜明对照，体现湿地稻作农业和旱地麦作农业不同的水管理策略。

其二，文明史方面。西方学者普遍认为东方各早期文明的出现都与治水活动密切相关，魏特夫等甚至提出了"治水文明"和"治水国家"的概念。良渚古城正是中国境内最早进入国家形态的地点，而水利系统和良渚古城在空间和时间上具有不可分割的密切关系，在中国文明起源研究上具有标志性意义，在世界文明史研究上亦占有重要的一席。

其三，考古方法论的价值。我们首次在百余平方千米的空间尺度上对一个史前城市进行系统观察，揭示出其完整的内外结构，证实古人超凡的规划、组织和建设能力，为我国大遗址考古提供了新的思路和方法。

三、多学科合作

建立了整个区域统一的考古测量控制网，实际面积超过 100 平方千米。改进了 DEM 的制作方法，取得了明显优于一般专业公司制作的效果。采用无人机航拍和近景测量技术，对发掘区进行了三维重建。联合浙江大学采用地球物理手段，对多个坝体进行无损探查和验证。进行植物学分析，判定草裹泥的品种和施工季节，判断其是秋冬季施工。开展实验考古，复原草裹泥制作流程，计算其工程量。联合各大专院校、科研单位对溢洪道等设施进行了联合研究，对古水文环境、坝体结构等开展了联合攻关。现在，对坝体结构的力学分析基本完成。

自 1936 年施昕更在良渚的首次发掘，良渚遗址发现至今恰好 80 年，经过几代考古学者的艰苦努力，终于窥见 5000 年前良渚先民的辉煌与荣光。良渚水利系统和良渚古城的研究都还只是刚刚开始，也许还需要几十年甚至上百年的持续工作。我们一定谨守考古学者的使命，持最开放的心态，联合各国、各地、各学科的学者，共同把良渚遗址研究好、保护好。

今天的良渚是浙江的，是中国的。明天的良渚，一定是世界的！

孙周勇

　　陕西省考古研究院院长，博士，研究员，入选"百千万人才工程国家级人选"并被授予"有突出贡献中青年专家"称号，国家"万人计划"哲学社会科学领军人才，中宣部"四个一批"人才，享受"国务院特殊津贴"。中共陕西省十二大代表，陕西省第十二届政协委员。长期从事考古一线发掘与研究工作，学术成果丰厚，主持考古调查、发掘项目 40 余项，国家社科基金重大项目 1 项，国家级及省级科研项目多项。主持发掘的石峁遗址荣获"世界考古论坛·重大田野考古发现"、"全国十大考古新发现"、田野考古奖一等奖等荣誉。发表学术论文 90 余篇，出版中英文专著 5 部，其中英文专著 1 部。

石峁遗址的考古调查与发掘

石峁遗址的时代大致处于中国新石器时代晚期至中国历史上第一个王朝夏代建立这一时段内，遗址所在地处于陕西省北部、黄土高原的北端和毛乌素沙漠的南缘地带，整个区域内地表沟壑纵横、支离破碎。遗址位于黄河的一级支流秃尾河和秃尾河的支流洞川沟交汇处的一座山峁之上，海拔 1100～1300 米。遗址的首次发现可以追溯到 1958 年，即第一次全国文物普查。其实早在 20 世纪 30 年代有一位叫萨尔蒙尼的人征集到出自榆林府的石峁玉器，就可以作为认识石峁遗址的发端。此后直到 1976 年，因石峁玉器的大量面世，才使得本遗址真正被世人、学者们所关注。大规模考古工作则是在 2011 年正式启动。

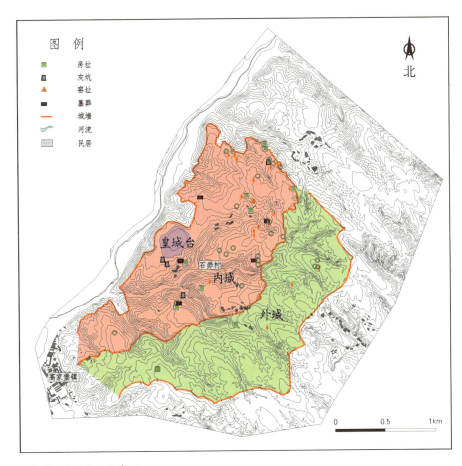

石峁遗址平面布局示意图

外城东门

1976年陕西省考古研究院的戴应新先生曾征集到一批非常重要的引人注目的玉器，特别是其中多件牙璋的发现引起了世人的高度关注。石峁遗址的考古工作从2011年启动以来，大致分以下4个部分进行：首先以区域性的考古调查摸清了遗址的范围，然后构建它的地形系统，测绘建模，在此基础上进行全面的勘探和重点的发掘。在发掘的过程中积极吸收多学科学者参与，使研究工作逐步走向深入。在考古调查中，严格按照国家文物局《田野考古工作规程》的相关规范和要求，建立GIS系统的基础。因为石峁遗址规模宏大，若没有适当的建模，我们无法在地表上确认它的规模和形制。在航空摄影和建立的地形系统基础上，通过徒步踏查遗址区域内的每一寸土地，最终确认了这个遗址的范围。在调查中发现了一个非常奇怪的现象，即过去被认为是长城附属设施的遗迹和龙山文化的遗存有高度的吻合关系，于是在这种启示下我们推测过去认为属于长城遗迹的石墙，很可能是一座龙山时代的城址。同时，结合内蒙古中南部地区早年的一些重要发现，我们有了一个初步的判断，这座城址可能是以中心区域——皇城台为核心，包括内、外两重城址，用石墙相互套构而成的一处规模宏大的史前石城。

后来的考古发掘证实，我们的判断是正确的。皇城台是整个遗址的核心区域，面积达 8 万多平方米，形象地说，它是一处类似金字塔结构的高台设施，周边以错落有致的石墙多层级砌筑起来的一个台体。层层环绕于皇城台周边的石墙，最多处我们发现了 9 阶，一阶与一阶之间错落有致，上下有收分。我们去年调查时发现，在皇城台个别墙体上还发现有类似眼纹的装饰。内城实际上把皇城台紧紧包裹在中间，外城则凸出于内城南侧，与内城共用一道北墙。内、外城城墙宽度多在 2.5 米左右，地表残存部分最高尚存 1 米左右。内、外城的面积在 400 万平方米以上，这还不包括我们最近发现的位于城外的预警系统。内城长 4200 米，外城长 5700 米，内外城墙的长度加起来有近 1 万米。

在过去五年的工作中，我们重点发掘了外城的东门遗址，清理了位于内、外城内的一些大型墓葬区和居住区，以及位于城外樊庄子地点的相当于哨所、望楼之类的预警设施。在这五年中我们的发掘受到了国家文物局、陕西省文物局和地方各级政府的高度重视。在发掘之前我们对遗址进行了统一的规划。该遗址作为一个国保单位，我们本着将来需要进行长期发掘并建设国家考古遗址公园这一目的去开展工作，使每一处考古发掘地点将来都能够准确地被后人所找到。

外城的东门址是我们近几年考古工作的重点，发掘之前实际上就保留于地表之上，但发掘前尚不知道这个城门的具体结构、如何宏伟壮观。发掘之后我们看到，移除这些倒塌石头以后，暴露出一处规模宏大、构思精巧、建筑技术高超的门址，它由南北墩台、城墙、马面、内外瓮城和门塾等设施构成。在此处城墙上，我们还发现了诸如墙体内藏玉等特殊的现象，有一件玉铲就嵌入了交错层叠的石头缝隙中间。在整个东门的发掘过程中，我们在附近墙体内发现了数十件玉器，大部分处于石墙倒塌堆积中或者原封不动地保存于墙体内。这种现象引起了我们高度的关注，这有什么象征意义，我们也在进一步思考中。

南北墩台的建造均是以夯土台芯为中心，在外面用石头包砌成方形台状。在皇城台护墙和南北墩台上我们都发现具有一定分布规律、直径达 30 厘米的木头。经过测年，木头的年代在公元前 2300 年左右。它们究竟是什么？是修建时搭建的脚手架还是文献记载的中国早期建筑上使用的纴木？后来经我们初步判断它们可能是为了防止墙体倒塌、为了分散垂直方向力量的一种有目的的建筑设计。此外，在外城东门附近城墙上还发现了成组分布的马面，马面的形制与汉魏时期的形制别无二致，中部为夯土，形制非常规整。我们在对马面的确认过程中，也发现了它们具有成组分布的规律，两座马面的间距多在 30 ～ 40 米。

城门预警系统　　　　　　　　　　　　　　　壁画残块

　　还有一个比较特殊的现象是，在外城东门附近的早期地面之下发现了多达六七处人头骨坑，这些人头骨坑内埋有 6～24 具头骨，每座中数量不等，可能与城门的奠基仪式有关。无论是修建马面还是早期石墙内藏玉或使用人头奠基，我们都认为当时石峁的居住者、统治者在把外城东门作为连通内外交通、外防内守的重要设施之一时，可能在背后构建起了物质与精神的双重屏障，赋予其禳神驱鬼、保护城址安全的一种精神上的作用。

　　另外一个重要发现是壁画，这是目前中国早期壁画发现中体量最大的一批，估计其总体面积为近 10 平方米。目前发现的所有壁画都已搬回西安，在陕西省考古研究院文物保护研究室进行修复和保护。在这批壁画上发现了使用矿物颜料和绘制时起稿线的做法，这在古代壁画的绘制技艺中尚属较早的发现。

　　在石峁城址外我们还发现了一处重要遗迹，认为它可能属于城外的预警系统，形象地说它可能相当于一座烽火台。远看遗迹的顶部像一个方形的眼睛，外面是一个半眉毛状的设施。早年我们曾判断它是祭坛，因为在上面出土了一件典型的石峁玉器，但后来的发现让我们更倾向于它可能属于哨所之类的设施，因为它是干栏式建筑结构，四周有壁柱槽。

　　在内城中进行的重要的考古工作主要是发掘了一处大型的贵族墓葬区。我们发现本区在早期曾被作为居址使用，而在晚期居址废弃后则成为大型墓葬区。在本区域内发现多座前庭后窑结构的房址。曾传说早年间在此处区域内出土了大量重要的陶器。另一类遗迹是石棺葬，以及儿童的瓮棺葬，其中也出土一些陶器。在发掘过程中我们注意吸收多学科的参与，进行了植物考古、[14]C 测年、锶同位素、古 DNA 等相关研究。关于石峁先

玉器出土情景

人头骨坑

民生业模式的研究，目前倾向于当时是以农业为主的生业形态，还发现有鳄鱼骨板、鸵鸟蛋壳等较为特殊的遗物。

在发掘过程中，我们还将田野考古工作与现场文物保护工作积极有效地结合在一起，采取了不同的保护措施。关于城址的年代，我们目前有两重证据，一个是考古学地层与陶器类型的证据，一个是 ^{14}C 测年的证据。在考古发掘中发现早晚不同时期的遗存，这是很明显的地面，可以分别与发现的早晚两期典型遗物相对应。我们还对人头骨及城门址附近的白灰面和纴木都进行了测年，所有的年代数据区间都集中于公元前 2300～前 1800 年。

石峁城址是目前发现的公元前 2000 年以前中国境内规模最大的一处城址，发现很多重要的设施，诸如马面、瓮城、墙面壁画及城外的预警系统等，在中国早期文明史上具有开创性意义。公元前 2300 年前后，正是以石峁遗址为核心的中国北方地区大一统政治格局形成的关键时期，开始了这一地区走向国家形态的步伐。

除了以上汇报的这些考古发掘工作外，我们还开展了遗址所在区域的考古调查，以及更大范围内囊括了整个河套地区近 10 万平方千米的石城址的相关研究。目前这项工作也受到了专家学者的高度关注和重视，对我们的工作给予了大力支持和协助。陕西省内的主要领导去石峁遗址视察之后，要求我们去南美马丘比丘遗址学习，学习如何保护和进一步科学地展示石峁遗址。经过国家文物局批准，陕西省人民政府已经于 4 月 29 日公布了石峁遗址保护规划，石峁外城东门址的保护工作也已提上了议事日程。我们相信石峁的未来会更好。

徐长青

　　毕业于厦门大学人类学系考古学专业。江西省文物考古研究院院长，研究员，中国考古学会理事，《南方文物》主编。主持国家社科基金重大委托项目子课题2项，江西省社科规划项目2项，发表学术论文80余篇。多次获得"全国十大考古新发现"奖和"江西省社会科学优秀成果"奖。

海昏侯墓考古及文物保护理念

海昏侯墓园位于江西省南昌市新建区墈墩山，北临鄱阳湖，南距南昌市 60 千米。始于 2011 年 3 月的考古发掘，是在国家文物局的亲自指挥下，由国家文物局专家组主持的一个大型发掘项目。5 年来，我们坚持"一流的考古、一流的保护、一流的展示"的总思路，经过国内众多专家学者的不懈努力，考古与文物保护取得了丰硕成果。这些成果概括为：发现了一处侯国聚落遗址，解剖了一座保存完整的列侯墓园，发掘了一座保存完好、结构清晰、文物丰富的列侯墓葬，提取、清理、保护了一批珍贵文物。

围绕考古与文物保护工作，我们总结了以下几方面工作理念。

一、坚决贯彻执行国家文物局《田野考古工作规程》 和大遗址考古工作要求，以聚落考古的思路 从大遗址角度来开展考古和保护工作

根据这一思路，我们开展了全方位的调查，大面积的普探，重点地区精探，关键遗址发掘。注重考古资料现场采集，注重文物的现场保护，注重现代科技运用，争取做到发掘规范化、资料影像化、信息数字化，为遗址的研究、保护、展示、利用提供坚实的基础。

在此思路下，从 2011 年开始，我们首先对遗址周边 5 平方千米范围进行了普查、勘探，发现了一座基本完整的海昏侯墓园，也即我们现在发掘的刘贺墓园。2012～2013 年重点解剖了刘贺墓园，并且勘探了周边的其他 3 座海昏侯墓园及其墓地。2014～2015 年重点发掘了刘贺墓葬，同时开始勘探海昏侯国都城，即紫金城城址。

紫金城城址平面呈近长方形，利用自然地势堆筑而成，由内城、外城组成，面积约 3.6 平方千米。外城规模巨大，为双重墙体。内城墙高度、厚度均大于外城墙。城址现存 5 座城门。城墙外围发现护城河，另有疑似为门址的遗存。内城位于城内东部，由东、西两座小城构成，拥有环绕城墙的护城河。东侧小城内发现两组较大规模的房址。

在紫金城城址西侧和南侧的墈墩山、花骨墩、祠堂岗、苏家山等地，勘探发现密集分布的墓园。有的有明显的墓园墙，墓园内墓冢排列有序，应为历代海昏侯墓园。其中的墈墩山即为第一代海昏侯刘贺墓园。

甬道出土的乐车实验室清理

　　我们发掘了海昏侯刘贺墓园。该墓园面积约 4.6 万平方米，外围有较完整的园墙，有北门、东门及其门阙，墓园内有道路系统和排水设施。海昏侯墓和侯夫人墓同茔异穴，占据了墓园最高亢、中心的位置，周围有 7 座祔葬墓和车马坑。刘贺墓墓坑面积约 400 平方米，椁室由主椁室、过道、藏椁、甬道和车马库构成。主椁室北、东、西三面按功能区分环绕有藏椁，主椁室和墓道之间有甬道。

二、始终坚持方案预案先行

　　在考古发掘过程中，考古队首先编制方案预案，然后经过专家组的讨论，之后报请国家文物局批复，最后由考古队具体实施。发掘前对各个发掘对象要做出具体方案，并做出详细的预案，发掘中遇到问题之后，在场的专家组要提出各类的现场文物应急处置方案和提取方案。由于墓葬发掘过程非常长，为了保护文物安全、人身安全，对于墓葬文物提取、运输，墓葬本体、墓壁加固，主棺的调运，以及文物库房、文物工作站、安防和消防方案都进行反复论证，有效地保护了文物安全。包括文物提取、应急预案、文物库房、安防和消防等方案预案超过 20 项。

三、重视科学预判，考古发掘具有前瞻性、学术性，使发掘工作少走弯路

发掘之初，我们依据汉代帝陵和江都王陵等已发掘的汉代帝、王、侯陵墓的研究成果，试图在海昏侯墓寻找相似遗迹。通过勘探和发掘，确认墓园内相关建筑要素墓园墙、门阙、外墙坑、礼制性建筑等，这就得益于上述研究与证实。也正是这些预判和勘探发掘，让我们发现并确立了这座目前为止保存最为完好的西汉墓园。其他包括墓表的建筑、道路和排水系统及主墓前面的一整套的园寺吏舍等的发掘，都是得益于强烈的学术前瞻性和科学预判。

在发掘过程中，甬道出土了一架乐车。这架乐车的科学发掘，正是得益于科学预判。据专家组说，曾见汉代画像石上画乐车的资料。发掘人员立刻以此线索指导发掘，在发现乐车和青铜錞于之后，目标直指木鼓。经过细致清理，在靠近椁室最角落处发现了乐车上的木鼓的残余和鼓槌，由此获得了珍贵的乐车实物资料。

四、精细发掘，始终把考古资料的提取和文物安全放在首位

在发掘过程中，我们精益求精，确立了"慎之又慎，确保万无一失"的总原则，始终坚持现场文物保护第一、现场安全第一的工作思路。每一件文物都有具体出土位置记录，而且都得到了及时的清理和保护。

为了保护墓葬的本体安全和现场文物安全，我们对发掘现场的车马坑、祔葬墓及主墓都加盖了临时保护棚。由于主墓面积达 400 平方米，钢架棚面积超过 1000 平方米。同时，由于墓穴深达 8 米，为防止墓壁垮塌，专家组经过多次论证，最终创造性地使用了钢架兜网的方式加固墓壁，既美观大方，又未对墓壁造成伤害，保证了保护方式的可逆性。而对于墓内大型文物套箱的提取，更是采用可拆卸行车的钢架结构，人员、物品可以在行车上自由上下，近距离操作，文物清理不留死角，记录资料全方位。对于主棺的吊运也是通过行车，把主棺从主椁室的边沿位置逐步平移、提升、吊运到墓道口，再通过铁轨平稳地搬离墓室。

针对考古现场一些难以提取的文物，我们采用整体套取的办法，将现场文物提取到实验室后进行工作。共有 100 多箱文物通过套箱整体提取方式进入到实验室进行后期清理。实验室考古既有效地保护了脆弱质文物的

安全，又尽最大可能地保存了文物复杂的埋藏关系。对于现场的文物清理，比如竹简，由于属于非常脆弱质文物，对层位关系的要求又极其严苛，所以，在这些过程中我们反复论证，专家科学预判，从现场到实验室，都非常谨慎地保证精细发掘，使得这些珍贵的竹简得到了科学提取和保护。

为了及时抢救有机质文物，避免脆弱质文物在长途搬运中受损，我们不但在墓园内建立了文物保护临时处理站，还在遗址附近新建了一座4800平方米的大型文物保护用房，根据不同文物的保护需求不同，专设竹木漆器保护、简牍清理、金属器保护、纺织品保护及实验室考古用房和大型文物仓库。

五、高度重视高科技手段应用，及时准确地记录和提取文物信息，实现了发掘现场和文物保护全程数字化、影像化、科学化

发掘团队大量使用了地球物理探测、GPS定位、电子全站仪布网测控、全球地理信息系统（GIS）记录等科技手段，将调查资料完整地信息化。在考古调查和发掘前期，就利用GPS、电子全站仪对海昏侯墓园全面布网测绘，确定三维测绘坐标系统。测控网以正南北方向布置测线，测控点达9000多个，为发掘工作、大遗址保护和建立考古遗址公园奠定基础。目前，已经建立起海昏侯遗址考古地理信息系统。

此次考古发掘就采用了声、电和磁等地球物理探测方法了解海昏侯墓及其墓园布局情况，不仅对墓地进行了无人机机载激光扫描，而且在主墓室采取逐层清理、逐层扫描的方式，全程跟踪发掘，全程记录，形成了墓室发掘过程的三维数据记录，可进行全程回溯。

对遗址的发掘区进行大范围、长时间、高精度扫描，既留存遗物最真实的信息，又实现快速制图、快速分析，有效地节省了大量绘图时间，使文物能够迅速提取并得到保护。这将为日后的文物展示与利用提供真实、可靠、清晰、互动的发掘场景，将大大提升我们考古工作和遗产保护展示工作的科技含金量。

有别于传统考古中考古发掘与文物保护脱离的情况，此次考古发掘，考古人员和文保人员共同参与到文物提取工作中，真正做到了边发掘边保护。在文物清理和保护过程中，针对不同材质的文物，针对性地进行处理和保护。广泛使用X射线探伤技术、X射线成像技术、高光谱红外扫描技术、充氮技术和低氧气技术，比如利用X射线探伤技术对出土的3000多件车马器进行探伤。再者，在主棺开启之前，对主棺实施了X射线成像，初

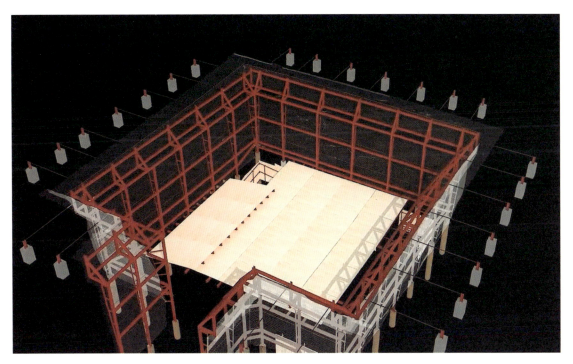

海昏侯墓墓葬加固数字化影像图

步了解主棺内的文物堆积情况，然后考虑采用高光谱技术、充氮技术。

六、高度重视跨学科合作，重视人才培养

为保证发掘、研究的权威性、规范性，国家文物局专家组5位成员长期坚持在一线指导工作，对一些重大现象，还临时邀请国内其他专家参与论证。全国十多家文物保护研究单位和高等院校长期参与了合作。跨学科的合作既强化了对文物的现场提取，也把合作延伸到实验室，取得单纯依靠田野考古无法达到的效果。

在整个考古过程中，中国社会科学院考古研究所与北京大学考古文博学院的专家团队对金属器文物进行了临时现场保护工作。众多青铜器表面的泥土在湿润状态下得到及时剔除，避免了因泥土干燥后膨胀对文物造成严重破坏，3000多件车马器的保护取得非常好的效果。以湖北荆州文物保护中心为核心的文物保护队伍，承担了竹木器的现场提取和室内清理保护任务。这是非常精细而且非常艰苦的工作。为了有效地提取和保护竹木器，需要针对其保存状况，采取不同的方式来完成。有现场提取的，也有采用套箱提取的。众多文物在经过现场提取之后，在实验室里进行清理和保护。超过1000平方米的恒温恒湿库房非常有利于保护一些珍贵的文物。

海昏侯墓主椁室逐层三维数字化扫描

恒温恒湿文物库房

5000 余枚竹简经过剥离，依次整齐地排列在库房内，红外扫描的竹简、木牍数据，很快被录入到电脑中，随即在北京大学出土文献研究中心专家的悉心指导下，初步释读。中国社会科学院考古研究所文化遗产保护研究中心主持的实验室考古进展顺利，他们对 100 多箱提取的文物，科学严谨地清理、记录。江西省文物考古研究所组织队伍长期驻守文物保护现场，有 20 多人接受了较系统的训练，经过轮番训练的有 100 多个人，而国内的其他高校也有近百名的博士、硕士参与了发掘保护工作。

海昏侯墓的发掘得到江西省委、省政府和国家文物局的高度重视，一流的考古、一流的保护、一流的展示成为我们的总目标。国家文物局专家组和阶段性召开的专家论证会对整个发掘和保护工作发挥了积极作用。正是因为有上述明确的技术路线、较为先进的工作理念，使得海昏侯墓的考古与文物保护得到学界和社会的广泛认同。

钱国祥

中国社会科学院考古研究所研究员、洛阳工作站站长，中国考古学会三国至隋唐考古专业委员会副主任、古代城市考古专业委员会副主任。常年主持洛阳汉魏故城遗址考古勘察工作，主要研究方向为汉唐城市与墓葬考古、建筑材料、佛教寺院与造像等，撰写考古报告与专著4部，发掘简报与论文80余篇。

新世纪汉魏洛阳城遗址的考古新收获

汉魏洛阳城是中国古代一个重要的都城遗址，位于中国古代的中原地区，即今河南省洛阳市区以东15千米、伊洛河盆地北部中间。在伊洛河盆地内保存有5座中国古代重要的都城遗址，汉魏洛阳故城就位于盆地内5座都城遗址中间最显赫的位置。此城址始建于西周，在东周、东汉、曹魏、西晋和北魏，先后作为王都和国都，作为都城的时间累积长达600年，城址的最大面积时期是在北魏时期，城址的保护范围有近100平方千米。

2011～2015年，我们结合文化遗产保护的需要，对汉魏洛阳城启动了以太极殿为中心的北魏宫城中枢区的勘察，发掘面积12000平方米，取得了重大收获。

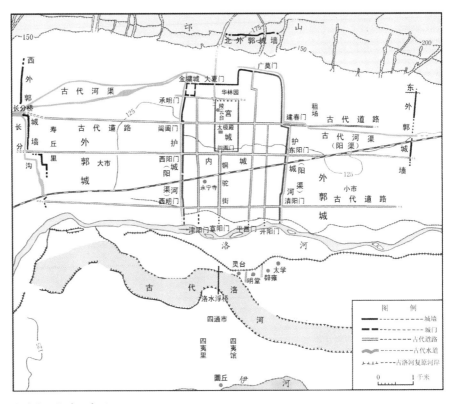

北魏洛阳都城勘察平面图

一、前期考察概况

我们现代人对中国古代宫室建筑的一个最直观的印象，无非就是明清北京的故宫，它严谨规整的中轴线布局和宫城居中的布置、高大的宫殿和殿前多重宫门，无不体现了皇权至高无上的思想。但是这种布局从何而来？它的文化传承的源头又在哪里？不仅仅是历史学家，更应该是我们考古学家承担的一个艰巨的任务。汉魏洛阳城实际上就处在中国古代都城由秦汉时期的多宫形制向南北朝时期单一宫城形制转变的一个重要过程中。所以说，它也是解决这个问题的一个关键所在。

早在20世纪60年代初期，就对这个城址进行了考古勘察，发现了一座居北居中的宫城遗址，当时提出其可能是北魏宫城的初步认识。20世纪80年代前期，又试掘了它的最大殿址的四面，当时就判断其有可能是北魏的太极殿，但是因为没有进一步发掘解剖，所以并不清楚它的始建年代。从20世纪末开始，我们开始致力于对这座北魏宫城的考古勘察和研究，1999～2000年，先后对宫城的东、南、西三面墙垣开挖了14条探沟，对它的规模和时代沿革有了一定的认识。比较重要的是，在宫城南墙的西段，发现了一座保存比较好的城门遗址，发掘以后确定是北魏宫城的正门阊阖门，因为它的宫门之前有保存完整的双阙遗址，和文献记载"阊阖门夹建巨阙"能够完全符合。目前宫城阊阖门遗址现场已经做了地面模拟保护展示。

继宫城阊阖门发掘之后，2008～2011年又相继发掘了北魏宫城的二号、三号宫门和西南角的五号建筑遗址，而且通过对上述遗址解剖，都发

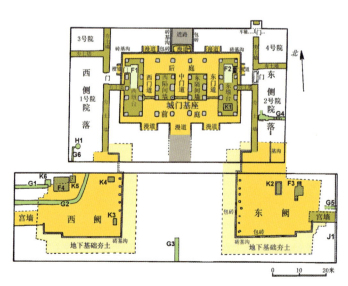

北魏洛阳宫城阊阖门遗址平面图

现了其始建于魏晋时期、在北魏和北周时期有重修沿用的现象。比较重要的是，在北魏宫城西墙的解剖，还发现了不晚于曹魏时期修筑的宫城西墙。我们在北魏宫墙的内侧，发现了更早的魏晋时期的宫墙，而且在魏晋宫墙的外侧还发现了一条规模很大的汉晋时期的河渠。这条河渠的发现比较重要，和《水经注》等文献记载的"谷水"或"阳渠"水系有很大的关系，它的存在也就基本上确认了魏晋至北魏宫城的西界。根据《水经注》的记载，阳渠是通过人工渠道从今洛阳市区的西面引"谷水"到汉魏洛阳城的西北角金墉城北面，其中一支经内城西墙的阊阖门东流进入宫城；又有一支从宫城的西墙外经过宫城西门千秋门、神虎门、西掖门，向宫城南门阊阖门流去，通过阊阖门又夹中间的铜驼街往南流。这次考古发现的这段河渠就在宫城的西墙外，应该就是宫城西掖门外西南侧。通过这一勘察，基本上确定了北魏宫城应该就是沿用了魏晋或者更早的汉代北宫的范围来修建。

二、太极殿遗址的勘察

太极殿遗址位于北魏宫城中部的西侧建筑轴线上，南距宫城正门阊阖门460米。在发掘之前，先对该遗址进行了相关资料的采集，包括它的地面现状和高空影像资料照片等。在一些高空影像照片上可以看到，在特定的季节，地下遗迹可以通过地表植被显现出来，对这些资料进行搜集和分析，可以丰富遗址的现存概况资料。同时，运用传统的洛阳铲勘探，结合电法和磁法等物理勘探，通过全站仪测绘等新技术，可以对勘探的地下遗迹情况进行全面测量定位和数据采集。

发掘工作主要在 2012～2013 年进行，主要发掘了太极殿主殿的东半部。根据发掘的遗址情况，2014 年又对太极殿遗址东侧可能是文献记载的太极东堂遗址扩大发掘面积。同时，还根据发掘的进展情况对太极殿主殿和东堂殿基进行了解剖。2015 年继续对殿基北侧的地面下遗迹进行了大量的解剖，又发现了很多早期的建筑遗迹。同时，从 2015 年开始，我们将发掘工作扩展到整个太极殿宫院外围，主要对太极殿宫院的西南角、东南角和东北角进行勘察发掘。

三、考察的主要收获

勘察表明，太极殿是以位于北魏宫城主要建筑轴线中部、东西向分布的 3 座大型夯土殿基为主体构成，结合文献记载，分别是太极殿主殿和太极东、西堂的遗址。太极殿主殿台基的规模为东西 102.3、南北 60 米，南侧和北侧各有两条踏道。太极东堂殿基略小于太极殿主殿，南侧也有两条踏道。另外，在太极殿和太极东堂之间，还发现东阁门的遗迹。在太极东堂北侧还发现大量成组的宫院、廊房和宫门等遗迹。

结合对遗址周边的勘察，基本上确定了太极殿整个宫院的规模：东西 340、南北 310 米，宫院南面以三号宫门为正门，太极殿和太极东、西堂位于整个宫院的北部中央，四周则有廊庑、宫门等附属宫院建筑围合。

通过发掘和解剖，太极殿及宫院的建筑，在时代上主要属于三个时期，它的主体部分都始建于曹魏时期，北魏时重修沿用，北周时期又进行了改建，但未完成。我们从太极殿台基解剖沟的剖面上，可以看到整个太极殿台基的主体部分均是在曹魏时期夯筑形成，周边有北魏和北周时期重修或增修的夯土遗迹。在太极殿北侧，解剖发现的大量铺砖、勒边石条和础石等早期廊庑遗迹，规模体量大，建筑规格高，显然是与文献记载的曹魏明帝大治洛阳宫和起昭阳、太极诸殿具有一定的关系。太极殿遗址出土的遗物主要是建筑瓦件，我们以发掘探方为单位全部采集、单独存放，并根据瓦件的不同部位分别进行数量统计。比较重要的是，通过对出土瓦件的整理研究，对魏晋和北魏时期不同的建筑瓦件组合有了重新的认识。其中，我们以往都笼统地认为是北魏时期的磨光瓦件，经勘察发现，一些连接云纹瓦当的灰色磨光筒瓦实际上在曹魏时期就已经开始出现。

四、考察的意义

第一，我们确定了这个宫城的范围及其时代序列，北魏宫城是在魏晋宫城或者更早的汉代北宫基础上的重修沿用。

第二，进一步了解了这个宫城中枢区轴线建筑的空间布局。它的正殿前设三道宫门，宫前直对轴线大街和都城的正门，再南正对前方的圜丘和万安山主峰。汉魏洛阳城正前方直对的万安山主峰，实际上就是一个自然山阙。

第三，对北魏宫城最核心的建筑，即太极殿宫殿建筑群的布局结构，有了一个崭新的认识。整个宫院规模宏大，主体建筑居于宫院北部中间，三座殿基东西并列。

第四，证实了文献记载的曹魏新建的洛阳宫是一座居北居中的单一宫城，实际上也就确认了中国古代都城由多宫形制到居北居中的单一宫城形制转变的时间由以前学界认为的南北朝时期提早到三国曹魏时期，这是我国古代都城发展史方面一个崭新的认识。

北魏洛阳宫城阊阖门遗址

北魏太极殿与东堂之间閣门基址

　　第五，曹魏始建的太极殿是中国历史上第一座"建中立极"的宫城正殿，其所确立的宫城形制和太极殿制度，实际上影响了后世中国和东亚地区上千年的宫室制度和建筑格局，开创了中国古代都城布局的一个新时代。我们知道，中国古代的太极殿从曹魏开始出现，一直到两晋、南北朝、唐代和宋西京，都城里面的正殿都称为"太极殿"。宋代以后的都城正殿虽然不再称为"太极殿"，如之后的元大都和明清北京城，但居中的宫城形制仍在沿用。而我们在东亚的近邻日本，太极殿的称谓在公元7世纪至14世纪一直在沿用，包括藤原京、平城京和平安京等多座都城都有"太极殿"这种称呼，显示了曹魏创建的太极殿制度的文化传承。

周必素

　　研究馆员。1991 年毕业于四川大学历史系考古专业。现任贵州省文物考古研究所所长、中国古迹遗址保护协会理事、中国考古学会理事、中国考古学会宋辽金元明清考古专业委员会副主任。主要从事播州杨氏土司遗存及西南地区宋元明时期墓葬的考古学研究，参与和主持过的田野项目有遵义海龙囤遗址、遵义新蒲播州杨氏土司墓地、高坪土司墓地、团溪土司墓地、杨粲墓地等。其中，遵义海龙囤遗址、遵义新蒲播州杨氏土司墓地分别荣获 2012 年、2014 年"全国六大考古新发现""全国十大考古新发现"，中国土司遗址入选世界考古论坛 2015 年"十大发现"奖，贵州遵义播州杨氏土司遗存考古发掘获得 2016 年田野考古奖一等奖。发表系列发掘简报和研究成果数十篇。

贵州遵义播州杨氏土司遗存考古发掘

贵州遵义播州杨氏土司遗存考古发掘项目主体有三个：海龙囤遗址、新蒲土司墓地、杨辉墓地。这是在中国土司遗址"申遗"背景下，为系统地梳理和提炼海龙囤遗址的内涵和价值，全面了解和揭示播州杨氏土司的社会制度、经济结构、文化面貌，以及更好地保护和展示播州土司遗存而进行的系统的田野考古工作。项目启动于 2012 年初，持续开展了长达 4 年的田野工作，取得了丰硕的阶段性成果，受到社会广泛关注。项目位于中国西南地区贵州省北部遵义市。遵义，古称播州。播州始建于唐贞观十三年（639 年），从唐末至明末一直由来自于山西太原的杨端家族世袭统治，播州的版图在杨氏的治理下不断扩展。从杨端入播至末代土司杨应龙，播州杨氏共传 27 代 30 世，对播州世袭统治达 725 年，留下了丰富的历史遗存。

一、发掘理念

该项目的发掘，遵循两个理念：一是规划统领、整体把握、点面结合、

贵州遵义新蒲播州杨氏土司墓地航片

海龙囤飞龙关（正面）

重点推进的工作理念；二是在学术上秉持聚落考古和大遗址保护理念。我们的海龙囤与播州土司遗存考古工作规划在国家文物局得以批准立项，规划设定了两个目标：一是对海龙囤与播州杨氏土司墓地进行整体考察和重点揭露，完成对申报世界文化遗产所要求的普遍性价值的提炼，增进对多民族国家文化多样性的认知及"齐政修教、因俗而治"土司制度研究；二是提供文化遗产保护基础材料。

二、工 作 方 法

有七个亮点。

其一，严格规程，科学发掘。我们在发掘之初，就组建了职责明确的发掘队伍，举贵州省全省的力量推进这个项目。并制定科学的发掘保护方案，在田野考古工作中，严格按《田野考古工作规程》规范操作，采取传统调查和机载激光航空高清遥感技术调查两种方式，对播州核心区域的土司遗存进行全面调查，摸清了土司遗存的分布情况和类型特征，对播州杨氏土司早晚司治、土司墓地、庄田与庄宅遗迹、关囤防御体系进行了深入、整体的考察。采取全面勘探和重点勘探结合的方法寻找遗迹的线索，发现了很多重要的遗迹现象。在深入调查勘探的基础上，选择重点区域用探方法和探沟法进行发掘，并用 RTK、全站仪等进行总体布方，以及对总平面图等进行测绘，对海龙囤新王宫遗址进行探方发掘，对各遗址区域进行测绘，获得了相关成果。我们用探沟法对线形遗迹进行发掘，并对遗迹间关系进行仔细的梳理。对现场的文物进行仔细提取，并全面地采集样品，如进行植物浮选、摄影、摄像、拓片、绘图等，对发掘资料做全面的信息采集。采取边发掘、边整理、边研究的方法，及时对文物进行修复、整理、研究。每个发掘工地都进行建章立制，建立临时库房和资料档案，对发掘的材料和遗迹的现场进行科学规范的管理。

其二，科技手段的应用。我们借助了多种新的技术手段，助力信息资料的提取、遗迹现象的判断、整体格局的把握，如无人机的拍摄、全站仪的测绘等。我们还利用机载激光航空高清遥感技术对我们播州核心区域遗存进行普查，对重点遗迹区域和器物进行三维扫描，对金银器成分进行分析，通过 X 射线探伤进行器物修复前的病害分析。

其三，多学科合作研究。基于土司遗存的特征，我们开展了历史学、地质学、建筑学、民俗学等多学科的研究，取得了系列成果。

其四，保护理念贯穿始终。在工作推进中，保护理念始终贯穿我们发掘工作始终。一是及时地保护现场文物。基于杨价墓男女两棺腐朽严重，实施了实验室考古，对出土的器物进行及时的修复保护。二是注入大遗址保护的理念，对海龙囤遗址和新蒲土司墓地制定了科学保护设计方案，取得了良好的保护效果。

其五，注重展示和利用。对海龙囤遗址和新蒲土司墓地均进行整体规划利用，编制了专门的展示设计方案，对整个环境、道路、陈列均进行整体设计，取得了实际的社会效益。

其六，公共考古，社会共享。在海龙囤工作开展之初，就依托之举办了大量的系列公共考古活动。"亲经考古，触摸四百年前土司生活"，这个是我们启动仪式的一个场景。我们举办了考古现场体验活动，举办了讲座，开展了系列"十大考古"进校园活动，请艺术家到海龙囤进行创作，开展了广泛的媒体传播。这一系列的活动引起了媒体的广泛关注。

其七，多方协作，借力发展。我们先后与中国社会科学院考古研究所、中国文化遗产研究院、中国建筑设计研究院、北京大学、东南大学、重庆文化遗产研究院、河南省文物考古研究院开展多方合作，这种合作的形式确保了我们各项工作全方位地开展和多种成果的取得。

杨辉墓及墓祠遗址航拍全景　　　　　　　　高坪土司墓地出土金凤冠

三、收　　获

　　收获一，实现了预期学术目标，厘清了新王宫遗址的格局、年代、性质，以及城池的轮廓从宋至明的历时性变迁，为土司遗址成功"申遗"提供了科学的支撑。新发现了2座播州土司墓葬，丰富了播州杨氏土司墓葬的序列。首次系统地清理出播州杨氏土司墓葬的墓园，发现首座播州杨氏土司的土坑木椁墓，为全面地了解播州杨氏土司的丧葬制度提供了珍贵资料。对杨辉墓的墓园格局进行系统揭露，确定了真正的杨辉墓。首次发现播州杨氏土司遗冢，首次发现杨辉墓的墓上建筑遗存及其墓祠，杨辉墓因此成为播州杨氏土司墓葬的墓祠、庄田、水利设施最完整结合的代表。通过对海龙囤遗址、新蒲杨氏墓地、团溪杨辉墓地的重点发掘，了解了播州杨氏土司的山城军事防御体系和丧葬体系，增进了对播州社会、经济、文化的认识，这些工作也有助于推进对西南边疆乃至整个国家边疆与中央王朝的相互关系的研究。

　　收获二，促进了文化遗产的有效保护和合理利用。

　　收获三，促进了海龙囤遗址的价值提炼，成功申报世界文化遗产。

　　收获四，产生了广泛的社会影响。

　　收获五，取得了一批研究成果。

　　收获六，提出了土司考古新课题。通过播州杨氏土司遗存考古，提出了"土司考古"的课题，这也是中国考古学的一个新领域。杨氏土司遗存作为元明清时期中央政府对边疆民族地区实行"因俗而治"土司管理制度的实物遗存，与中原文化具有趋同性，但又有着鲜明的地域性和民族文化的个性，从一个侧面体现了我国多民族统一国家的发展过程。土司考古遗存类型多、埋藏浅、时代晚，同时还有大量相关的历史学、民族学、民俗学等方面的资料，为此，我们在田野发掘的技术与方法、遗址的保护与展示及多学科合作研究等各个方面进行了广泛的探索。

近几年我们西南地区土司考古工作的开展，虽然只是拉开了土司考古的一个序幕，但已有的工作已揭示出这个新领域的前景。

杨辉墓出土陶俑

杨价夫人墓出土金螭龙杯盘一副

朱岩石

  中国社会科学院考古研究所副所长，研究员。毕业于北京大学考古系，留学日本早稻田大学、日本国学院大学，获历史学博士学位。现兼任中国社会科学院研究生院考古系教授、北京大学中国考古学研究中心客座研究员、中央民族大学民族学与社会学学院客座教授、中国考古学会理事。

乌兹别克斯坦费尔干纳盆地古城的考古发掘

一、遗址的发掘情况

作为丝绸之路考古，乌兹别克斯坦费尔干纳盆地古城的考古是一个世界性的课题。中国是丝绸之路的东方起点；位于中亚河中地区的乌兹别克斯坦，是中亚地区历史文化最为丰富的国家，也是丝绸之路上的贸易中转站和文化中心。中国和乌兹别克斯坦两国之间友好交往，有着悠久的历史。在超过 2000 年的友好交往历史中，两国人民共同为丝绸之路历史文化的发展与繁荣做出了巨大的贡献。

2011 年，王巍所长和乌兹别克斯坦科学院考古研究所所长阿穆尔丁教授商议，在乌兹别克斯坦选择一个共同的考古发掘项目。计划用 5 年时间，

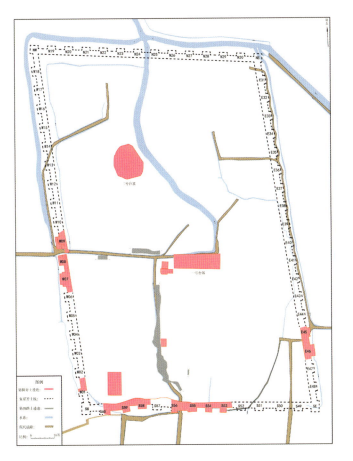

明铁佩遗址勘探发
掘主要遗迹分布图

内城西墙

对以费尔干纳盆地为中心的中亚东北部地区的古代文化进行深入研究，重点是对安集延州的明铁佩（Mingtape）遗址进行系统发掘。

整个考古队由中乌双方的考古学者构成，执行领队是中国社会科学院考古研究所的朱岩石和乌兹别克斯坦科学院考古研究所的马特巴巴耶夫教授。

我们选择的地点是中文现在所称的"明铁佩古城"，位于费尔干纳盆地，离新疆的喀什并不远，直线距离仅 300 多千米。费尔干纳盆地，是与古代中国文化交流最为频繁和深远的地区之一，以前出土过很多和中国有关系的文物，比如丝织品、铜钱、铜镜等。

我们的工作从 2012 年开始进行考古发掘。经过迄今为止 4 次发掘，我们取得了一定的考古学的收获。

明铁佩城址，它整个是一个接近于长方形、有点儿像平行四边形的城址，东西大约 500、南北 800 米，整个城址东、西、北城墙保存得比较完好，但是南墙除东南角、西南角地面还可看见外，其余的几乎完全被现代城镇所破坏，已经在地面上完全消失了。2012年开始工作的时候，我们手里只有一张旧的平面图。从2013年开始，在中国社会科学院考古研究所刘建国先生的支持下，包括我们考古队从事科技考古的队员，通过三维建模即用无人机拍摄、全站仪精细测量和RTK全覆盖式调测，形成一张非常精确的矢量化平面图。起先我们所有的工作都是在形成的新图纸上开展的。到现在为止，整个勘探的面积超过5万平方米，整个发掘面积累计达1000多平方米，在每年考古发掘的同时进行初步的资料整理。

开展中亚考古，除了希望和乌兹别克斯坦学者共同进行实际的考古发掘以外，还计划把中国考古学的一些工作方法、理念和他们进行讨论。对于大型城址来说，用洛阳铲的考古勘探是行之有效的一个方法，也是中国考古学所独有的技术。所以从2013年开始，我们逐步地摸索在这里进行勘探的技术方法，并逐渐地建立起一套适于该遗址实际情况的勘探认知系统。通过勘探，我们发现了地面无存的城墙、马面的位置和城内的道路，了解了城址内外堆积的分布与特点，更进一步地明确了城址的布局。勘探的全部探孔都采用RTK精准测量，然后将勘探的数据记录到电子系统里。通过对勘探数据分析，形成一个个非常精细的堆积柱状剖面图。在勘探的过程中，我们结合试掘，对勘探的认识和结果不断进行验证、积累和提高。勘探的结果和认识也让乌方认可和信服。

2015年，通过勘探，我们发现了城内南北向的道路和东西向的道路，对城址的布局结构有了一个突破性的认识。但遗憾的是，现在在城门方面还没有特别大的突破。

我们四年的整个工作是围绕着明确城址的布局循序渐进、逐步展开的。

第一年我们发掘了北墙，发掘完后进行了解剖。后来通过发掘和解剖东城墙，了解到城墙的宽度有20米左右，城墙采用被称为帕克萨（音）的一种当地独有的夯筑方法和土坯混合修筑而成。在城墙下面发现墓葬。

2013年我们对城内一号建筑台基进行了考古发掘。

后两年，我们的考古发掘是结合勘探进行。对于俄罗斯学者认为是东门、南门的区域，我们进行了细致勘探和局部发掘，没有发现与城门有关的遗迹，基本否定了该区域内设置城门的可能。对于此前认定的西门，包括乌兹别克斯坦学者在内的学者也进行了发掘，尚未找到与城门有关的直接线索。对于城门的探寻，考古工作还需继续进行。

在对南墙的发掘过程中，在城墙内侧，发现了可能和仓储有关的遗迹。在城墙内侧大约10多米长、1米宽的解剖沟里面发现了4个大陶缸。我们和乌方学者一起讨论，推测其是否与酿造葡萄酒有关系，因为其外表有一些护泥之类的东西。当然，也有一种看法，推测其是否和储藏粮食有关系。

内城东墙   内城道路发掘探沟

　　在发掘工作过程中，我们非常关注年代问题，特别是其道路、城墙到底属于什么时期。我们对遗迹都进行了解剖，获取了很多地层、遗物和采样信息，对于探明遗址的时代和演变提供了重要的资料。

二、考 古 收 获

　　一是逐渐建立了全城的矢量地图，形成了一个非常精确的基础数据平台，为建立遗址地理信息系统提供了良好的保障。同时多学科的合作取样工作也是每年都在进行。

　　二是通过四年的考古发掘，我们对于古城整个平面格局大体有了一个全面的了解。除了遗址的南城墙完全找到以外，地面、地下的马面共有64个。马面的形式，与中国的实心马面不同，这里的马面是空心的，就如城墙外面的一个一个的炮楼。结合城墙、马面等的发现，我们对于古城的防卫系统也有深入的了解。结合城内道路的发现，我们对古城的布局、

内城西墙马面发现的建筑

结构、城门的设置等也有了一些认识。对于此前认定的西门，通过勘探，我们基本可以确定其位置。此前的研究认为城址四面城墙上各有一座城门，通过勘探和试掘，排除了之前认为的东门、南门区域有城门的可能。但是否东门、南门在另外的区域，还需进一步的考古工作来验证。

三是出土遗物，特别是陶器，我们通过和乌方学者共同研究，对于其年代序列有了一个初步的了解。同时采用科技手段，包括^{14}C 测年在内的一系列的测年，确定了城址年代大约是从公元 2 世纪至四五世纪，即我们的汉至魏晋时期。

四是和乌方紧密合作。对于两国考古学的不同的学科特点，进行了充分的交流和讨论。通过召开会议、现场讨论，邀请当地学生来参观遗址等多种方式，介绍中乌联合考古的成果，宣传明铁佩遗址的历史价值。

我们的工作获得了国家文物局和国内学术界的支持。今后在明铁佩遗址我们还要继续进行考古工作，也希望学界对我们的工作提出意见和建议，进一步推动古代丝绸之路的宏观研究。

李新伟

　　中国社会科学院考古研究所研究员、史前考古研究室主任，中国社会科学院外国考古研究中心常务副主任，中国考古学会新石器考古专业委员会秘书长，哈佛燕京学社访问学者，国家社科基金重大项目首席专家。承担多项国家科技支撑计划和国家社科基金项目并获多个奖项。中国社会科学院哲学和社会科学知识创新工程重大项目"玛雅文明中心——科潘遗址考古及中美洲古代文明研究"负责人。

玛雅文明中心城邦科潘遗址的考古发掘

　　到世界的另一个文明中心去发掘，可以说是中国考古学家的夙愿。2014 年，在哈佛大学的威廉·费什教授的帮助下，我们来到了洪都拉斯的科潘遗址，对这个著名的玛雅城邦进行了考察，而且和洪都拉斯人类学与历史研究所所长维基里奥先生进行了很好的会谈。最后在总统府签署了合作协议，我们的整个工作得到了洪都拉斯方面很大的支持。

科潘遗址全景

科潘遗址在玛雅世界的东南部，但是因为它控制着玛雅最丰富的玉料资源，所以非常兴盛，被称为"玛雅世界的雅典"。科潘王国的时代为公元 426～810 年，共有 16 工，均雕刻在很有名的 Q 号祭坛上。整个科潘遗址位于科潘河谷的一个比较宽阔的地带，大致分为王宫区（核心地区）和贵族居住区。王宫区包括大仪式广场、玛雅城邦的标配大球场、神庙等祭祀性的建筑，也包括国王居住的宫殿。

我们进行工作的是王宫区东北部的贵族居住区编号为 8N11 的居址。这个居址是一个四面都有建筑的封闭的院落。1990 年，美国宾夕法尼亚大学对东部的建筑进行了发掘，有很重要的发现，包括一个非常有名的石榻，石榻上雕刻有白天的太阳神、夜晚的太阳神，以及月亮神和金星神，表明居住在这里的贵族有很高的地位。很有意思的是，这个月亮女神的形象怀里抱着一个玉兔，与我们的神话传说月宫嫦娥很相似。东部建筑南侧的偏殿上有精美的雕刻，显示了居住在这里的贵族掌握着水源，掌握着与丰产有关的一些仪式活动的权力。其中有重生以后的玉米神雕刻，都是马赛克式的，用一块一块石雕嵌在墙里形成大图案。

我们的项目将对其余建筑进行全面的揭露，这样，我们就可以得到一个完整的贵族居址的信息，对认识科潘的社会，特别是这个居址所在的科潘晚期的社会变化研究有非常重要的意义。发掘是从北部开始的，到目前为止，我们对北部基本进行了全面的揭露，可以看到北面中间台阶上的主殿，西侧有一个偏殿，东侧也有一个偏殿。中部主殿包括前面台阶的部分，包括第一层台阶、第二层台阶，虽然顶部的建筑都已经倒塌，但是我们可

北侧中部建筑

北侧中部建筑第二层台基西南角保存在原位的雕刻

保存在原位的北侧中部建筑雕刻

以看出其原来是有三间房屋。正面一共有 13 级台阶通向主殿。非常值得注意的是，第二层台阶上面有 13 组非常重要的雕刻，有些保存在原位，有些像散落在边缘。

第二层台阶上的雕刻的上面和下面有墨西哥纪年符号，实际上是捆绑火炬的一个绳索打结的符号，中间是两个交叉的火炬，还有一个人面，也是领主或者国王的一个符号。这个符号在科潘是一个等级非常高的符号。因为科潘王宫的第 29 号建筑就有完全相同的这样的符号，它与科潘的王

清理北侧中部建筑和东部建筑之间过道的密集遗物

朝起源有关。根据第 16 号祭坛上的象形文字记载，科潘的第一王就是在饰有交叉火炬图案的一个圣殿里面获得了权力，那个圣殿很可能在现在墨西哥的提奥提瓦坎，后来才来到了科潘，建立了王朝，所以这个符号非常重要。

"13"在玛雅是一个特别重要的数字，因为玛雅有一个特殊的历法，有点儿像咱们的天干地支。我们是十天干配十二地支，60 天一个循环。他们是 1 到 13，13 个数字配 20 天，260 天一个循环。这一重要建筑有 13 个象征着王朝起源的重要的雕刻，显示出这个建筑的重要地位。除了这些雕刻，还发现了一些雕刻的残块，残块是神像头部边缘装饰的水莲花图案，但是神像现在没有发现，可能是以前因为建筑倒塌以后耕种破坏，已经被移到库房里，还需要继续寻找。

北侧建筑顶部还发现有黑曜石石刀模型之类的碎片。黑曜石石刀是武力的象征，同时也是玛雅的贵族进行自我牺牲、把自己刺出血来祭神的一个重要的工具。这些雕刻残件的发现也显示出北侧建筑可能是宗庙。

现在对西侧的建筑也进行了初步的表面的清理，在西侧建筑的北部发现了大量的雕刻，其中发现 2 件龙头，与中国的龙非常像，一件龙头有一些水莲花的雕刻，还有龙爪的雕刻，是一件非常精美的艺术品。西侧在玛雅世界是冥界的，是地下世界的象征，龙头和水莲花等图案的组合是西侧的冥界的特征，也是一个仪式性比较强的建筑。当然最后它的功能如何，还需要我们通过继续发掘来解决。

出土遗物比较丰富，在东侧偏殿地面上发现大量可以复原的陶器、一些黑曜石石器及少量玉器，以及高等级的具有雕刻纹样的精美器物，其中发现可能是可可饮料水杯的残片。可可是中美洲原生植物，在贵族的日常消费和仪式活动里，都是制作重要饮料、烹饪重要食物的原材料。我们发现这些高等级的遗物，对认识这个建筑的性质、贵族们的地位有很重要的意义。

这些重要的发现联系起来，显示出北侧建筑有特殊的宗教性意义。在玛雅人的世界观里，万物都是有死亡和再生的，包括建筑。所以，对重要的建筑，他们要完全拆毁，拆毁以后再建一个新的建筑，把它给覆盖住，这样原来的建筑具有的那些能量等于又重生。所以玛雅的建筑就有点儿像俄罗斯套娃，晚期的建筑下面有多层的早期建筑，我们所发掘的建筑虽然小，不像第 16 号金字塔这么大，但是也有早期的建筑。

在发掘过程中我们在早期建筑地面上，打了一个贯通南北的隧道，来了解早期建筑的特征。进入这个隧道，我们发现里面有一个早期的临时性建筑柱子和边上的墙。目前工作还在进行中，但是我们已经有了一些线索，在东南角发现一个临时性建筑的柱子，东北角也发现一个临时性建筑的柱子。为什么说是临时性建筑？因为这些石头都是切割石，可以看到早期建筑是建在一个很长的长台子上，也有中部的建筑、东侧的建筑和西侧的建筑。很有意思的是，这个建筑被毁掉以后，没有直接的晚期建筑覆盖在上面，而是先建了一个有八个柱子的临时建筑。这个建筑就让人想起玛雅科潘非常著名的第十二王墓所在的建筑。这个建筑后来也被一个有 13 层台阶的大金字塔盖住。而这个墓葬所在的建筑也是一个建起的临时柱廊的建筑，可见，这个临时的建筑很可能与一个墓葬仪式有关系。所以，期待我们所发掘的建筑也有同样重要的发现。

我们在发掘中也采取了一些我们国内特有的技术，比如哈佛大学在发掘过程中没有实行的三维照相然后再成图等技术。我们的工作得到哈佛大学和同时在做工作的日本学者的认可。我们对当地工人进行了培训，让他们掌握这些技术，这也是我们合作的一个重要的部分。我们自己也学一些西班牙语，不光是工作的需要，而且想表明一种态度，即我们想很认真地从最基础工作开始，持续开展工作。宣传也是很重要的一方面，中央电视台准备制作纪录片，想让更多的中国公众了解世界的文明，了解我们的工作。

"各美其美，美人之美"，这是习近平主席以一个大国主席的身份向世界宣示的新的文明观。我想这个新的文明观的落实需要我们大量地开展工作，这样，我们才能够用我们自己的资料来说，世界各地的文明美在哪里，也才能以世界文明的视角认识我们自己的文明的特性。

陈永志

    博士，二级教授，国务院特殊津贴专家。曾任内蒙古自治区文物考古研究所所长，现任内蒙古博物院院长。中国社会科学院古代文明研究中心专家委员会委员，中国陶瓷工业协会理事，吉林大学边疆考古研究中心兼职教授，内蒙古大学、内蒙古师范大学博士生导师。主要研究方向为边疆考古、国外考古史、中国北方少数民族史。曾主持全国哲学社会科学西部重点项目"元代集宁路故城遗址的考古发掘研究"、国家文物局文化遗产保护科学和技术研究课题"中国北部元代青花瓷器研究"、中蒙"蒙古国古代游牧民族考古学文化遗存调查、发掘研究"、中日"和林格尔汉墓壁画孝子传研究"等科研项目30余项，撰写学术著作10余部，发表论文60余篇。

中蒙合作考古发掘的重大发现

　　中蒙合作考古始于 2005 年，至今历时 10 年。在这 10 年的考古发掘工作中，我们取得了非常重要的收获。

　　蒙古国是亚洲中部的内陆国家，地处蒙古高原。北与俄罗斯为邻，东、南、西三面与中国有很长的国界线。北大半部分是森林、草原，南部是戈壁沙漠。主要河流为色楞格河及其支流鄂尔浑河、鄂嫩河、克鲁伦河、翁金河、土拉河等。蒙古国与中国内蒙古自治区在地域上相毗邻，同属于蒙古高原，自然人文环境基本相似。在历史的发展进程中，蒙古高原一直是中国北方游牧民族活动的大舞台。匈奴、鲜卑、突厥、回鹘、契丹、蒙古等游牧民族曾留下了大量的活动遗迹。对这些历史文化遗存进行深入的考古学文化研究，对两国境内古代游牧民族之间的渊源关系、互动关系及游牧民族文明的形成与发展进行准确的定位与探讨，以解决两国游牧民族文化研究中的重大课题，促进历史文化等相关科学的发展，具有重要的历史意义。

中蒙联合考古队

乌布尔哈布其勒山谷五号墓园

2004 年 7 月，国家文物局、内蒙古自治区文物考古研究所、内蒙古博物院组成的文博代表团在蒙古国进行了为期 8 天的考察，与蒙古国教育文化科学部文化艺术正教协调局就双方文化方面的合作项目进行了商谈，并达成共识；10 月，我们与蒙古国游牧文化研究国际学院、蒙古国国家博物馆一致同意对蒙古国境内的游牧民族文化遗存进行合作研究。2005 年 10 月，签订了《蒙古国境内古代游牧民族文化遗存考古调查、勘探、发掘研究合作项目意见书》，合作项目正式启动。

2006 年，我们对蒙古国境内中部地区进行了大规模的考古调查，调查线路基本上覆盖了蒙古国的中部。调查地域包括后杭爱省、前杭爱省、布尔干省、色楞格省、中央省、乌兰巴托市和肯特省 7 个省市的 30 余个苏木，集中于色楞格河、鄂尔浑河、土拉河、鄂嫩河和克鲁伦河等几条大河流域地带。共调查遗址（包括岩画、石壁、文字、碑刻和寺庙等）109 处，年代囊括了石器时代、青铜时代及早期铁器时代、匈奴、突厥、回鹘、辽金、蒙元、北元与清代等多个历史时期。

我们对蒙古国境内分布的一种特殊四方形遗址进行了考古调查，其主

浑地壕莱山谷五号回鹘墓园建筑台基和墓葬的分布情况

要分布在哈拉河流域周边地区。这种四方形遗址就是以一个土墙围起来的
30米见方、50米见方或者是将近100米见方的一个土围子,我们称之为"四
方形遗址"。2006年对这种遗址进行了考古发掘,第一次发现它是一个
大型的墓葬。蒙古国学术界最初对这种四方形遗址的认识不是十分清晰,
后来通过我们的考古发掘,发现它是一个墓葬。

2007年,我们继续对这样的墓葬进行了考古发掘,清楚地掌握了墓园
的结构,发现了围墙、门道、建筑台基、排水渠等遗迹。在墓园及周边地
区清理出1座匈奴墓、6座漠北回鹘汗国时期砖室墓及9座蒙元时期墓葬,
其中回鹘砖室墓与墓园为同一时间营建。回鹘汗国时期的墓葬皆为带墓道
砖室墓,墓室结构多样,出土遗物有陶器、木弓箭、骨弓柄附件、丝织品、
皮靴、金耳环、钱币等。其中一件骨弓柄附件上刻有突厥鲁尼文。

2008年中蒙联合考古队对蒙古国后杭爱省浩腾特苏木浑地壕莱山谷五
号、六号回鹘墓园进行了考古发掘,清理出7处建筑基址、1座回鹘墓葬
和4座蒙元时期墓葬。发现有大型建筑台基,还有一处保存相对完好的壁
画。这个壁画实际上具有中国壁画的风格,有典型的唐代宝相花纹,这是

蒙古国境内发现的第一座壁画墓。

2009 年，我们又对后杭爱省浩腾特苏木乌布尔哈布其勒山谷五号墓园进行了考古发掘。发现此处居中有大型的建筑台基、周围有祭祀型遗址。这个大型的建筑台基实际上是地表起券的大型墓葬。

2010 年，我们对后杭爱省浩腾特苏木都根乌珠尔遗址和阿德根哈里雅尔遗址进行了考古发掘。清理了 25 处遗迹。其中，3 处长方形石头堆积，7 处方形石板堆积，11 处圆形石头堆积，3 处喇嘛庙废墟，1 处附属于喇嘛庙的垃圾坑，确认此处为清代的屯兵遗址。

2011 年，中蒙联合考古队又对后杭爱省浩腾特苏木赫列克斯浩莱山谷六号墓园进行了发掘。其也是四方形的建筑台基，但是周边没有发现墓葬。发现了瓦当、筒瓦及一些兽面砖，其中一件筒瓦上刻有鲁尼文。

2012 年，我们对蒙古国后杭爱省浩腾特苏木巴彦朝格图山高台遗址进行了考古发掘。这也是一处大型墓葬所在。

2013 年，我们对苏赫巴托省德力格尔汗山周边地区进行了专项调查，调查行程约 1500 千米，调查了新石器时代、青铜时代、匈奴、突厥、契丹和蒙元时期的文化遗存 10 余处，发现了岩画遗存。

2014 年，我们重点对布尔干省达欣齐楞苏木的塔林和日木三连城遗址进行了考古发掘，出土了一些相应有时代特点的器物。遗址由三个大型城址组成，我们称之为"三连城"，蒙古国学术界有的认为是匈奴时期的城址，有的认为是晚期的城址，一直没有定论。

2015 年，我们继续对蒙古国三连城遗址进行考古发掘，有了一些重要发现。发现了祭祀台基、砖窑遗址。

配合中蒙合作考古发掘，我们举行了一系列的学术研讨会，2006 年举行了回鹘国际学术研讨会。另外，中蒙合作考古发掘的一些重要成果，去年在蒙古国国家博物馆进行了展览，取得了良好的社会效应，引起了世界考古学界的轰动。在中蒙合作考古 10 周年出版了 4 部学术专著，并准备一年出版一部。

中蒙合作考古具有非常重要的意义，特别是"一带一路"倡议提出后，以及丝绸之路成功申报为世界文化遗产背景下，中蒙合作考古项目相关的一些考古发现和重要的文物，可以多层面、立体地向世人展示丝绸之路的历史文化与灿烂成就，促进人们以史为鉴，提倡人类平等、包容、交流、互鉴的共同发展理念，理智地看待多文明视野下的中国与世界。

回鹘墓园出土陶器

展览开幕式剪彩

秦大树

　　北京大学考古文博学院教授，博士。主要从事宋元明考古和陶瓷考古的教学与研究。多次主持古代著名瓷窑遗址和宋元墓葬的发掘、测绘与整理工作。承担商务部资助的在非洲肯尼亚开展考古发掘与研究的文化援外项目，产生了较大影响。并承担"海上丝绸之路研究"社科基金重大项目。

探寻东非古国马林迪

我们在东非肯尼亚所做的考古项目名称叫"中国和肯尼亚合作实施拉穆群岛地区考古项目"。实际上我们开展考古发掘的地点是在肯尼亚沿海中部的马林迪及附近地区。整个项目分三部分，北京大学承担的是陆上考古发掘项目和对在肯尼亚沿海地区经过正式考古发掘的遗址中出土的中国瓷器进行调研。按照北京大学与商务部所签《内部总承包合同》的要求要发掘 1600 平方米，调查 27 个遗址出土的中国瓷器。我们在这里进行发掘的学术目的主要有两个：一是寻找古代的马林迪王国并探寻其文化面貌，进一步扩大对肯尼亚的第二大淡水河——萨巴基河流域河口地区古代文明的探索；二是寻找郑和航海在东非的登陆地点。为什么我们专门选择了马林迪王国呢？因为马林迪王国是中国与非洲交往有比较早文献记载的一个地点，中国文献《通典》和《新唐书》中所记的"摩邻"和"拂菻"两个地点有可能是指今天的马林迪，尽管学术界对此尚有不同的观点，但是我

北京大学、肯尼亚国立博物馆联合考古队在曼布鲁伊遗址 A 区

曼布鲁伊遗址发掘示意图

们是用考古的方法来探索古代的马林迪王国。当然，在后期的明代文献中所记的"麻那里""麻林""麻林地"等地指今天的马林迪，是没有问题的，而且人们一般认为郑和航海的时候曾经到访过马林迪，并从马林迪带回来一只长颈鹿，当时被称为"麒麟"。

2010～2013 年，我们与肯尼亚国立博物馆滨海考古部合作，以马林迪市为中心，在 5 个地点进行了考古发掘，最主要的考古发掘地点是萨巴基河口以北的曼布鲁伊遗址，另外在马林迪老城遗址也进行了一些发掘，其他的周边地区都是小规模的试掘。3 次一共发掘了 1753 平方米，超过了商务部规定的 1600 平方米，取得了一些重要成果。肯尼亚学者认为我们的发掘是肯尼亚历史上最大规模的考古发掘，也有学者认为是撒哈拉沙漠以南地区最大规模的考古发掘。所以尽管我们是第一次在非洲进行考古工作，但是出手不凡，第一次就挖了一个最大面积的遗址。

以下是曼布鲁伊遗址发掘的主要收获。

曼布鲁伊（Mumbrui）遗址，在萨巴基河的北面，离河口不远，因为 12 世纪的阿拉伯旅行家伊德里斯（Idrisi，1100～1165 年）在记载马林迪王国的时候曾经说，马林迪王国在一条大的甜水河河口附近。那么现在在萨巴基河口附近，距离最近的、规模最大的、时间也比较早的古代聚落就是曼布鲁伊遗址，所以我们把这个地点作为一个最重要的探寻古代马林迪王国的地点。因为现在通常认为今天的马林迪城是 14 世纪以后创建并一直沿用到今天的一个城址，在这座城市创建之前还有马林迪王国的一个中心聚落。我们在曼布鲁伊遗址发掘了 12 个地点，并且对 14 个地点进行了地面调查，因为这个遗址从早年到现在一直是一个重要的聚落，所以我们根据我国几代考古工作者多年来积累的对古今沿用的城市开展考古工作的方法，即：散点发掘，结合地面调查首先探明它的范围，然后再努力地探索聚落的各个主要功能区。调查的主要目的是弄清不同时期整个聚落的范围。

我们的发掘以靠近海边的库巴（Qubba）清真寺为中心开展。因为在伊斯兰世界，清真寺具有在一个地点反复翻建的特点，而且清真寺通常是一个穆斯林聚落的中心。而库巴清真寺是肯尼亚沿海地区最老的清真寺之一，所以我们的工作主要围绕着库巴清真寺开展。

在发掘的 12 个地点里面主要介绍 3 个地点。

第一是曼布鲁伊 A 区，这个区域发掘面积比较大，有一些重要的发现。这个遗址也具有标志性的意义，因为在此有一个巨大的墓柱，而且上面镶嵌着中国的青花瓷。我们可能在很多关于中国古代海上交通和郑和下西洋的图录里面见到这张照片，它是现存海上丝路的重要遗迹，所以选择这个地方进行发掘具有标志性意义。在这儿发现了很多重要的遗址、遗迹。

首先是发现了 7 座熔铁炉，其功用和使用方法尚不清楚，北京大学考古文博学院从事冶金考古研究的陈建立老师认为可能是熔锻铁器的窑炉。另外发现了非常高等级的、用珊瑚石砌墙、小石子铺地面的重要的建筑基址。发现一个厨房遗址，其中有灶及各种遗存。清理了一处有 5 个房基叠压的建筑基址，是比较长时间使用的高等级的建筑。另外还清理了两处卫生设施（即茅坑）。

出土了一些重要的遗物，当然最主要的是本地产的陶器，这种陶器对我们的分期断代没有意义，因为肯尼亚学者对本地陶器的分期把 11 世纪至 17 世纪的这类陶器分为一期，看不出什么变化，也许我们的工作可以把这些陶器做进一步的分期。出土了一枚"永乐通宝"铜钱。我们发现这枚"永乐通宝"的时候，没有做过多的宣传，因为中国古代铜钱走私非常严重，我们认为发现一枚"永乐通宝"说明不了什么。但是美国芝加哥富地博物馆（Field Museum）考古队在曼达（Manda）遗址发现了"永乐通宝"，就在 Science 发了文章，说这是郑和到过这个地点的证据。但是我们有更多的证据，我们在这儿发现了永乐时期的官窑青花瓷片和一些其他的中国瓷器。这个地点，我们认为可能是一个重要的早期的人类活动的聚集区，整个遗址分成两个大的时期，16世纪的时候有一次完全的平整，以后功能区发生了重大变化。在早期的时候，它是一个重要的聚集区，而且是一个作坊区，建筑等级也比较高。

曼布鲁伊E区，是在库巴清真寺旁边最大的一块空地上，我们在这儿布了24个探方，但是实际发掘的面积没有那么多。这个区域接近库巴清真寺。在第一年发掘的时候，正对库巴清真寺的地方挖了一条长探沟，证明了清真寺始建于14世纪。并且还在这里发现了非常大、建筑等级比较高的大型建筑（F8）。大房子3次翻建，而且里面还保存着原来就埋在这儿的17个大陶罐。这种大陶罐既可以作为炊具，又可以作为储水器，还可以作为储物器。而且在紧邻F8的另一房基F10，发现在墙里还抹有墙皮，肯尼亚学者认为这是最高等级的建筑。还有水井，出土了一些重要的文物，包括伊斯兰釉陶、本地陶器和中国瓷器。特别重要的是出土了1件明初的龙泉官器，初步判定这个区域是一个贵族区居住区，距清真寺比较近，在很长时间内是重要的贵族居住区。

曼布鲁伊G区，是我们在内陆地区进行发掘的地点。因为我们在沿海区靠近海边的地方发掘了两个地点，发现地层很厚，但都是17世纪以后的遗址，所以我们认为可能早期的遗迹比较接近于内陆，于是在比较内陆的一个意大利人的农庄里面发掘了G区。一揭开表土就遇到比较早的地层，也发现了一些重要的遗迹，包括一道很长的墙，是比较高等级的墙，只剩墙根了，上半部分已经被破坏。还带有两层柱洞的棚式建筑。发现了一个钥匙形的熔铁炉，出土了一些中国瓷器。这个区应该是一个早期冶铸作坊区。

同时，我们还对这个遗址进行了比较大规模的调查，基本清楚了聚落的范围：其南界在H区附近，东边紧邻海岸线，与我们发掘的B区接近。北界在现在的村落中部，西界在一个小山包的山脚下。

此外，我们开展的一项重要的工作是对冶铸遗址的调查。在对曼布鲁伊遗址的发掘中出土了很多与冶铸有关的遗物，比如碗形的铸铁炉、钥匙形的熔锻炉、大量的炼铁渣、坩埚、鼓风管等、少量的铁器。根据伊底利斯的记载，马林迪王国的一个重要的经济支柱是冶铁。而且中国文献也记载有从苏门答腊进口铁器，但东南亚并不以生产铁著称，所以文献记载的这些来自苏门答腊的铁其实都是来自东非，所以关于冶铁遗迹的发现证明这个地区可能是古代的马林迪王国，这是一个很重要的发现。

根据发掘出土的中国瓷器，伊斯兰釉陶和从地层中采集的样本的 ^{14}C 测试结果，我们把这个遗址分成了六期七段，可以看到聚落形成于公元9

A区发掘现场

世纪，中间有一段时间的衰落，最兴盛的时候大概就是郑和下西洋的时期。16世纪以后整体上进行过一次大的改建，此后聚落的地位下降，一直沿用至今。

通过对多个地点的发掘和勘察，我们了解了这个遗址不同时期的范围和位置，公元9～13世纪，曼布鲁伊核心区域在A区、G区一带。同时，在这一时间段内，核心区域逐渐向东拓展，并最终在13世纪末、14世纪初确立A区的核心地位。H区虽存在早期遗存，但是并未发现多少遗迹，表明其附近虽存在早期人类活动，但应为当时的边缘地带。14世纪之后，曼布鲁伊聚落全面扩张，Eb区亦发现有规模较大的石质房屋，表明此地点的核心人群已经扩展至东面。而A区此时人类活动遗迹则极为密集。15世纪后，聚落继续向东推进，西部已处于较荒远的状态。然而A区所在地点仍处于兴盛时期，各类石质房屋、窑炉和卫生设施均于此期出现。到16世纪，大型石质住宅等建筑出现于D区、E区，A区则发生功能转型，在17世纪成为大型墓地。此后曼布鲁伊的发展方向应是向南、向东发展，最终形成今天的曼布鲁伊村落状态。总体而言，曼布鲁伊遗址存在着由西

A 区清理的熔铁窑炉

A 区 T22 发现的房屋基址

向东、由北至南的发展过程。无论聚落如何迁移，其手工业功能区和居住区似乎都结合得较为紧密，而且大体以手工业区在西、居住区在东的相对方位存在着。曼布鲁伊遗址的范围非常大，达到30公顷，这应该是一个第一等级的大型聚落。

在此，特别强调一下曼布鲁伊和中国的关系，我们在这个遗址发现了

A区出土明"永乐通宝"铜钱

Ea区出土的明初龙泉官器瓷片

曼布鲁伊遗址发掘出土的部分中国瓷器

景德镇御窑的永乐青花瓷片，发现了明初龙泉窑的官窑瓷器，以及"永乐通宝"。尽管现在大家都认为我国郑和到过非洲是没有问题的，但其实学界有些人是怀疑的，一个重要的原因就是在非洲没有发现与官作有关的文物。而我们在这个遗址发现了明初龙泉官器，这片瓷片正好与我们2006年在大窑枫洞岩遗址发现的明初官器可以对应，同样在肯尼亚沿海地区其他的遗址中也发现了明初龙泉官器。其最大的特点就是底部支烧的地方特别规整，比较容易辨别。这样的明初龙泉官器，在国内除了故宫有一些传世品外，其他地区几乎不见出土，包括南京地区发现的明初王侯墓中，出土了洪武、永乐时期的几百件龙泉窑瓷器，但无一件龙泉官器。但是在国外，伊斯坦布尔的托布卡比皇宫博物馆、伊朗的阿德比尔神庙，以及琉球王国的都城遗址首里城都有发现。所以，我们认为这种龙泉官器很有可能与当时的国家对外交往，甚至与郑和下西洋有关联，是由工部定制、专供官方交往的赐赍品，也是郑和下西洋时携带的礼品。因此，在环印度洋地区，什么地方发现了龙泉官器，什么地方就有可能是郑和到达的地点。另外还有永乐官窑青花瓷器残片，明初对官窑的管控很严格，连次品都会集中掩埋。发现官窑青花瓷片，一定是与皇家的行为有关系。由此证明这个地点很可能是郑和下西洋的一个登陆地点。过去有中国学者就认为这个地点是《郑和航海图》上标注的"慢八撒",因为大家都认为"慢八撒"就是今天的蒙巴萨(Mombasa),"撒"是"撒"的误写,但实际上《郑和航海图》"慢八撒"的位置在马林迪的北边,与蒙巴萨在马林迪之南是相反的。所以很有可能曼布鲁伊就是"慢八撒",是郑和下西洋的一个登陆地点。

根据商务部的要求,我们还承担了瓷器调研的工作。2010～2013年,由北京大学和肯尼亚国立博物馆组成的联合考古队分3次对肯尼亚沿海地区的37个古代遗址和遗迹单位(如古沉船)中出土的中国瓷器进行了详细的调研。同时还对蒙巴萨耶稣堡博物馆、拉穆博物馆和格迪古城遗址博物馆3个博物馆中收藏的出土地点不明的中国瓷器及部分捐赠遗物进行了调研。共收集、调查了中国瓷片9552件(片)。还对中肯合作陆上考古发掘项目中出土的中国瓷片进行了整理,共计中国瓷片1060件(片)。3年间共计调研中国瓷器10607件(片)。本项调研工作是环印度洋地区古代遗址考古工作中对出土中国瓷器开展的第二大调研工作,仅次于日本学者对旧开罗福斯塔特(Fustat)遗址调查收集的12000件(片)。我们对这些中国外销瓷做了产地和时代判定,将肯尼亚沿海地区出土的所有中国瓷器作为一个整体,对其进行统计分析,可以清楚地看出中国瓷器输往东非乃至整个印度洋地区的阶段性和特点。这种研究突破了以往日本学者仅仅指出某个时代有哪些窑口的器物那样的研究,被国际上称为外销瓷研究的一个新的里程碑。

王元林

中国文化遗产研究院研究员。1997 年于北京大学考古学系毕业后在甘肃省文物考古研究所从事丝绸之路考古研究和文物保护工作，2007 年取得日本神户大学文学博士学位，现从事中外文化交流考古和文化遗产保护工作，发表考古报告及论文 50 余篇，合作出版研究报告 7 部，主编的《柬埔寨吴哥古迹茶胶寺考古报告》被评为 2015 年度"全国文化遗产十佳图书"。目前主持开展 2016 年度国家社科基金重大项目"吴哥古迹考古与古代中柬文化交流研究"（16ZDA148）。

柬埔寨吴哥古迹保护与考古研究

　　柬埔寨吴哥地区是古代海上丝绸之路和东南亚对外商贸文化交往的关键地区之一，分布在今天柬埔寨境内和周边相邻国家的吴哥古迹是举世闻名的吴哥文明的见证，是古代高棉文化、中国文化和印度文化等多元文化的交融汇聚地区。吴哥古迹保护与历史考古研究已逾百年，先后有30多个国家和地区的工作队参与柬埔寨吴哥古迹文物保护和研究，并持续深入开展工作。中国政府参与国际社会援助吴哥古迹文物保护工作已20多年，取得了极为显著的文化遗产保护研究成效，值得我们深入总结并继续开拓吴哥文明研究的广阔视野。

　　回顾吴哥古迹保护发展历程。1992年吴哥古迹列入世界文化遗产。1993年在日本东京有一个"拯救吴哥古迹国际行动"会议，中国政府派员参加。1996年，中国正式组队并派员赴吴哥古迹考察并选点。1997年，组建中国援建工作队开始工作。1998～2008年是第一期周萨神庙的保护与考古研究。2007年至今是第二期茶胶寺保护修复与考古研究。这两项工作已经完成。目前，大吴哥城王宫遗址、柏威夏寺和崩密列寺三处都城与庙宇遗址作为新一期的保护修复及研究对象业已开展相关前期调查研究，并计划长期开展保护修复和考古研究工作。

　　值得一提的是，中国文化遗产研究院（原中国文物研究所）是以中国政府的名义最早到国外开展文化遗产保护和考古活动的文博科研机构，

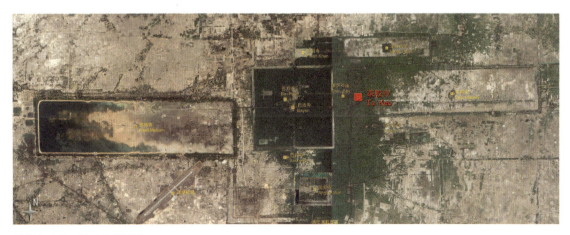

吴哥古迹核心区卫星影像图

周萨神庙

1996 年开始到周萨神庙考古是中国考古学界第一次真正意义上的在国外进行的考古发掘工作。我们现在已经在柬埔寨暹粒市建成中国吴哥古迹保护研究中心，成为我们在柬埔寨长期开展工作的一个研究基地。

援助吴哥古迹保护工作的主要内容，一般情况下主要是古迹的结构加固和材料修复，这两项主要是保护修复，再就是考古研究。我们在这个地方 20 多年主要做的工作就是吴哥古迹考古调查、周萨神庙和茶胶寺的考古研究。因为要对两个寺庙做比较深入的研究，必须要掌握吴哥古迹整个文化遗产分布和现存状况。这是我们一直在从事的一项工作。即首先对吴哥古迹的都城、寺庙、皇道、古桥及采石场等开展较为深入的考古调查研究。吴哥古迹核心区分布在 400 多平方千米范围内，大约有单体建筑 600 多处。第二才是周萨神庙和茶胶寺的考古发掘研究。第三个方面是开展《真腊风土记》的考古学观察和注解研究。第四是对古代中柬文化交流方面的研究。这些都是我们 20 多年来一直在坚持开展的研究工作。

第一期周萨神庙项目，位于大吴哥城胜利门以东，暹粒河的西岸，而茶胶寺是在暹粒河的东岸，它们都在大吴哥城以外的东边。吴哥古迹中遗存多座古桥、人工运河、采石场、窑址及大量陶瓷器等文物。从周萨神庙考古调查来看，结合鸟瞰图，可以看到周萨神庙是一个塔院式平面布局的寺庙建筑，自西向东分布，寺庙的中心建筑南北长30多米，东西长38米，包括东面的神道、婆罗门道、"十"字平台加起来，东西总长214米。采集和发掘出土了较多陶瓷器和其他文物。周萨神庙主要是12世纪前期的建筑，属于苏利耶跋摩二世时期的寺庙遗存。之前法国人做过一些研究，认为是12世纪前半期，但我们的发掘发现的一些遗迹现象表明，至少集中在12世纪的前期，这座寺院经过了婆罗门教、佛教、婆罗门教这样反复的改变过程。

接下来介绍茶胶寺项目。如果对茶胶寺周边遗址不甚了解，那么开展茶胶寺考古和研究就是比较艰辛的。所以，我们首先对茶胶寺周边的一些遗迹做了调查，现在共探寻到8处相关遗迹。在茶胶寺的北边和南边还有一些现存的建筑遗迹，因此，现在大家推断茶胶寺周边分布的是一处面积较大的早期都城遗址。在这些周边遗迹中发现了一些水晶、瓷片、碑刻等遗物，基本都属于寺庙废弃或散落的遗物。

茶胶寺考古是我们开展的文物保护工程中的专项研究项目，得到了相关方面的极大关注。茶胶寺整体来讲是一座未完工的国家寺庙，建造年代是10世纪末至11世纪初。它和周萨神庙不太一样，主体建筑是一个金字塔形，高大的庙山形的寺庙建筑；但与周萨神庙的相同之处在于坐西朝东。寺庙范围是东西长225、南北宽195米，庙山建筑高约45米。从其平面布局来看，中心是庙山主体建筑，向外依次由神道、壕沟、南北池等多组建筑组成庙山建筑的一些构成单元，包括塔门、藏经阁、塔殿、长厅等，总体构成三层大台的金字塔形庙山式寺庙建筑布局。

茶胶寺考古发掘已经持续了5年多，到目前为止我们发掘了900多平方米，采集器物600多件，还有一些雕刻碑铭等资料的调查收集，并做了一些拓片，成为新时期收集、整理吴哥碑铭的基础资料。在茶胶寺这个地方，法国人之前做过一些考古清理工作，取得了不少成果。但是，通过我们的发掘，现在发现神道是13级台阶，壕沟护岸是16级台阶，壕沟底部发现了一些用于防渗水处理的石英和高岭石之类的沟渠建筑砌筑工艺，神道自地面至底部有5米多深，排水管道遗迹也是在吴哥地区考古中的首次发现，包括寺院的一些水系。这些都是新的发现，改变了此前认识上的不足。同时，对整个寺庙的一些建筑的砌筑的先后顺序，以及未完工的国家寺庙的考古依据等，都有了一些新的认识。此外，我们对整个寺院的大范围分区布方这一基础做法成为吴哥地区考古发掘的良好案例，以后不管谁在这儿继续做工作，都可以在这个基础上来做。发掘区主要围绕着庙山基础及其周围开展，对庙山的基础和下部的一些建筑结构有了进一步的了解。与此同时，我们也邀请北京大学科技考古中心检测了一些陶瓷器和土样，取得了一些重要分析测试成果，成为中外陶瓷文化交流研究的科学依据之一。

从吴哥地区古代遗迹调查发现和出土器物的文化面貌来看，有柬埔寨本地区的陶瓷器，还有中国的宋元明清瓷器，尤其是宋元时期的青瓷、青

茶胶寺东外塔门外东南角散水与神道结构

大吴哥城王宫遗址

白瓷及白瓷器最为常见，也有我们觉得是来自印度的红陶器，还有一些东南亚泰国、越南等其他地方的陶瓷器，器物类别有生活陶瓷器、建筑陶瓷器，等等。还有一些石雕刻，如我们在茶胶寺发现了一尊湿婆的雕像，身躯和头部残断分离。吴哥时期，甚至柬埔寨现代建筑使用的瓦当和我们中国瓦类可能有点儿区别，如脊上带一个凸脊的拱瓦、里侧附加一个钩钉的弧瓦、高耸的屋脊装饰用的尖顶脊饰等，都极具地域特色。由于在吴哥古迹寺庙建筑中大量地应用铁质锔扣以黏结石材砌筑结构，所以当地的冶铁技术也相当地发达，在很多寺庙遗迹的考古中发现有冶铁的残渣和铁质文物。另外，在茶胶寺周围和吴哥广大古迹群中同样发现了很多中国宋元时期乃至明清时期的瓷器，对研究古代中柬经贸文化交流很有价值。

以上，是我们这些年来在吴哥古迹考古研究中所取得的一些初步成果。同时我们也出版了4部研究报告，发表了30多篇论文，培养了建筑考古和文物保护方向的3名硕士和1名博士。下一步，我们将继续开展茶胶寺、崩密列寺、柏威夏寺的考古发掘与研究，继续开展吴哥古迹的较全面考古研究，同时着手开展三期项目大吴哥城王宫遗址的考古发掘与研究。作为对吴哥古迹的整体初步认识，我们目前正在组织编写和计划出版《吴哥古迹考古》，为大家提供吴哥文明研究的基本考古素材。

在吴哥这个国际文物保护的大舞台上，这些年我们也形成了一些自己的工作特点，如我们把吴哥古迹保护工程中的文物保护、材料修复和考古研究结合起来，甚至是把考古作为一个重要的专项来开展，并突出课题研

崩密列寺石雕刻

究意识。到目前为止，我们组织完成了10多项科研课题，现在我们正在组织一些关于王宫遗址、柏威夏寺和崩密列寺的吴哥古迹考古研究新课题，将吴哥文物保护与考古研究向更加全面综合的视野发展。另外，我们积极采取国际合作，重视国际交流，先后和柬埔寨吴哥古迹保护与发展管理局、金边皇家艺术大学及中国社会科学院考古研究所、天津大学建筑学院、郑州大学历史学院等开展了卓有成效的合作研究。同时，在实际工作中我们始终遵守国际组织的一些公约和规章，尤其是《威尼斯宪章》和《吴哥宪章》等，自始至终开展保护修复寺庙遗址的考古研究和历史研究。在一些文物保护工程和考古研究的技术路线方面，坚持从大的方面首先了解吴哥古迹的整体分布状况，从而深入推进对茶胶寺周边及茶胶寺整体的研究，同时再返过来深入认识吴哥文明的辉煌成就和历史面貌。在国外做国际合作考古发掘工作，尤其是在经济相对欠发达国家，必须要重视一些重要发现和遗迹的展示利用，不能像过去传统的考古发掘那样完成后回填了事。同时，还要重视当地的文物保护和考古人才培养，也一定要尊重当地的民族信仰，尊重当地遗产区的民众，遵守各项文化遗产保护国际惯例。凡此等等，都是我们赴境外开展文物保护和考古发掘研究中应当坚守和秉持的一贯理念及实践经验。

新时期新形势下，在援柬吴哥古迹文物保护与研究工作的主要内容方面，我们也做出了重大调整和丰富与完善，从之前的文物保护结构加固、材料修复和建筑复原研究与历史考古研究，拓展到文化遗产的综合保护研究，包括考古与基础研究、建筑复原与保护技术史研究、文物生物病害研究、砖石文物保护技术研究、文物本体保护工程、遗产监测、展示利用与遗产地经济社会文化发展研究、教育培训、宣传与合作交流，以及综合信息管理大数据平台建设等多个方面。在具体的项目依托方向方面，我们选择吴哥王朝政治、文化、生活的中心即吴哥古迹群的核心遗址大吴哥城王宫遗址开展长期工作，同时选择以崩密列寺和柏威夏寺作为典型案例持续深化吴哥寺庙研究，这三处古迹不仅占地面积巨大，地理位置重要，而且历史地位显赫，在高棉文明史中意义深远，有助于我们更加深入地把握吴哥文明的深邃内涵，也有利于我们多视角地探索古代中柬文化交流研究。

我们国家近年来积极赴境外开展文物保护和联合考古发掘与研究，截至目前，中国先后有20余家高校和科研单位在境外开展考古发掘与研究，是中国文物保护与考古从业者对"走出去"战略的重要实践，也取得了较多科研成果，产生了一定的国际影响。由联合国教科文组织倡导的吴哥古迹保护国际行动是全球范围内文化遗产保护的典范，中国政府参与吴哥古迹保护修复与研究已逾20余年，在柬埔寨当地及国际社会均产生了积极的影响和普遍好评，中国对柬埔寨的文物援外工作的角色正在由参与者向领导者转变。新时代新形势下，围绕"一带一路"倡议，我们将主动设计援助柬埔寨吴哥古迹王宫遗址、崩密列寺和柏威夏寺等保护研究综合项目，扩大文物对外交流合作，继续走好吴哥文明辉煌遗产国际合作保护研究的新征程，助力我国参与国际合作考古与研究事业的持续健康发展。

柏威夏寺第五道塔门

中国考古学会各专业委员会分组研讨

2016 年 5 月 21 日下午、22 日全天，首届中国考古学大会（2016 · 郑州）的重要组成部分——中国考古学会 13 个专业委员会进行了分组学术研讨。在分组学术讨论会上，旧石器考古、新石器考古、夏商考古、两周考古、秦汉考古、三国至隋唐考古、宋辽金元明清考古、动物考古、植物考古、人类骨骼考古、公共考古、新兴技术考古、文化遗产保护 13 个专业委员会的专家们分别从各自的专业领域汇报了最新考古研究成果、阐述了前沿考古理论。闭幕式上，各委员会的代表把小组的讨论成果汇报给中国考古学大会。

旧石器考古专业委员会

时　　间：2016 年 5 月 21 日下午、22 日全天
地　　点：黄河迎宾馆第一会议室
主 持 人：吴小红　葛俊逸　高　星　王幼平　李占扬　王社江
参会代表：高　星　吴小红　王幼平　李占扬　陈　淳　王小庆　王法岗
　　　　　王春雪　王益人　方　启　付永平　仪明洁　冯小波　刘锁强
　　　　　关　莹　杜水生　李有骞　李意愿　汪英华　宋艳花　张东菊
　　　　　张兴龙　陈福友　范雪春　周振宇　徐新民　高　峰　梅惠杰
　　　　　彭　菲　裴树文　张家富　邓成龙　刘春茹　涂　华　赖忠平
　　　　　孙雪峰　葛俊逸　付巧妹　窦清波　Robin Dennell

旧石器考古专业委员会共收到报告 40 余个，从中遴选出 25 个作为会议发言。

报告大致分为以下几个方面的内容：第一部分为考古遗址年代学研究。因为未来拟成立年代学考古专业委员会，这次大会，年代学考古方面的专家跟随旧石器考古专业委员会活动，来自地质地球科学领域的代表们做了年代学方面的报告共 11 个；第二部分为单个考古遗址或区域性旧石器考古调查和研究报告，共 10 个；第三部分是一些新技术或者新理念在考古学中的运用，这类报告有 3 个；第四部分是对中国考古学的述评，我们专业委员会邀请世界著名的英国埃克塞特（University of Exeter）大学的旧石器考古学家 Robin Dennell 教授，对我国旧石器考古专业目前研究的成果做了一个专门述评，他认为中国旧石器考古研究不应是边缘化的，而是一个探索人类演化的重要中心，并且也已经取得了举世瞩目的成果。

高星的《旧石器考古的年代学问题》对中国旧石器考古遗址年代做了总结，提出了对未来工作的思考；吴小红的《^{14}C 进展和问题》、张家富的《光释光年代测年述评》、邓成龙的《磁性地层年代学研究进展》、刘春茹的《ESR 磁悬共振测年技术》、涂华的《Al-26/Be-10 埋藏测年法遗迹全覆盖测年方法》等报告，对各种新的遗址测年技术的进展和运用进行了系统的总结和评述。此外，赖忠平的《史前人类定居青藏高原的年代》把早期人类在青藏高原定居的时间回拉到了距今 15000 年以内。孙雪峰的《秦岭地区大量旧石器考古遗址年代》、葛俊逸的《大窑旧石器遗址年代》等报告，则具体运用一些特定的测年技术对研究区域的遗址进行了系统的测年，取得了良好的效果。付巧妹应用 DNA 分析法探讨了欧亚人类的起源问题。

在旧石器考古遗址研究方面，王幼平介绍了郑州地区旧石器遗址的发展脉络，窦清波做了题为《灵井许昌人遗址的新发现》的报告。杜水生介绍了河南省栾川县龙泉洞遗址的发掘情况，冯小波介绍了陕西汉中盆地旧石器遗址调查的新收获。此外，裴树文、徐新民、张东菊、彭菲、李意愿等分别对泥河湾盆地、浙江、青海湖，以及宁夏、湖南和贵州等地的旧石器遗址研究现状进行了总结和探讨。

在新考古学理念和新技术的应用方面，陈淳推介了墨西哥的一个旧石器遗址的发掘和研究方法，介绍研究者运用埋藏学及其他的新方法探索该地区农业起源和社会结构方面的情况。另外，周振宇和刘锁强分别运用多视角下的三维重建技术，对泥河湾盆地西白马营遗址和广东郁南的旧石器遗址的三维模型重建工作进行了尝试。

总之，旧石器考古专业委员会的每一个报告都非常精彩，年轻学者做了大量研究工作，且这些工作富于新意，很多成果都发表在国外顶尖考古学杂志上。现在中国的旧石器考古研究工作和国外已经基本衔接，大踏步地走向世界。

新石器考古专业委员会

时　　间：*2016 年 5 月 21 日下午、22 日全天*
地　　点：黄河迎宾馆第二会议室
主 持 人：林留根　郭伟民　孟华平　韩建业　戴向明　陈　杰
参会代表：赵　辉　郭伟民　魏兴涛　韩建业　李新伟　徐　峰　林留根
　　　　　张爱冰　郭　明　刘　斌　王宁远　王元林　傅宪国　梁中合
　　　　　孟华平　高江涛　黄可佳　孙周勇　王炜林　赵光国　靳松安
　　　　　杨玉璋　郭立新　张　弛　张居中　黄建秋　邱　楠　戴向明
　　　　　李丽娜　尹检顺　赵亚锋　张小虎　霍东峰　孙　波　王　辉
　　　　　丛德新　王　芬　马明志　邵　晶　赵春青　刘业沣　鲍颖建
　　　　　曹艳朋　屈慧丽　槇林启介

　　演讲主题涵盖新石器时代社会的族群、年代、聚落、政治、文化、农业、经济、手工业、天文等多个方面，既有宏观、长时段的研究，包括早期社会复杂化与文明化进程、聚落考古和大型都邑聚落形态、考古学文化的甄别与命名、区域文化谱系构建、欧亚大陆史前文明交流、彩陶来源及制作工艺、农业起源及其发展等多个方面；又有具体甚至微观的个案分析，诸如大型城址的营建与利用、最早人工水利设施的规划与建设、史前仓储设施的结构与识别、单个生产工具的制作与使用、耕地资源的利用与管理、单个遗址葬俗与社会结构、陶器的生产与消费等内容；更有理论、技术上的长远思考，如考古学记录方法的系络分析、考古测量的方向性等问题。

　　研究形式既有最新田野资料的公布与讨论，又有对以往资料的重新检视和分析。在研究手段上，传统方法与新兴技术相结合，涉及类型学比较、文化因素分析、淀粉粒观测、模拟实验、微痕观察等多个方面。研究区域横跨中国大陆、中国台湾及中亚等多个地区。

　　赵辉先生在致辞中指出，新石器时代考古是中国考古学中最具活力、最具贡献的分支之一。从学理上说，中国考古学是从新石器时代的考古开始，无论是安特生，还是李济先生，都为中国学术界提供了方向性的示范，就是重建中国古代史的方法。正是因为有了这个示范以后，中国学术界才接受考古学。而且，新石器时代的考古个案，很多能够为中国考古学启发

新的思想、方法、理论乃至技术。因此，他期待通过这次新石器专业委员会的分组讨论，能够对中国新石器时代考古有所启发，能够提供学术进一步发展的动态。同时，他也对在场的青年学者和学生提出了殷切希望，希望他们能够在不远的未来，推动中国新石器考古不断向前发展。

一、立 城 立 邦

史前城址作为当时政治与经济加速发展的"结晶"，是人类社会迈入文明阶段的显著标志，很自然地成为探索中华文明起源的有效案例和关键"钥匙"。在本次讨论中，多篇以城址为对象的聚落考古研究代表了新石器时代考古的前沿课题。

湖南省文物考古研究所郭伟民以中心聚落历史进程中的演变特征为研究目标，从陶器形制、玉器工艺、聚落结构、稻作种植等角度，对澧县城头山和天门石家河遗址及所在区域进行了系统比较，详细地阐释了两处区域中心聚落的动态变迁、政治控制、文化辐射等内容，认为中心聚落的演进存在着"连续与断裂"的模式。

浙江省文物考古研究所刘斌回顾了良渚古城历年的工作情况，重点介绍了良渚城市结构、宫殿区、祭坛、权贵墓地、城垣、外郭、水利系统、稻田遗迹等遗存的发现情况，展示了考古工作观念从良渚遗址到良渚遗址

群、再到良渚古城、大良渚的转变过程，并对良渚下一步的工作规划进行了说明。同时，他认为从良渚古城及其水利系统的规模、布局来看，它并不亚于同时期古埃及文明、苏美尔文明、哈拉帕文明中的都邑性城址。

中国社会科学院考古研究所梁中合介绍了山东尧王城遗址近年的发掘情况，重点对尧王城城垣、建筑基址、祭祀遗迹、器物坑、墓葬的发现进行了详细说明。同时，结合解剖性发掘、钻探和航拍影像的成果，对尧王城的性质、年代、结构、范围进行了分析，尤其展示了城垣形制、门道、多重环壕等结构特征。此外，以动态的视角，对大汶口文化晚期至龙山文化中期尧王城聚落的营建过程进行了解读，对鲁东南地区史前城址的发生和发展模式进行了阐述。

湖北省文物考古研究所孟华平在回顾以往发掘和研究工作的基础上，对石家河遗址近年的新发现进行了介绍，尤其对石家河古城东南部、谭家岭古城的城垣与环壕、印信台祭祀遗迹、谭家岭后石家河文化玉器的发现情况进行了说明。通过细致的田野工作，他分析了石家河古城的整体形制和布局，并且动态地考察了石家河聚落的营建和利用过程，为研究长江中游地区史前城址的发生和发展过程提供了新的思路和启示。

陕西省考古研究院邵晶以石峁遗址后阳湾、呼家洼、圆圪堵、韩家圪旦等地点采集、出土的陶器资料为核心，将相关遗存分为三期。以此为支点，结合系统调查的成果，他对石峁遗址“皇城台—内城—外城”的阶段性建城过程进行了观察，并在田野发掘的基础上，指出从石峁外城东城门到内城东城门，再到皇城台东城门，很可能存在着完备的道路系统。

中国社会科学院考古研究所赵春青在回顾中国史前城址田野发现的基础上，将史前城址分为石城、土城、水城三个类型，依次分布于北方地区、中原地区（黄河中下游地区）、南方地区，而且史前城址的发展可分为三个阶段，每一阶段具有不同的聚落等级特征。在此基础上，他建议在发掘、研究大型城址时，应对文化谱系、聚落布局、附属设施进行逐步探索，并且开展必要的规划、保护工作。

陕西省考古研究院马明志通过分析陕、晋、蒙地区的大量石城，并结合对陶器形制的观察，认为龙山时代早、中期，石城聚落与双鋬陶鬲、三足瓮、三足盉、盆形斝、大口尊等器类的分布范围基本重合，并且石城分布的区域可以划分为多个内涵有别的文化亚区。然而，至龙山时代晚期至夏初，北方地区中段的文化格局发生了剧烈的变化，整个陕、晋、蒙所在的北方地带中段地区形成正装双鋬鬲统治下的多支文化聚合的格局，以石峁为最高核心的层级化聚落格局展现出北方文明体系的崛起。

中国社会科学院考古研究所高江涛通过对石峁和陶寺两大遗址的比

较，认为二者建城都存在"顺其自然"的特点，都存在一个绝对的聚落布局核心，陶寺为宫城，石峁即皇城台。同时，他还注意到石峁城墙被石所包的土筑部分却是陶寺常见的版筑方法，并且二者在城墙瓮城、人祭、装饰及个别器类形制、瓮棺葬、随葬下颌骨、鳄鱼骨板等方面存在诸多类似。最后，根据对同时期遗址出土器物形制的分析，他指出陕北、吕梁山地、太原盆地及忻州盆地、临汾盆地或许是陶寺、石峁之间的交流路线通道。

二、社会演进

中华文明起源研究是中国新石器时代考古学研究的基础课题，也是考古学研究长期攻坚的学术任务之一。相关考古学理论的提出与探讨，能够深化并推动此类重大前沿课题的研究。中国社会科学院考古研究所李新伟以古国概念与当下中国文明起源研究之间的关联为主题，系统地阐述了苏秉琦先生提出"古国"概念的初衷、背景和必要性，同时，通过对比西方理论的产生背景和内涵演变，认为古国概念的提出有助于我们探讨"历史上多民族统一国家形成的史前基础"及史前文明化进程中的一般规律，也有利于描述中国独特的文明化发展历程。并且，他认为在考古实践中，可借助考古学文化分布范围、区域社会特征、等级差异的墓葬及其他政治实体因素，来辨析古国的存在与否。同时，他提出，古国时代或许从距今5500年前后开始，而且"古国时代"概念的使用能够启发我们偏重于社会组织方面的研究更依赖于古史的探索，而这两个方面恰恰有利于我们对考古资料的解读。此外，李新伟还就古国、方国、邦国之间的差别，以及古国与西方酋邦、马克思经典理论中的相关概念进行了比较。

新石器时代社会复杂化进程是考古学研究的重要内容。河南省文物考古研究院魏兴涛以中原地区的早期社会复杂化为主题，在系统地分析中原地区尤其豫西晋南地区出土陶器、石器、墓葬资料及聚落分布的基础上，详细地阐释了裴李岗至庙底沟二期不同阶段的社会发展模式和聚落结构特征。他分析认为，豫西晋西南地区新石器时代社会复杂化，主要出现在仰韶文化中期和庙底沟二期文化时期、龙山时代两大阶段，并且分别对应自发型、外来嵌入式两大发展模式。

辽宁省文物考古研究所郭明以牛河梁遗址出土材料为研究对象，通过分析遗迹、遗物特征，着重探讨了以牛河梁遗址为代表的红山文化晚期分层社会的形成过程与特征。她认为，以随葬品和墓葬特征所表示的社会分层的特征至牛河梁遗址第四期逐渐形成，社会分层现象渐趋明显并出现了制度化的倾向，"礼制"逐渐形成；同时，牛河梁遗址晚期虽然出现了多

层级的划分，但应是以中间层级为社会主体的"橄榄型社会结构"，社会权力也未表现出血缘继承的特征。

三、谱 系 为 纲

作为新石器时代考古的基础课题，区域文化谱系的构建很自然地成为本次讨论会备受关注的焦点。南京博物院林留根分析江苏顺山集、韩井、半城等遗址的出土材料，认为在距今 8000 年左右，淮河流域存在一种面貌独特的考古学文化，可命名为"顺山集文化"。同时，他将该文化分为三期，并对每一期文化的内涵、器物形制、聚落形态、经济方式、葬俗特征等方面进行了说明，并将其与同时期其他区域的考古学文化进行了比较。

中国社会科学院考古研究所刘业沣以近年海南地区的田野工作为基础，详细地介绍了新发现的英墩、莲子湾、桥山三种全新的新石器时代文化遗存，并根据器物形制演变和多组地层叠压关系，在海南东南沿海地区，首次建立起"英墩文化遗存"→"莲子湾文化遗存"→"桥山文化遗存"的基本年代。同时，结合田野出土丰富的文化及自然遗存，他对当时的环

境地貌、经济方式、遗址分布规律进行了分析。此项填补了海南史前考古的诸多空白，为我们全面认识海南史前社会提供了重要资料。

考古遗存的重新检视和考古学文化的辨析是新石器时代考古主攻方向。河南师范大学鲍颖建根据出土陶器、石器及埋葬习俗、经济形态等方面的信息，对豫中颍洪河流域裴李岗文化遗存进行了比较分析。他认为裴李岗遗存和贾湖遗存应属于裴李岗文化的不同地方类型，并且二者相互影响、渗透。同时，在对具体遗址出土陶器进行类型学比较的基础上，他将该区域裴李岗文化分为三期六段。

河南大学李丽娜在回顾以往研究的基础上，认为以大河村遗址三、四期为代表的分布在郑、洛、汴、许地区的仰韶文化遗存，称为大河村文化比较符合考古实际。借此，通过分析居址和墓葬，尤其是采用计量统计的方法，她对大河村文化的内涵及其与周边同时期考古学文化的关系进行了重点探讨，并对大河村文化在周边同时期考古学文化形成和发展中的作用进行了阐述。

安徽大学张爱冰在整理侯家寨遗址出土资料的基础上，对该遗址出土资料进行了重新分期，并对每一期文化遗存的性质进行了辨析和检视。同时，以侯家寨遗存为基点，他梳理了江淮中部考古学文化的序列、谱系和系统。

郑州大学靳松安在以往分期研究的基础上，将后岗二期文化分为两期三段，以及白营类型、孟庄类型和小神类型等三个类型。在此基础上，他对后岗二期文化与王湾三期文化、造律台文化、龙山文化、陶寺文化、杏花村文化之间的关系进行了探讨，进而认为后岗二期文化不断吸收外来先进文化因素以丰富和发展自己，而龙山文化和杏花文化对后岗二期文化的影响，则可能催生了先商文化的形成。

四、东西交往

近年来，"史前丝绸之路"和欧亚大陆早期文化交流成为学术界关注的热点。中国社会科学院考古研究所丛德新详细地介绍了新疆阿敦乔鲁遗址的最新发现情况，并以此为支点，对以阿敦乔鲁为代表的石质建筑与地貌特征的空间关系进行了分析，阐述这些石质建筑的建造方法及使用过程。在结合田野调查和查阅国外相关资料的基础上，他对西天山地区青铜时代考古学文化的面貌及其与中亚地区考古学文化之间的联系进行了说明。

中国人民大学韩建业在回顾"彩陶文化西来说"的提出和破灭的基础上，认为极端的彩陶文化西来说，或者极端的中国文化西来说，都缺乏考古依据，不能成立。通过系统比较西亚、中亚及中国境内的彩陶构图特征，同时结合家羊、家黄牛、小麦、尖顶冠形符号、舞蹈纹、陶偶等遗存的传播特征，他提出中西彩陶文化在发展的过程中的确可能存在相互影响，并将中国西北地区和中亚之间以彩陶为代表的文化交流之路称为"彩陶之路"。在此基础上，他认为加强新疆南部等地区的考古工作是进一步解决中西彩陶文化交流问题的关键。

五、研陶精详

陶器是最为丰富的考古遗存之一，观察其形制和制作工艺，能够帮助我们更好地理解新石器时代的经济技术和文化交流现象。中国国家博物馆戴向明按从早到晚的先后顺序，系统地梳理和分析了黄河中游史前陶器的形制、制作工艺及窑场的结构状况。他认为，陶器生产经历了从小规模的家庭作坊式生产到独立作坊的出现、较大的家庭作坊群的出现、再到规模更大的"核心作坊"的出现这样一个过程，但家庭作坊始终是主要的生产背景。对于一般日用陶器，有证据显示各地区陶器主要是在当地生产和消费的，同时，可能存在一定程度的小范围的流通。仰韶时期的彩陶或许存在规模较大的集中生产和较大的流通范围，而龙山时期贵族墓葬中的彩绘陶属于高等级物品，有可能是由贵族集团统一控制生产和分配的。

山东大学王芬分析了两城镇遗址龙山文化陶器的消费问题，通过对鼎、甗、鬶、杯等器物进行多学科综合观察，着重探讨不同器类的主要功能，在此基础上，借助残留物分析判定食物消费模式的时空差异。结果显示，从早期至晚期，两城镇遗址与食物消费相关的社会不平等现象有加剧的趋势。早期在祭祀坑和储藏坑中均分布有小米、植物和海洋食物类残留物，这表明在早期阶段食物资源分配更普遍、更广泛；而晚期粟、黍等植物发现主要分布于晚期储藏坑中，高社会价值的水稻类和猪等动物的残留物晚在祭祀坑中发现，这表明晚期阶段是一种"差别性更强"的食物消费模式。

湖南省文物考古研究所尹检顺从考古发现、外观形制、器类组合、工艺纹饰、原料成分、烧成温度等角度，对洞庭湖地区新石器时代白陶遗存进行了系统分析，并将洞庭湖地区出土的白陶分为"高庙类型"和"汤家岗类型"。同时，他分析认为，两种类型的白陶都是本地生产的，而且各自可能有独立的起源地，且主要通过长江、汉水、湘江、沅水等四条途径对外传播。此外，洞庭湖白陶并非实用器，而是与彩陶、玉器一样，是一类具有礼器性质的特殊用器。

湖南省文物考古研究所赵亚锋以器类相似度统计和微量元素分析为视角，将三元宫、宋家台、划城岗、车辘山等普通遗址出土的大溪四期至屈家岭文化陶器样本，与城头山遗址（中心聚落）同时期陶器进行对比研究，认为几乎所有的普通聚落都与城头山发生关联，而且微量元素的结果显示，洞庭湖普通聚落与中心聚落之间存在陶器的实物交流现象。

六、采 石 为 器

磨制石器是新石器社会的主要生产工具，是我们了解史前先民生产、活动的宝贵资源。中国科学技术大学张居中在区别对待墓葬随葬生产工具和居址日常使用生产工具的基础上，制定了通过遗址中居址和墓葬出土的生产工具的组合分别进行分析的研究方案。借助统计方法，以及不同遗址之间的比较，他认为贾湖聚落农业工具在墓葬和居址中的出现表现出不同步的现象；聚落各区各期的原始农业均呈逐步上升的发展趋势，但从生业形式方面看仍然是以渔猎采集为主、农业、家畜饲养为辅的广谱性经济；同时，聚落内部正在逐步形成不同的功能分区，同一聚落内部不同区的生业形式存在差别。

　　南京大学黄建秋以常州市新岗遗址出土的造型介于石凿和石锛之间的石器为研究对象，通过肉眼和显微观察，对该石器的制作、使用、改制及功用等方面进行全面复原。借此研究，他提出研究改制石器的基本流程：观察和记录石器的各个面，立体显微镜观察制作、使用痕迹及残留物、埋藏吸附物，根据使用痕迹判断石器使用方式，综合分析石器改制前的造型和使用方式及改制后的使用方式。

　　西藏民族大学邸楠以陕西新街遗址出土的"两侧带缺口"的石刀为研究对象，运用实验考古和显微观察的方法，研究了这类工具的形制类别、石料来源、制作技术和用途功能。在加工制作过程中，主要采用锤击和砸击（锐棱砸击）两种不同的方法。根据对标本的微痕分析和模拟实验，邸楠认为新街遗址出土的此类石器作为收割工具则可能是其最主要的使用功能。

　　日本爱媛大学槇林启介以《中国古代石镰的多元性》为演讲题目。在回顾已有研究的基础上，根据石镰桩柄角度的差异，他将中国古代石镰分为钝角镰和直角镰，同时认为史前收割工具包括钝角镰、直角镰和刀类。在梳理出土资料的基础上，他认为中国史前石镰存在时空演变特征，钝角

镰是裴李岗、磁山文化等旱作文化中的收割工具，直角镰是崧泽文化和良渚文化的稻作收割工具。石器时代末期，直角镰从长江下游扩散到黄河流域，长江中游出土的直角镰有可能是从黄河中游传播过来的。由此，可以认为史前中国的石镰有这样的多元性。

七、积 粮 成 仓

　　粮食种植、储藏和食用，以及土地资源的利用和管理，关系到新石器先民的基本生存，因此受到考古学者的集中关注。中国科学技术大学杨玉璋利用浮选法和淀粉粒分析方法，对淮河中游江苏泗洪顺山集、安徽蚌埠双墩、淮南小孙岗、阜阳宫庄及宿州杨堡遗址史前人类的植食结构进行了分析，认为淮河中游地区在顺山集—双墩文化时期已经开始栽培利用水稻，但这一阶段该地区的农业是一种与长江流域相同的稻作农业模式，且发展水平相对较低，采集仍是当时人类主要的植食资源获取方式；大汶口晚期—龙山文化时期，其农业模式由单一种植水稻转变为稻-旱混作，且农业生产发展到较高水平，成为该地区先民的主要经济形式。

中山大学郭立新在梳理已发现的稻田遗迹的基础上，从土地利用和田水管理两个维度进行类型观察，将稻田遗迹分为无灌溉-自然低湿洼地田阶段、小型坑井-小丘田阶段、池塘-大丘田阶段、大型沟渠-畦田阶段，并分析了这四个阶段所分别体现出来的技术特征，各自所受到的自然条件的制约，以及在此基础上稻作社会形成构建的边界条件。

北京大学张弛在前人研究的基础上，通过搜集相关资料，有效地辨析和系统地分析了汉水中游地区仰韶文化早期晚段至屈家岭文化时期存在的地面式圆形粮仓类建筑。他认为，这类仓储类遗存是居住单元的附属建筑，并且指出汉水中游以外的其他地区也有这类建筑存在的线索。

八、反 思 求 新

对已有考古资料的分析和反思，是新石器考古学研究的重要环节。北京联合大学黄可佳重新检视了陶寺天文观测遗迹。通过对相关遗迹的观察和体量的计算，在结合其他考古发现的基础上，他从遗迹的区位及与城墙的遗迹组合关系、观测体的完整程度、基址构筑的方法、槽缝形成的原因等方面，对陶寺天文观测遗迹的性质提出了质疑，并对其功用进行了有限推测。

南京师范大学徐峰从器类、形制、纹饰及结构与内涵的角度，对早期玉文化和青铜文化之间的传承性和相似性进行了分析。他认为，新石器时代晚期，原先的若干玉文化中心虽然走向衰亡，但其文化精神并未消失，而是延续、传承到了青铜时代的文化中，这恰恰是中华文明传统具有"绵延性"的一个早期反映。

田野记录和系统测绘是考古学研究的基础。山西大学霍东峰在田野实践的基础上，梳理和思考了层位关系图与系络图之间的联系。通过对相关概念的阐述和分析，结合已有的田野操作规程，他指出在田野考古发掘记录中，发生了从层位关系图到系络图的变化，并且主要体现在单位区分的规范化、遗址堆积图示的形式化两个方面。同时，他建议在《田野考古工作规程》中可增加三级分类。

河南省文物考古研究院曹艳朋以田野考古中的方向问题为演讲主题，首先介绍了磁北、真北和坐标北三种测量学方向的区别，指出传统考古测量采用的是磁北方向。然而，随着考古学的发展，磁北方向逐渐暴露出诸多问题，比如随着时间和地点的变换，磁偏角也随之不同。另外，还与地理测绘所通用的测量方法之间存在衔接难、误差大等问题，而高精度GPS在考古中应用下的标北方向则可以避免这些问题。因此，他建议在考古测量中采用三度带投影，坐标北与磁北之间可以通过角度差来进行换算。

九、百花齐放

新石器先民的葬俗和习俗是考古学研究的核心内容之一。台湾自然科学博物馆屈慧丽介绍了台湾安和遗址墓葬群的发掘情况。这些墓葬出土了48具人骨，^{14}C 测年为距今 4800 ～ 4000 年。在此基础上，她重点介绍了一座母子合葬墓，并对其中的拔牙习俗进行了说明。同时，根据墓葬中陶器、鲨鱼牙齿的随葬情况，她对当时的生态环境和生产、生活方式进行了探讨。

西北民族大学赵光国以齐家文化出土的卜骨为研究对象，在现有考古资料和学者研究的基础上，通过解读卜骨出土地点、质料类别、制作过程、占卜主体等内容，探讨与分析齐家文化时期的占卜行为，认为齐家人在以农业为主、从事畜牧业的火田文化生活中，形成了占卜之风，并逐渐上升到了一种更为普遍的社会行为，是人们精神和政治生活的重要组成部分。

人地关系探索是新石器考古学研究的重要组成部分。河南省文物考古研究院张小虎通过考察辉县凤头岗遗址的龙山文化至汉代的地貌环境变迁，认为龙山文化之前，凤头岗遗址处于冲积平原的地貌环境；龙山晚期，出现了一次河流下切侵蚀堆积，留下了一套河流相的沙砾层和河漫滩的沉积物，出现了泛滥平原小地貌；大约在夏商时期，出现了一次河流的侵蚀活动，侵蚀切割了龙山晚期形成的泛滥平原，形成一些破碎的河流阶地，与此同时，在低洼处开始出现了较长时期的湖沼堆积期；战国时期，人类开始活动于龙山文化晚期形成的地貌面上，留下了墓葬等遗迹，湖沼堆积一直延续到了汉代。通过综合分析，张小虎认为凤头岗遗址人类活动受地貌水文的影响较为显著，而通过考察凤头岗遗址地貌环境变迁，则丰富了我们对于区域人类活动与自然环境关系的认识。

正如赵辉教授所言，这次学术会议将会对"中国新石器时代考古有所启发，能够提供学术进一步发展的动态"，也相信这次盛会将会极大地推动中国新石器时代考古的发展。

夏商考古专业委员会

时　　间：*2016 年 5 月 21 日下午、22 日全天*
地　　点：黄河迎宾馆第三会议室
主 持 人：唐际根　王立新　许　宏　张国硕　方　辉　岳洪彬
参会代表：刘　绪　许　宏　唐际根　方　辉　王立新　张国硕　李玉洁
　　　　　秦小丽　杨树刚　何晓琳　郭妍利　盛　伟　马俊才　赵春青
　　　　　岳洪彬　井中伟　易　华　王富强　段天璟　蒋　刚　燕生东
　　　　　宋亦箫　陈淑卿　岳占伟　具隆会　徐昭峰　齐韶花　张立东
　　　　　何毓灵　庞小霞　韩　鼎　刘中伟　蔡全法　赵海涛　吴　倩
　　　　　桑　栎　陈国梁　王文轩　常怀颖　侯卫东　何　赞　董　睿
　　　　　谷　斌　方　方　丁思聪　铃木舞　饭岛武次

一、近年来夏商考古新发现

河南大学历史文化学院刘中伟介绍了河南焦作李屯遗址 2015 年度的发掘工作，遗址的主要文化面貌为辉卫文化。发掘者认为，该遗址年代大体从宋窑三组到郑州二里岗上层，可能是韦族的遗存。

河南省文物考古研究院杨树刚介绍了焦作府城遗址 2014 年度的发掘材料。2014 年焦作府城遗址考古工作重启，目的是在发掘成果的基础上，通过调查、重点勘探、普通勘探、发掘等，理清府城商城城墙现状与确切走向，摸清各功能区分布特征，探索城址内外不同时期遗存分布范围和性质。

中国社会科学院考古研究所岳洪彬提出，聚落形态或者都邑布局研究应从道路网络入手来展开，并以殷墟遗址保存状况较好的洹河北岸地区为"试验田"启动系统勘探，发现多条道路，对殷墟洹河北岸区域的布局和王陵区与洹北商城之间的关系有了新的认识。

陕西师范大学郭妍利介绍了华县南沙村遗址 1983 ～ 1984 年发掘中涉及商文化的材料的整理情况。

山东师范大学齐鲁文化研究中心燕生东以《渤海南岸地区晚商时期盐业考古发现与研究》为题，介绍了渤海南岸地区的盐业遗址调查与发掘的情况。结合发掘所获，可大体复原殷墟时期至西周早期的制盐流程。结合

渤海南岸内陆地区高等级遗存的发现，可知与大规模盐业遗址群出现同时，形成了不同功能区的聚落群分布格局，可认定渤海南岸地区的盐业生产当统属于商王朝。

湖南省文物考古研究所盛伟以《洞庭湖区夏商之际遗存的新发现与研究》为题，介绍了该所在沅水下游地区的考古新发现。这些新发现与以往发掘的石门皂市遗址等相联系，可构建洞庭湖区二里头文化晚期至二里岗文化上层偏晚阶段的考古学文化序列。

武汉大学考古学系何晓琳汇报了安徽阜南台家寺遗址的考古新发现。该遗址亦即曾发现龙虎尊的遗址。2013 年以来，武汉大学考古学系与安徽省文物考古研究所联合对该遗址进行了系统发掘。

二、对早期夏文化的探索与古史传说研究

中国社会科学院考古研究所赵春青以《夏文化研究的新支点——论新砦文化》为题发表演讲。他首先回顾了夏文化研究的学术历程，之后详细地介绍了新砦遗址的发现与发掘情况，认为新砦文化应该是最早的夏文化。

吉林大学段天璟以《何为考古学上的夏时期遗存：夏时期的考古标尺·二里头文化及其他》为题，以承认夏王朝的存在为前提，对王湾遗址第三期遗存和西吕庙类遗存进行了分析，认为王湾三期文化应该属于三里桥文化，嵩山以西地区龙山时代晚期的王湾三期文化应该包含三里桥文化和西吕庙类遗存。

河南省文物考古研究院蔡全法以《王城岗龙山城址兴废动因与小城性质》为题，介绍了其研究成果。他认为王城岗城址即为"禹都阳城"之阳城，小城当为鲧所建，小城堡的性质当为夏族的礼仪性建筑宗庙遗存。

河南大学历史文化学院李玉洁《新砦城址及浅穴式大型建筑所表现的远古文明》认为新砦遗址即为文献记载的可能是"夏后启之所居"的"黄台"，重点分析了新砦遗址大型浅穴基址，认为该基址就是古籍中所说的"坎"，是祭地、祭寒暑、祭四时、祭山林丘陵川谷、祭怪物云气等自然神的祭祀建筑。

辽宁大学徐昭峰对豫东地区的夏商考古学文化和古史传说间的关系进行了讨论。他认为，豫东地区地处夷、夏、商三种考古学文化的交错区，文化面貌十分复杂。而古史传说中，有的地望与豫东地区关系密切。

三、夏商都邑与城址研究

中国社会科学院考古研究所赵海涛详细地分析了二里头遗址第四期遗存。他介绍和分析了二里头遗址四期，尤其是四期偏晚阶段的各类遗存分布、不同文化因素遗存的分布情况。

吉林大学边疆考古研究中心井中伟专门讨论了垣曲商城西城外的夹墙。

郑州市文物考古研究院吴倩详细地介绍了望京楼城址东门址的发掘与复原情况。

山东大学方辉重点讨论了商代城址与建筑的方位问题，认为从偃师商城-郑州商城到小双桥再到洹北商城阶段，存在"正位"的规律性变化，城址及大型建筑的方位变化，证明了《尚书·盘庚》的可信性。

四、商代葬俗研究

洛阳师范学院历史文化学院桑栎与中国社会科学院考古研究所陈国梁联名做了题为《二里岗文化的埋藏行为》的报告。他们以偃师商城的墓葬与人骨材料为例，统计梳理路土葬、居址葬、碎物葬、覆石与石椁墓等墓葬形态，以及墓葬的腰坑与殉狗现象。

中国社会科学院考古研究所何毓灵以孝民屯的墓葬材料为例，分析了殷墟中小型墓葬的葬具。他认为，葬具类型与墓葬的规模基本是对应的，同时，与墓葬的随葬品数量和等级也是相一致的，是衡量墓主身份的有效指标，从现有材料看不出所谓奴隶制的迹象来。

山东大学历史文化学院陈淑卿以《晚商发笄性别研究》为题，分析了殷墟和前掌大墓地的随葬发笄。

西藏民族大学民族研究院王文轩分析了前掌大墓地的女性葬兵问题。

五、周边地区青铜时代文化研究

中国社会科学院考古研究所常怀颖以《中原腹地以北地区的"过渡期"遗存蠡探》为题，分析了中原地区腹地以北的龙山文化晚期是如何走向新的历史阶段的。他认为，虽然不同地区的"过渡"现象并不同时出现，但大体都处在当地龙山时代末期向相当于中原地区二里头文化时期演进的阶段。若宽泛些讲，似乎可以将这个时期统称为"过渡期"，中原北部临境地区的过渡阶段有共同的特征，也存在一定的地方差异。

中国社会科学院民族学与人类学研究所易华以《从龙山与齐家透视二里头文化的形成》为题，重申了他对齐家文化的研究。他认为如果二里头文化是夏代王朝文化，那么齐家文化就是夏代民间文化；如果二里头文化是商文化，那么齐家文化也可能是夏文化。

中国社会科学院考古研究所庞小霞以《二里头文化与齐家文化交流探析》为题，认为二里头文化的年代和齐家文化中晚期的年代是同时的，因此二者之间存在交流的可能，二者的交流表现在陶器、铜器和玉器之上。

重庆师范大学历史文化学院蒋刚以《考古学文化研究视野下的白燕文化》为题，认为游邀类型不属于白燕文化，狄村、东太堡、许坦等遗址出土遗存暂不宜归入白燕文化，而进入早商时期之后的白燕文化性质未变，仍然是白燕文化，晚商时期的灵石旌介类型应该属于白燕文化。还认为，白燕文化从夏时期一直延续到了西周早期，其族属属于文献记载的狄人。

河南大学历史文化学院考古文博系侯卫东以《太行山东南麓夏商之际文化互动与社会变迁》为题，认为郑州商城在取代二里头都邑主导中原腹地的过程中，太行山东南麓是文化互动和人群接触的关键地带。

日本驹泽大学饭岛武次以《关于先商文化的类型区分和地域性问题》为题，提出先商文化中，和商王朝的建立关系最为密切的是漳河型和辉卫型，而且商王朝建国形成的文化，应该是以辉卫类型为母体演变而来的。

湖南省文物考古研究所何赞专项讨论了岳阳铜鼓山出土青铜器。他认为铜鼓山及湖南出土的其他殷墟二期的青铜器不是孤立的，而是至少与江汉地区有着紧密的联系。中商以后，尽管商人对南方控制的大势已去，但商人一直试图维持与南方的联系，直到武丁以后，长江中游地区才完全为地方性考古学文化取代。

六、器物研究与艺术史研究

日本金泽大学国际文化资源学研究中心秦小丽以《新石器时代中晚期到二里头文化时期绿松石装饰品与镶嵌技术》为题，探讨了在中国早期国家形成背景下绿松石镶嵌制品的分布与传播问题。

河南大学历史文化学院张立东专门分析了二里头文化的绿松石牌饰的功能。在系统地总结既往学术界对绿松石牌饰的使用功能的说法后，他推断，二里头遗址出土的牌饰应是左臂外侧的格斗护臂。

河南大学历史文化学院的韩国学者具隆会专门分析了新乡王门遗址出土的卜骨。他认为从整治方式和钻凿形态两个方面看，新乡王门遗址出土的3件无字卜骨的时代范围，上限为早于郑州二里岗下层或同于二里岗下层，下限为二里岗上层。

中国社会科学院考古研究所丁思聪以《商代玉琮形器刍议》为题，较为系统地梳理了商代各地玉琮形器的发现情况，并对之进行了分类，认为商代不同形制的琮形器，其功能有区别。

日本东京大学东洋文化研究所、日本学术振兴会铃木舞系统地分析了

妇好墓的铜器，从铭文字体入手分析了妇好墓的铜器群制作问题。她认为，在妇好墓铜器的生产过程中，可能有多个生产组织参与了铜器的加工与生产。

中国社会科学院考古研究所岳占伟专题分析了殷墟晚商时期的铜爵铸造，详细地梳理了铸型的分范方式、鋬及鋬上兽头的制作、柱帽的制作、范与芯的组装、浇口的设置、芯撑的设置等方面，展现出晚商时期铜爵的铸造方法并非完全统一，而是存在不同的技术传统。

河南省文物考古研究院马俊才以最新发掘的材料再次讨论了弓形器。重申了弓形器为驭马器的说法，而弓形器两端的球铃，最主要的用途是以声音控制两马的行进节奏并统一步调，同时兼具警示开道的作用。

河南大学历史文化学院韩鼎以《夏商美术考古研究中的方法论问题》为题，批判了夏商铜器纹饰研究中文献使用的不审慎与混乱、器物与文献的关系、不重视考古发掘背景信息、不重视海外藏品、忽视器物本体等研究现状，认为各个学科单独研究器物纹饰都存在学科的狭隘性，正确的研究方式应该是从不同的视角，综合各类信息，整合研究资源并进行分析。

华中师范大学宋亦箫以《夏商考古遗存中的"十"字造型起源及其内涵探索》为题，讨论了夏商时期青铜器、陶器上的镶嵌"十"字形纹或"十"字形镂孔，甲骨文、金文、玺印上的"十"字形边饰，商代大墓里的"十"字形墓圹的造型起源及内涵。他对比了域外各类各时期的"十"字形造型，认为中国夏商时期的"十"字造型与域外同类遗存造型相似、内涵相同，有其他伴出外来文化因素，所以应该起源于域外。其内涵和性质，都与生殖崇拜有关。

河南大学艺术学院董睿以《商周青铜容器壶、卣、罍、尊、彝考略》为题，讨论了青铜器的定名及定名背后所代表的青铜器造型与功能问题。他认为，青铜器是根据其在祭祀中的作用大小来确定等级，彝是直接用于祭祀的容器，故为上尊，卣是未祭之前盛酒的容器，故为中尊，罍属于实用器，故为下尊。从容量来看，容器在祭祀中的重要性越大，其容量就越小，所以彝最小，罍最大。

浙江艺术职业学院齐韶花以《商代商奄集团的青铜器特征探讨》为题，认为商王迁都安阳以前是以奄为都的，地望在今商丘以西，这一地区的作坊生产的铜器就是商奄铜器。她将商奄铜器分成四组，认为夔尾扁足鼎、铜鬲、罗樾所分的IV式纹样、"C"字形立耳虎纹、圆角方形器、绹索纹的提梁、鳞纹等特征是商奄铜器的判断标志。

湖北省恩施州电视台谷斌以《商周青铜器、玉石器龙纹分类与研究——兼论华夏龙与南蛮蛇之关系》为题发表演讲，认为根据现有的商周龙纹资

料，应该将龙纹细分为"龙身纹"及由此衍生出的"龙身斑纹"和"龙身简化纹"来进行研究。在商人眼中，"龙崇拜"与"祖先崇拜"可能是一体的。在祭祀用的人首、兽首或鸟兽身上刻上龙纹，就相当于在祭品上刻上祖先的标记，意味着青铜器的用途和祭祀牺牲的归属。

七、科技考古所反映的夏商社会

中国科学技术大学方方以《大辛庄遗址商代先民与动物的同位素分析》为题，对大辛庄遗址3座墓葬出土的墓主及殉人人骨与兽骨进行了锶同位素、碳氮同位素检测分析，并将所获数据与郑州商城进行了对比。他认为M107贵族墓墓主人是外来迁入的，但却不是来自于郑州商城；M103墓主人可能从事与占卜有关的工作，可能来自于商王朝的都城；M113的检测结果则显示大辛庄遗址的贵族中也有土著贵族。

本次会议与通常围绕某一特定议题或遗址召开的学术研讨会有所不同，因此议题较为分散。但同时，也反映出现在夏商时期考古研究视野的扩展和研究问题精细化的倾向。从这一角度而言，当前夏商考古研究已经不再局限于年代分期和文化因素的族属判定之上，显示了夏商考古学未来发展的无限可能。

两周考古专业委员会

时　　间：2016年5月21日下午、22日全天

地　　点：黄河迎宾馆十号楼三楼会议室

主 持 人：徐良高　王　青　王占奎　雷兴山　刘延常　向桃初　谢尧亭
　　　　　张懋镕　曹锦炎　滕铭予

参会代表：高成林　王　青　唐锦琼　严志斌　徐良高　张礼艳　曹　斌
　　　　　张懋镕　向桃初　刘延常　黄尚明　曹锦炎　黄凤春　曹岳森
　　　　　金国林　赵东升　印　群　滕铭予　陈丽新　王占奎　黄昊德
　　　　　张照根　岳连建　王乐文　谢尧亭　王　辉　袁俊杰　张天恩
　　　　　吕劲松　陈小三　王龙正　杨文胜　雷兴山　吉琨璋　马　赛
　　　　　路国权　凡国栋　赵燕娇　吴业恒　孙占伟　宋江宁
　　　　　萨仁毕力格　大日方一郎　吉野彩美

演讲主题可分为以下几大类。

（1）对西周遗存编年的新认识。王占奎基于新出文献资料，指出伐商时的纪年可能是周武王的纪年，而不是传统认为的文王的纪年；周幽王之后丰镐遗址可能还有一位与周平王并立的周王。据此，他认为丰镐遗址西周遗存的年代上限和下限都有拉宽的可能性。进而，关中地区西周遗存的年代也应存在这种可能性。

（2）以周代族徽为切入点展开的相关讨论。张懋镕以叶家山姬姓墓地为例，指出只有综合族徽、日名、腰坑、墓向、陶器等各项标准才能判断墓葬的族属。陈丽新认为叶家山 M107 的铜器铭文和族徽都不一致，可能是局部分器墓。张礼艳在综合分析了昌平白浮 M2 的随葬陶器、耳环、腰坑、葬式、甲骨文和族徽后，认为墓主人的族属可能为殷遗民。她还附带指出北方民族中不存在妇女尚武的习俗。雷兴山认为周原齐家制玦作坊的刻辞可能为族徽，讨论了作坊的族徽构成、居葬关系、生产组织关系等。他指出，制玦作坊的生产者为周王直接控制的殷遗民与"王人"。

（3）结合考古遗存与铭文资料对周代社会组织、政治关系及其演变的研究。徐良高分析了西周"侯"与"伯"的性质与关系。他认为"侯"

代表天子镇守一方，有征伐之权。"伯"可能是代表血缘组织的宗族长的称谓，为王或"侯"统治下的宗族首领。黄尚明梳理了两周时期与曾国贵族有婚姻关系的诸国，继而分析了其婚姻背景。曹斌则从铜器组合、陶器、日名族徽及遗址兴废、考古学文化从多样到一致等几个角度探讨了西周社会前后期的变化，指出人的主体能动、社会分层、统治模式变动等是其原因。最后提出这种变化导致了文化中国和天下秩序观念的出现。马赛通过分析三处手工业作坊，指出，周原遗址的手工业生产很可能在西周晚期偏早阶段经历了一次重要的变动。滕铭予分析灵寿城东周时期墓葬后认为，中山国存在不断中原化的趋势，城内社会基层组织存在从血缘关系为主向地缘关系为主的转变。

（4）对具体遗迹和器物的研究。黄凤春认为红烧土墓可能是"燓周"习俗，并推测了其程序。路国权对东周时期铜簠的分类和谱系进行了新的研究，指出二型铜簠分布格局的演变和此消彼长的态势反映了东周时期周文化和楚文化影响力此消彼长的历史过程和互动关系。他还认为对器物的型、式分类研究，定位于揭示分类对象之间的亲缘关系和历史渊源，构建谱系，阐释器物谱系背后蕴含的历史信息。印群认为琉璃河 M1193 出土

的青铜兽面饰应为面具，昭示着其墓主生前所掌握的政权和神权。大日方一郎指出西周中期后周原的葬俗保守，随葬陶器组合与墓主的性别有较密切的关系。金国林研究了鲜水河流域铜戈的类型、源流。杨文胜则分析了两周墓葬随葬青铜礼乐器组合反映出的女性贵族社会地位及其变迁。凡国栋梳理了商周时期的铜料资料，认为商周时期的铜饼和铜块就是金文中的钣。

（5）长江流域两周遗存的研究。向桃初通过分析南方出土的商周青铜器，提出南方地区礼的内容以祭祀自然神为主，祭祀场所可能多为野外，祭祀的仪式可能更简单、自由，巫术色彩更浓，社会政治结构可以概括为巫政合一。陈小三研究了湖南望城高砂脊铜器群，指出其来源为中原和本地两类，并区分了铸造工艺。唐锦琼梳理了长江下游地区商周时期城址，提炼出其分布特征并分析了其时代变化的原因。王乐文研究了楚墓青铜礼器的组合形式和历时性变化。

（6）东亚视角下的两周时期文化研究。吉野彩美分析了中日韩的非墓葬出土青铜器的埋藏环境、器类、形态等，比较了各自所反映的社会意义、信仰观念及社会的文明化过程。萨仁毕力格分类研究了蒙古国青铜时代的赫列克苏尔文化，讨论了其功能与年代、族属等问题。赵燕娇初步探

索了先秦时期海岱先民的海外交流。

（7）对金文资料的梳理与研究。袁俊杰通过梳理分析两周金文资料，并结合传世文献，总结出了七种侍从制度。王龙正分析了金文中的"就逦"与"即立（位）"，指出二者同义，意为在礼仪活动中处于其所在的位置。曹锦炎通过研究新发现铜戈铭文，探索了赵国何时称王。严志斌介绍了巴蜀符号的出土与研究现状，讨论了巴蜀符号的方向性、复合符号、异体之间的关系和非巴蜀符号的器物。

（8）多学科合作的环境与聚落关系探索。王辉通过环境研究指出，西周时期的周原沟渠水系是在晚更新世晚期以来河流不断淤积的基础上兴建的。位于遗址北部边缘的 G6 可能是为了避免古沟谷对遗址核心区的破坏。宋江宁则从自然水系和台塬发育的角度，基于聚落分布的变化，指出关中地区经济中心区从漆水河以西地区向西安地区的转变，进而对丰镐与周原的内涵差异做出了宏观角度的解释。

（9）对重要考古发现的介绍。吴业恒汇报了河南省伊川县徐阳东周墓地考古发现与研究。他指出徐阳墓地春秋中晚期遗存在时间跨度、文化面貌、地域分布、墓葬等级等方面都与春秋时期"秦、晋迁陆浑之戎于伊川"的陆浑戎高度吻合。黄昊德介绍了绍兴越国王陵及贵族墓考古工作，主要收获是明确了贵族墓葬的分布范围，确认了平水盆地为越国大型高等级墓葬的主要分布区；基本确认了平水盆地为越国王陵区，推测整个王陵区构成的一种大的"公墓"区内分布若干个小的陵墓区的分布格局；搞清王陵区与都城之间的位置关系及其周边水系与沟状遗迹的分布，结果表明王陵区与都城由水路相连，王陵区与单个陵园的选址与水系密切相关。岳连建介绍了陕西战国魏长城遗址的调查与研究情况。基本搞清了魏长城的走向、长度、保存现状、分布地域、建筑方式及时代特征等；认识到魏长城并不是一个封闭式的防御体系，而是根据战争防御的需要，分时、分段、分地域而建的；基本确定了宜君、黄陵、富县长城的时代和国别；基本确定了战国魏及秦汉时期雕阴的具体位置，更新了对魏国河西地区疆域范围的认识；基本确定了合阳—澄城中南部长城的时代和国别，解决了关于该段长城属秦还是属魏的问题；考察了与魏长城有关的城址，搞清了这些城修建的历史背景及在军事防御方面发挥的重要作用；建立了目前最为完备的魏长城资料库，为制定魏长城的保护规划提供了科学依据。孙占伟对战国时代陕北狄人活动区域及重心进行了考古学观察，介绍了狄人活动在秦晋交锋的交界地带，活动中心在今陕北米脂、绥德、清涧、子洲、延川等县一带。

（10）刘延常从考古学角度探讨了齐鲁文化的内涵、形成机制及其历史背景，分析了考古学在研究传统文化中的独特作用。

讨论环节中，与会学者围绕族徽的商周族属性质、昌平白浮 M2 墓主的族属、周原遗址制玦作坊的刻辞是否为族徽、墓葬中的"聖周"习俗、"侯""伯"的性质与关系、曾国的婚姻关系等进行了热烈的讨论。

总之，本次会议研讨内容既包括考古学又包括文字学，主题广泛，从田野到器物，从遗址、墓葬到社会组织、思想观念，涵盖两周历史的诸多方面。

秦汉考古专业委员会

时　　间：2016 年 5 月 21 日下午、22 日全天

地　　点：黄河迎宾馆十号楼四楼会议室

主 持 人：信立祥　焦南峰　白云翔　韩国河　郑同修　李银德

参会代表：焦南峰　洪　石　郑同修　韩国河　李银德　白　岩　韩维龙

　　　　　全　洪　杨　军　杨哲峰　刘振东　刘尊志　徐龙国　刘　瑞

　　　　　董学增　刘海旺　严　辉　李龙彬　王晓琨　孙伟刚　樊温泉

　　　　　张　玲　张建锋　张卫星　张翠敏　华玉冰　闫　勇　游富祥

　　　　　张晓磊　陈彦堂　程鹏飞　史党社　赵宪亮　吴小平

　　　5 月 21 日下午至 22 日，秦汉考古专业委员会学术研讨会顺利完成。来自中国社会科学院考古研究所、河南省文物局、河南省文物考古研究院、山东省文物考古研究所、陕西省考古研究院、四川省文物考古研究院、辽宁省文物考古研究所、北京市文物研究所、大连市文物考古研究所、秦始皇帝陵博物院、徐州博物馆、烟台市博物馆、吉林市博物馆、北京大学、中国人民大学、南开大学、郑州大学、河南大学 18 家文博单位、高校和科研院所的 27 位考古学者，分别做了主题演讲。

　　　研讨会由信立祥、焦南峰、白云翔、韩国河、郑同修、李银德轮流主持和评议，高屋建瓴，妙语连珠。与会人员研讨内容广泛，交锋激烈。中国、韩国、日本等国的老中青三代学者，以及来自中国人民大学、河南大学、郑州大学等国内多家院校的学生、媒体记者及热心听众济济一堂，共享学术盛会。研讨会主要围绕以下三方面展开。

一、陵　墓　考　古

　　　陕西省考古研究院焦南峰以《从"天下之中"到"南面称王"——中国古代帝王陵形制演变的考古学观察》为题，从陵墓的形制、陵园的结构及陵区的布局入手，梳理了从商周至明清 3600 多年来中国古代帝王陵发展演变的宏观趋势，将中国古代帝王陵形制的发展演变分为两期五段，并阐述了其中的历史动因。郑州大学历史文化学院韩国河以《两汉陵寝制度

比较研究》为题，就两汉帝陵的选址与分布、陵寝要素的组成进行比较研究，并分析了两汉陵寝变革的原因。他认为西汉之初陵寝的设置主旨在于维护政权的稳定性，东汉陵寝则是趋向强调政权的合法性。陕西省考古研究院孙伟刚以《略论秦汉帝陵的"寝园"》为题，认为秦汉帝陵的寝园始于秦始皇帝陵，秦始皇帝陵寝园建筑遗址为秦汉帝陵寝园的雏形，也是秦汉帝陵中结构最复杂、形制最完善的寝园建筑，奠定了汉代及以后帝陵寝园的形制结构。山东省文物考古研究所郑同修、崔圣宽以《定陶汉墓考古新发现及其意义》为题，根据定陶大墓新发现的黄肠木上墨书"建始四年""和平二年"等纪年资料，以及墓道南北两侧的礼仪性建筑等发现，推测墓主人可能是汉哀帝之母丁太后。烟台市博物馆闫勇以《试论胶东地区汉代石椁墓》为题，论述在胶东发现的15座石椁墓与山东内陆鲁中地区关系密切，其传播方式可能为直接的小规模人员流动或人口迁徙，也可能是本地区葬俗受内陆地区影响而形成的。大连市文物考古研究所张翠敏以《辽东半岛两汉墓葬分期》为题，认为战国晚期至西汉，辽东半岛流行贝墓，并成为主要墓葬形式；西汉晚期至王莽时期出现了带有贝墓遗风的贝石墓、贝瓦墓、贝瓦砖墓、贝砖墓、贝砖木合筑墓，贝墓仍然流行，主要流行夫妻合

葬；东汉开始流行砖室墓。北京市文物研究所白岩以《北京地区战国秦汉时期瓮棺葬研究》为题，系统地介绍了北京地区已发表的73座儿童瓮棺葬，圜底大口深腹釜是北京地区瓮棺葬的主要形式，还介绍了通州胡各庄墓地新发现的成人瓮棺葬。秦始皇帝陵博物院史党社以《从墓葬中的"异例"看秦文化的传播》为题，认为秦文化的特征从西周晚期至春秋早期得以初步确立，嬴姓的秦人宗室贵族有墓主直肢、头西向、腰坑（殉狗）、人殉等葬俗。在陇东南、关中附近的秦墓中，有一批并非秦宗室贵族却使用上述葬俗的"异例"，表明秦文化在形成之后，曾对境内的异姓族群存在着文化传播。辽宁省文物考古研究所李龙彬以《辽阳新发现的河东新城东汉壁画墓及其相关问题》为题，介绍了辽阳新发现的一座东汉晚期壁画墓情况。其中的童子牵鸠车图和角抵图为辽东地区首次发现，壁画中有"公孙"字样的墨书题记，推测系辽东大族公孙氏墓葬。河南省文物考古研究院樊温泉以《郑韩故城东周时期空心砖墓葬研究》为题，对324座空心砖墓葬进行了分类和分期，得出郑韩故城东周时期空心砖墓葬发展的规律和区域特征。

二、都邑考古

　　中国社会科学院考古研究所刘振东以《汉长安城的郊外》为题，通过长乐宫、未央宫、北宫及武库、太仓、大市等的考古发掘和文献记载，探讨了长安城的城内与郊外的分界问题。秦始皇帝陵博物院张卫星以《秦汉时期的前殿及相关问题初步研究》为题，论述秦汉时期前殿类建筑是大型宫室建筑组合中的主要部分，来源于周代宫室建筑的主体部分，并受到战国时期高台建筑的影响，汉初定型，经过东汉时期的变化，最终演变为魏晋时期的大朝正殿。中国国家博物馆游富祥、张晓磊以《"千渭之会"田野考古调查》为题，介绍了为寻找秦人的早期都邑，对千河下游入渭处、陈家崖及魏家崖等遗址进行田野考古调查的情况，找到了一些重要的线索。吉林市博物馆董学增以《吉林地区古文化、古城、古国——以中国历史文化名城吉林市为例》为题，分析了以吉林市为中心的西团山文化的基本特征、分布范围、社会性质及族属等问题，简要介绍了以吉林市帽儿山墓群为代表的夫余文化的内涵。中国人民大学考古文博系王晓琨以《内蒙

古中南部地区秦代城址及相关问题》为题，通过对该地区战国至秦汉时期城址及墓葬重新考察后发现，至迟在战国晚期，秦人已经开始在此设城，和林格尔土城子城址很可能始建于战国晚期。内蒙古文物考古研究所程鹏飞以《蒙古国中东部地区匈奴城址与聚落考古的新发现》为题，介绍了2014～2015年在蒙古国的鄂尔浑河、塔米尔河、土拉河、克鲁伦河流域调查、发掘的匈奴聚落与城址，这是近年关于匈奴城址的最新考古资料，具有重要的学术意义。河南省文物考古研究院刘海旺以《汉代聚落形态试论》为题，论述汉代聚落形态面貌主要取决于宅和田的空间关系。按照距城市的远近，将汉代聚落分为城郊型、远郊型和垦区型等不同的类型。依照聚落内部构成要素的空间组成形式，又分为分散型、集中型、共生型等聚落。中国社会科学院考古研究所张建锋以《城市水利考古学初论》为题，具体地阐释了城市水利考古的概念、方法和工作内容等。中国社会科学院考古研究所刘瑞以《郑国渠、白渠的走向及相关问题研究综述》为题，回顾了以往对郑国渠和白渠的研究情况，并根据2013年开始的栎阳城遗址考古勘探和试掘，认定白渠所经的位置并不存在渠道，在栎阳城北的石川河北侧勘探发现一条东西向的大型沟渠，其时代与白渠的时代吻合。

三、出土遗物研究

  徐州博物馆李银德以《玉枕概论》为题，重点梳理了汉代玉枕的形制和演变，认为汉代是玉枕的发轫期，也是使用玉枕数量最多的时期，是仅次于玉衣、玉棺和玉面罩的重要殓葬玉器，其基本形制有镶玉枕、虎头凳形枕、实玉枕和空心玉枕等。中国社会科学院考古研究所徐龙国以《山东发现的汉代胡人石雕像》为题，考察山东新发现的汉代胡人石雕像，从衣着及其形态推测，其代表身份地位较高的胡人，是对在朝为官胡人形象的刻写。中国社会科学院考古研究所洪石以《略论马王堆汉墓出土的锥画漆器》为题，考察了马王堆汉墓出土的锥画漆器，器形主要有卮、奁，还有博具，分别作为酒器、梳妆用具和文娱用具使用。除了博具为木胎外，其余均为纻胎。至迟在战国末期就已发明了锥画工艺，而在漆器上的锥画线条内填金的锥金工艺至迟在西汉中期也已发明。四川省文物考古研究院赵宠亮以《考古发现汉晋铜叉形器研究》为题，探讨了汉晋墓葬中常见的铜叉形器的用途，可能是发饰、饰品、绕线板、文具、镜架等。北京大学考古文博学院杨哲峰以《白瓷起源问题管见》为题，针对学界忽视的汉晋时期的白胎器物，强调了这类器物对中国白瓷起源的重要意义。河南大学历史文化学院张玲以《长江下游西汉中小型墓葬所出硬胎釉陶器研究》为题，认为长江下游地区的釉陶包含汉文化因素和地方文化因素。汉文化因素主要体现在礼制方面，占主体地位；地方文化因素集中于物质和技术方面，与日常生活关系密切。河南省文物局陈彦堂以《从汉代铅釉到唐三彩——中国古代低温釉源与流的考古学辨析》为题，论述东周是中国低温釉陶器发生期，两汉是兴盛期，魏晋北朝渐衰，唐三彩是重要的技术突破，并形成新的技术和艺术高峰，影响了宋元三彩的发展。南开大学考古学与博物馆学系刘尊志以《浅论秦汉三国时期的食物品种》为题，梳理了秦汉至三国时期的粮食、蔬菜、水果、动物、调味品等食物种类，为我们展现了一幅秦汉时期食物的全景图。

此次学术研讨会既有宏观的探讨，也有微观的研究；既有传统的研究热点，如陵墓制度、秦汉都邑，也有新发现的最新进展，如定陶汉墓、匈奴城址调查等，还有对新学科理论建设和常见器物的思考，如水利考古学科体系建设和白陶起源的再探索等。此次研讨会内容丰富，讨论深入，对于推动秦汉考古的发展具有重要意义。

三国至隋唐考古专业委员会

时　　间：*2016 年 5 月 21 日下午、22 日全天*

地　　点：黄河迎宾馆第五会议室

主 持 人：齐东方　朱岩石　张建林　钱国祥　龚国强　田立坤

参会代表：齐东方　张建林　罗　丰　霍　巍　朱岩石　贺云翔　李新全

　　　　　钱国祥　龚国强　石自社　韦　正　倪润安　沈睿文　李梅田

　　　　　张春长　常一民　张志忠　田立坤　宋玉彬　刘文锁　刘呆运

　　　　　邢福来　杨效俊　姜　捷　张全民　何利群　赵俊杰　陈晓露

　　　　　辛　革　郑春颖　沈丽华　袁　伟　吕　梦　王飞峰

　　　　　穆敏汗·赛义多夫　桑迪巴耶夫·阿里西尔　涅斯捷罗夫

　　　会议讨论分为三个专题：都市考古、陵墓考古、宗教与边疆考古。与会学者分别围绕这三个专题进行了精彩的学术演讲，先后共有 26 位国内学者和 3 位国外学者进行了发言。

　　　5 月 21 日下午为都市考古专题，除 5 位国内学者外，还有来自俄罗斯和乌兹别克斯坦的 3 位国外学者进行了发言。本专题发言先后由南京大学历史学院贺云翔教授和中国社会科学院考古研究所朱岩石研究员主持。

　　　陕西省考古研究院邢福来以《流沙半掩统万城——大夏国都统万城遗址的考古收获》为题发表演讲。首先他分别从地理位置、保存状况、历史沿革三个方面介绍了统万城遗址概况。随后从测绘、外郭城调查、城门及外城的确认等十二个方面介绍了近年考古工作概况。最后，从东城的年代、统万城的防御体系和统万城的祭祀三个方面总结了考古工作的主要收获。

　　　中国社会科学院考古研究所沈丽华和日本金泽大学吕梦以《从邺城遗址核桃园五号建筑发掘论建筑遗迹瓦制品的整理与分析方法》为题，代表邺城考古队进行了发言。邺城遗址是位于河北省临漳县曹魏至北齐时期的六朝故都。发言人介绍了核桃园五号建筑基址发掘工作中新的尝试，在建筑基址发掘中通过有目的的解剖工作获得了对建筑结构和建造技术的全面认知；同时通过完全采集和测量、记录文化层出土的砖瓦残片，为细化和深入地整理统计工作提供了有利条件。目前，对瓦制品的整理、分析工作还处于尝试阶段，有待于进一步深化和积累。

　　中国社会科学院考古研究所龚国强发言的题目是《由考古资料试论隋唐园林中假山及假山石的使用情况》。通过梳理了考古发现的假山材料和历史文献，他指出以下几点。其一，隋唐时期，特别是中唐以后，假山石景早已成为庭园或园林布置不可或缺的主要因素，造园技艺达到了中国园林建筑史上的一个高峰。其二，隋唐时期假山石景的布局组景手法已基本成熟，造景技法主要有筑山、掇山、塑山三种。其三，隋唐时期的造法自然的假山石景的广泛使用，前承继南北朝等时期造园技法，后启宋元时期建筑山水园林的基础。其四，隋唐假山石景造园技法的影响还远及统一新罗时期的朝鲜半岛、奈良平安时期的日本，对当时东亚地区园林发展具有引领作用。

　　中国社会科学院考古研究所石自社发言的题目是《隋唐东都武周明堂的考古观察》。他指出以下几点。其一，从考古发掘资料分析，明堂的位置、遗址层位关系、历史沿革、形制、规模与文献所记武周明堂一致。其二，从汉至隋关于明堂的争论一直未断，明堂成为武周时期政治和宗教活动的象征，表现出了革故鼎新的气势。其三，明堂的形制和规模在诸多方面与唐高宗时期的详定内样比较一致，与武则天宣称完成高宗遗愿的文献记载相符，说明唐高宗时期永徽、总章年间的明堂方案可能亦是武则天曾参与制定的。其四，明堂八边形台基的形制虽有《周礼》"玉琮礼"的理论来源，但与同时期的八边形佛塔台基形制极为相似，推测明堂的建筑理

念或许包含某些佛教因素。

　　俄罗斯科学院西伯利亚分院考古学和民族学研究所的涅斯捷罗夫以《阿穆尔河沿岸地区西部中世纪早期居民住宅结构类型》为题进行了发言。阿穆尔河沿岸地区西部中世纪早期，与米哈伊洛夫卡文化北室韦有关的房屋建筑基础理念，十分明显地在早期铁器时代的塔拉坎文化的结束时期表现出来。这一时期建筑结构更加合理，更加适应当地自然条件。他将已发掘的20间米哈伊洛夫文化（公元3世纪至5世纪）房址分为四种类型：阿尔哈拉类型、西米契类型、布金类型、别罗别廖佐夫斯基类型。通过与公元8世纪末塔拉坎类型的比较，认为：主要框架的存在证明黑水靺鞨使用了米哈伊洛夫文化北室韦建筑传统的结构元素，在阿穆尔河沿岸地区西部发掘的10余处公元8世纪房址证明了渤海粟末靺鞨与北室韦的民族交往。

　　乌兹别克斯坦科学院考古研究所的穆敏汗·赛义多夫发言的题目是《喀喇汗王朝时期的粟特人城镇房址》。他主要介绍了2010年开始进行的西喀喇汗王国撒马尔罕都城阿夫拉西阿卜城址的考古工作中发现的房址。房址综合区位于城址东北部，目前已发现30多个房间（房址）。房址综合区可分为三期：第一期为公元6世纪至7世纪，第二期为11世纪下半叶

至 12 世纪，第三期为 12 世纪末至 13 世纪初。三个时期中第二期相较于其他两期更加开放。

乌兹别克斯坦科学院考古研究所的桑迪巴耶夫·阿里西尔发言的题目是《中世纪早期的粟特陶窑》。粟特地区的手工业始于新石器时代，之后由于社会经济的发展，出现了包括陶窑制造在内的各个手工业门类，粟特中心区最早的窑址包括萨拉兹姆（青铜时代）、萨拉捷佩（铁器时代）和阿夫拉西亚卜（古典时期）等。中世纪早期的陶窑址在粟特中心区的很多遗址都有发现，他将不同地域发现的陶窑进行比较，发现这些陶窑结构大致相同，但在分布数量和大小方面，村庄均低于城市。陶窑一般为直焰式升温窑，由上下两层组成，下层用于加热，上层用于烧制陶器。公元 7 世纪至 8 世纪，大型陶瓷作坊在粟特中心区突然出现，并且陶瓷制造分成两支，一支延续生产传统器物，一支则模仿金属器物。

5 月 22 日上午为陵墓考古专题，先后由陕西省考古研究院张建林研究员和中国社会科学院考古研究所钱国祥研究员主持，共有 9 位学者进行了发言。

北京大学考古文博学院韦正发言的题目是《吴晋魂瓶形制初探》。他结合历史文献，认为吴晋魂瓶总体上是一个宇宙模型，魂瓶上的宫殿楼阁、

佛像胡人、鸟兽鱼鳖等堆塑表现的主题是蓬莱仙境。

中国人民大学历史学院李梅田发言的题目是《西曲歌与文康舞——邓县南朝画像砖墓乐舞图新释》。他结合近年附近新发现的画像砖材料和相关文献记载，重新审视了邓县学庄画像砖墓的图像主题及配置方式，将其中两幅乐舞图分别释读为《西曲歌》和《文康舞》，认为它们与荆襄地区特殊的历史文化背景相关。

大同市考古研究所张志忠发言的题目是《大同云波路北魏石椁墓相关问题研究》。大同市考古研究所于 2014 年发现一座出土有精美的仿木石椁和种类丰富的随葬器物的墓葬。该墓是大同地区继宋绍祖墓、智家堡石椁墓、尉迟定州墓之后，于 2014 年在云波路华宇商业中心用地范围发现的一处北魏石椁墓。墓室内仿木结构石椁，其三角梁在前檐处向外出挑，上置散斗承托檐枋，把檐枋向外挑出一定距离的做法，是我国古代建筑斗拱向外出挑较早的实物资料。石椁内置木棺的现象是平城北魏墓葬首次出现，反映了北魏早期平城埋葬习俗逐渐接受了汉晋以来的许多内容。

陕西省考古研究院刘呆运发言的题目是《北周吐谷浑公主与茹茹大将军合葬墓有关问题探讨》。该墓位于长安区大兆街道郭庄村西南、唐韩休夫妇合葬墓以北 20 米处。据墓志记载，墓主为吐谷浑晖华公主与茹茹骠骑大将军乞伏孝达。他分别探讨了墓主人的身份、相关人物的关系、墓葬时代的判定三个方面，指出该墓葬年代应为北周早期，公主为二次合葬，以悼公主之姨的身份陪嫁到长安。

北京大学考古文博学院倪润安以《唐李寿墓壁画的"贞观探索"》为题进行了发言。初唐时期，关中京畿地区形成一种普遍流行、规范化的墓葬壁画模式。这种壁画模式在太宗贞观后期出现，高宗时期达到成熟。李寿墓壁画囊括了多层次、多方面的政治意图，表现形式显得相当繁复。李寿墓的"贞观探索"并不止于墓葬壁画，其龟形墓志、石椁纹饰等都是不同以往的设计，都应属于"贞观探索"的表现形式。李寿与太宗之间关系匪浅，是李寿墓能够体现"贞观探索"表现形式的重要原因。

河北省文物研究所张春长发言的题目是《田庄大墓墓门复原初探》。曲阳田庄大墓于 2011 ~ 2013 年发掘。墓葬时代约在唐后期至五代，墓葬墓门高阔宏伟，结构独特。在墓道北端及前庭内层出土大量砖雕构件残块，根据残块拼合情况的整理分析，墓门上部存在仿木结构的门楼建筑。他结合其他考古资料，对比研究，初步推断墓门顶部可能为歇山式，并尝试复原墓门的形制结构。

陕西历史博物馆杨效俊发言的题目是《中古墓葬中的复古现象研究》。在北魏分裂至隋唐统一的过渡性历史时期内，帝王陵墓和皇室成员的墓葬中，汉魏传统作为一种汉族文化和礼仪的正统，以复古的方式被传承和恢复。她认为中古墓葬中的复古现象分为三个阶段：北魏太和改制后形成了墓葬中的汉魏传统，隋代汉族政权的建立促进了汉魏传统的中继，武周时期至盛唐墓葬中的汉魏传统成为一种文化资源进而被灵活运用。

北京大学考古文博学院齐东方发言的题目是《生与死——两个世界的徘徊》。他通过梳理西汉至宋元时期墓葬材料，认为墓葬是生与死的对接，也是联系死者和生人的情感纽带。它的可视性，鲜活地展现抽象的生死观，在不同时代、地区、信仰的差别中，更深刻地反映了社会历史的变迁。中国古代丧葬活动，牢不可破的原则是"事死如事生"。这一思想观念及行为准则得到广泛的认同和长久的遵循，墓葬也被称为"阴宅"。死者"阴宅"的营造、壁画雕刻、随葬品，展示的既细致入微又奇幻丰富的创造，给死亡赋予了很多意义。当了解了人们的生死观后，不会感到墓葬阴森恐怖，那里虽是悲情的结尾，却是美妙故事的开始。

湖南省文物考古研究所袁伟发言的题目是《湖南六朝墓葬分期研究》。他对湖南已发表资料的238座墓葬的墓葬形制和器物演变进行考古类型学研究，同时参考文献资料以复原当时的社会和文化面貌，试图确立湖南六朝时期各阶段典型器物的时代特征，并在此基础上尝试着对六朝这一历史时期进行阶段划分。

5月22日下午为宗教与边疆考古专题，围绕宗教考古有5位学者发言，由中国社会科学院考古研究所龚国强研究员主持；围绕边疆考古有7位学者发言，由辽宁省文物保护中心田立坤研究员主持。

南京大学历史学院贺云翱发言的题目是《南京钟山上定林寺遗址考古的主要收获——兼说中国南朝与韩国百济的佛寺考古文化关系》。他对中国南朝佛教考古资料与韩国百济佛寺考古资料进行了对比研究，主要包括出土瓦当资料及其谱系、相关佛塔资料、出土泥陶佛像的特征分析、出土"帝王礼佛"陶塑作品等方面。在对比分析中他还兼顾了日本飞鸟时代遗迹和遗物。

西安市文物保护考古研究院张全民发言的题目是《隋唐长安城的佛寺遗迹与遗物》。隋唐是中国古代佛教发展的鼎盛时期，隋唐长安城佛寺数量众多，但是隋唐长安城经勘探、发掘的佛寺数量很少，仅有积善尼寺、青龙寺、西明寺等10余座，且大多仅为局部发掘和勘探。他对上述发掘资料进行了搜罗和汇集，认为其中可以确定寺院名称的有正觉寺、静法寺、慈悲寺、懿德寺、先天寺、定水寺等。

陕西法门寺博物馆姜捷以《唐代的香具——以法门寺地宫出土实物为例》为题进行了发言。法门寺唐塔地宫自1987年发现以来，因出土大量

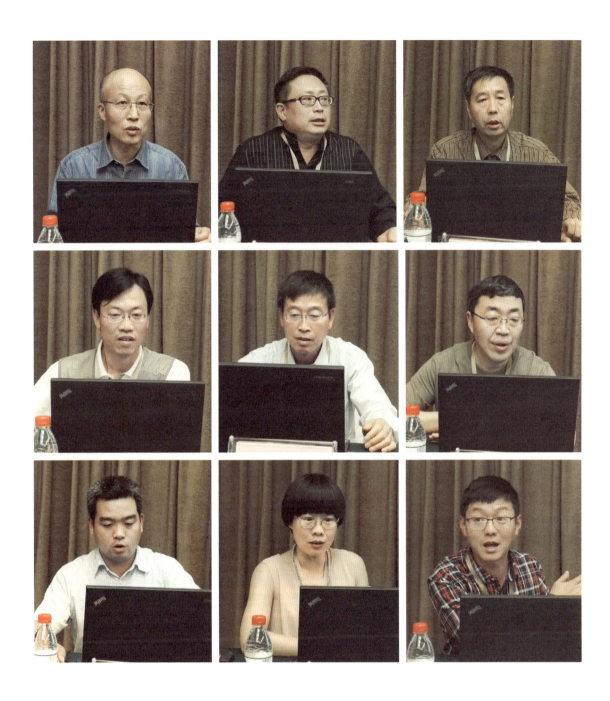

来自唐皇室的各类供奉器物而引起学术界的极大关注，其中一批香具的发现意义重大。这批香具在以往多被误认为茶具。他重新判读这批材料，发现地宫出土的香具多为金银制品，也有少量铜制品，器型可分为四大类。他还指出：香具的类型学、年代学和功能等方面的研究尚处于资料积累和分类定名阶段，因此，香具的考古学研究仍然是一个全新的课题。

太原市文物考古研究所常一民发言的题目是《试论太山龙泉寺塔基遗址的建筑时代与瘗埋背景》。发现于 2008 年的太山龙泉寺塔基地宫，是中国佛塔地宫瘗埋舍利的早期实例。他根据塔基地宫形制、石函中的武则天造字和"开元通宝"钱币，以及龙泉寺唐代石碑等出土资料的对比研究，认为龙泉寺塔基地宫的建筑时代应在公元 8 世纪初期。

中国社会科学院考古研究所何利群发言的题目是《东亚地区早期佛教寺院布局的主要类型及其演变》。他通过比较公元 5 世纪至 8 世纪中韩日佛教寺院布局的类型和演变轨迹，论证了东亚地区早期佛教寺院建筑格局以中国为源头向东辐射的脉络。纵观公元 5 世纪至 8 世纪中期的东亚佛教寺院，布局从以塔为中心向以殿为中心、由单院式向多院式转变的总趋势和主轴线是始终如一的。从建筑空间与宗教功能的相互关系分析，寺院布局由"前塔后殿单院式"向"多院多殿式"的演变则反映了中国北方佛学由早期的"释迦崇拜"和重视禅修向晚期宗派分立和崇拜对象多元化转变的趋势。

辽宁省文物考古研究所李新全发言的题目是《高句丽南北道及相关问题考辨》。他探讨了高句丽南北道的含义、行经路线、形成的历史、沿线重要考古发现等几个方面，最终确定高句丽南北道实际上指的是慕容鲜卑征伐高句丽的两条主要道路，而这两条道路是由若干条河流水系连接起来，起点分别是当时的辽东郡和玄菟郡治，此二郡也是高句丽发展壮大过程中交往最频繁的两个郡。

吉林大学边疆考古研究中心宋玉彬发言的题目是《高句丽、渤海瓦当的纹饰构图》。他结合学术命题开展了三个层次的学术讨论。首先，以宏观的学术视野考察了秦汉至南北朝时期圆形瓦当的总体形制特点，借此明确了圆形瓦当纹样形制、构图理念、构图模式的阶段性发展和变化。其次，针对高句丽、渤海瓦当分别开展了分期研究。最后，得出了初步学术认识：由于高句丽、渤海文化所处的历史时期不同，两者瓦构建筑的形成过程存在差别。

中国社会科学院考古研究所王飞峰以《辽宁盖州市青石岭镇高句丽山城考古新收获》为题进行了发言。他主要介绍了 2015 年度在青石岭镇高句丽山城的考古新收获，主要包括城墙、城门和大型建筑基址等。

长春师范大学东北亚研究所郑春颖以《高句丽壁画墓服饰的识读、剖析与演绎》为题进行发言。她通过逐一分析现存的 119 座高句丽壁画墓，确定了 996 个较为清晰的个体作为服饰研究对象。从中国和朝鲜两地系统地探究中国高句丽壁画服饰与朝鲜高句丽壁画服饰的时空差异及其成因，试图深入阐释高句丽壁画服饰的民族性差异、地域性差异和阶段性差异与公元 1 世纪至 8 世纪高句丽族、高句丽社会及高句丽国家沧桑巨变之间的因果关系。

吉林大学边疆考古研究中心赵俊杰发言的题目是《"范式"内外——

高句丽王城变迁再思》。高句丽山城主要有山城和平地城两类，以往学者多认为高句丽王城存在山城与平地城组合的"范式"。他认为不能用由晚推早的推论模式，机械地认定早期王城也存在山城与平原城的组合。在高句丽王城的发展序列中，山城与平原城的组合只在中期偏晚阶段与后期早段被采用，在此之后王城已经趋于都城化，而在此之前本不存在这种组合，甚至是否存在王城亦不能确认，这种所谓的"范式"其实并不存在，高句丽王城可能经历了"王邑—王城—都城"的发展历程。

北京大学考古文博学院沈睿文以《敦煌249、285窟图像新释》为题进行了发言。他重新考辨了敦煌249、285窟窟顶图像的组合，通过系统地梳理北朝墓葬所见图、像，进一步阐明了后者对前者构图的影响及其意义。

中国人民大学历史学院陈晓露发言的题目是《鄯善佛教与酒》。戒酒是佛教五戒之一，然而在西域早期佛教中心之一的鄯善国，僧侣中却普遍流行着饮酒的习俗，而且在佛教艺术中可见到大量与希腊酒神相关的图像，与佛教戒律明显相违背。她认为：西域佛教直接来自中亚犍陀罗，而后者深受希腊文化的影响，鄯善佛教对酒的这一特殊态度反映出，佛教对外传播的过程，是一个不断适应实际情况、不断自我改造的过程。

最后，陕西省考古研究院张建林研究员对会议进行了总结发言，指出此次会议演讲呈现出"四多"：新发现多、佛教考古研究多、新的观点和认知多、青年学者多。但也存在一些薄弱环节：其一，城市考古方面多围绕都城展开，除涉及高句丽山城外，缺乏对北方中原地区和南方地区中小型城址的考古工作；其二，陵墓考古专题缺少关于帝陵的讨论；其三，宗教与边疆考古专题偏于东北地区，而缺少对西北地区，包括新疆、青海、西藏、内蒙古等，以及西南边疆等地区的关注。随后，他还指出：今后专业委员会要加强与其他专业委员会，特别是秦汉考古专业委员会、宋辽金元明清考古专业委员会等的合作交流，并组织有针对性的相关研讨会。

三国至隋唐考古专业委员会在一天半的分组会议上共进行了28场学术报告，精彩的发言吸引了众多旁听学者。会议开展期间，与会学者也积极与发言人就相关学术问题进行了热烈的讨论。

宋辽金元明清考古专业委员会

时　　间：2016 年 5 月 21 日下午、22 日全天

地　　点：黄河迎宾馆十号楼五楼会议室

主 持 人：董新林　魏　坚　塔　拉　周必素　陈永志　刘　毅

参会代表：杭　侃　魏　坚　董新林　周必素　塔　拉　陈永志　李志荣

　　　　　赵永军　袁东山　王三营　万雄飞　韩建华　彭善国　刘　毅

　　　　　张兴国　朱存世　郑嘉励　刘春迎　冉万里　孙新民　张文江

　　　　　李　君　蔡　敏　张　蕴　刘　宁　祁海宁　刘　未　艾力江

　　　　　汪　盈　董健丽　王元林　梁会丽　袁胜文　葛奇峰　李玉君

　　　　　王征宇　王建文　刘　阳　李相俊　毕德广　杨宁波　曹金萍

　　　　　刘　睿　佐川正敏

研讨议题主要涉及该时期的都城、地方城镇和重要遗址的发现与研究，帝陵、墓葬的发现与研究，手工业、宗教及其他遗迹和遗物的发现与研究三个方面。综述如下。

一、城址及重要遗址的考古发掘与研究

唐宋时期，都城中皇家园林的发展进入全盛阶段。中国社会科学院考古研究所韩建华在题为《隋唐东都宫城御苑九洲池初步研究》的演讲中，根据文献和考古资料将九洲池分为隋唐和宋元两期，归纳了不同时期九洲池的形状规模、池岸结构、池底结构、池中岛屿及建筑等园林要素，同时总结了九洲池的给排水系统特点。杭州市文物考古研究所王征宇介绍了杭州市紫城巷区块的考古发掘揭露的城市引水设施遗迹，推定这些设施应属南宋时期的锯子井遗存，由此可反映南宋临安城的城市规划、建设和居民生活状况。开封市文物考古研究所王三营、葛奇峰介绍了在开封新郑门遗址揭露过程中发现的一座清代村落遗址并对其进行了复原探讨。村落沿一条东西大道对峙分布，尚存有大量道路、建筑、农田、饮水与排水设施和其他遗迹遗物。废弃于一次洪涝灾害，是 1841 年黄河泛滥次灾难后的实况，见证了清代这一地区人们的生产、生活原貌。

　　唐宋时期市镇逐渐兴起，青龙镇是上海一处重要的市镇遗址。上海博物馆考古部王建文介绍了近年来对青龙镇的考古调查、对隆平寺塔基等遗址发掘的情况及青龙镇遗址出土的大量瓷器等遗物，认为青龙镇是唐宋时期海上丝绸之路的重要始发港之一。南京市考古研究所祁海宁报告的题目是《南京瑞金北村小学明代水河码头遗址》，他介绍了南京瑞金北村发现的考古遗迹，并且结合历史文献研究了所发现的码头、木船等重要遗迹、遗物的性质。

　　重庆市文化遗产研究院袁东山介绍了合川钓鱼城的范家堰遗址、九口锅遗址、古地道等最新考古发现，并回溯了10余年来钓鱼城遗址一字城、码头、城门等城防体系的考古工作，对钓鱼城的城防体系做了新的解读。同时，以此为基点，对宋蒙四川山城攻防体系提出了新的认识。四川省文物考古研究院刘睿对今天四川地区的30余座保存较好的宋元古城堡进行了田野考古调查，分析总结了这些古城堡的遗存特点，并提出这些宋元古城堡与重庆合川钓鱼城等一起构建了完整的长江地区山城防御体系。

　　辽金元时期的城址考古方面，尤其是都城考古取得了重要新进展。中国社会科学院考古研究所董新林、汪盈在《辽上京皇城遗址研究的新认识》中指出，通过全面考古勘探和对皇城城门、宫城城门、宫殿、城墙、佛寺、道路等重点遗址的发掘，首次确认了辽上京皇城遗址内宫城的位置和范围、曾经存在的东向轴线及西山坡遗址的性质，并发现了叠压关系清晰的辽、金时期遗迹遗物，从布局、沿革等方面综合推进了辽上京皇城遗址的考古学研究。黑龙江省文物考古研究所赵永军、刘阳介绍了金上京城2013～2015年的考古勘探和对南城南垣西门址、皇城宫殿区西部建筑址考古发掘的新收获，从而确认了金上京城址的营建使用情况，并为了解金

代城门建筑的新规制和了解金上京皇城提供了新的资料。城四家子城址位于吉林省白城市洮北区，是辽上京、金上京之外面积最大的辽金时期城址。吉林省文物考古研究所梁会丽介绍了2013～2015年对吉林白城城四家子城址的考古勘察及对北城门的发掘，对北城墙、西城墙的解剖，对城内窑址、建筑址和城外墓葬的发掘，通过这些发掘材料可以初步将该城址的年代分为五期。中国人民大学北方民族考古研究所魏坚在题为《元上都——拥抱着文明的废墟》的发言中，回顾了对元上都数十年来的考古工作，并结合历史文献剖析了元上都的营建历史、形制结构、布局内涵，总结了元上都的特点，提出元上都是北方游牧的蒙古族掌握政权后建立的第一座真正意义上的帝国都城。内蒙古自治区文物考古研究所陈永志梳理了蒙古国哈拉和林遗址历来的考古工作，并分析和总结了哈拉和林城市格局、城内重要建筑、瓷器、钱币等城内遗物的最新考古发现与进展。

　　韩国江华都城是高丽王朝的重要都城之一。韩国国立文化财研究所考古研究室李相俊，通过考古遗存和地图史籍，结合与开京都城的对比研究，分析和探讨了江华高丽宫城的位置和范围。高丽都城考古研究的新进展，对推动东北亚视角下的中国历史时期城市考古具有重要的学术价值。

二、墓葬的考古发现与研究

在帝陵考古方面，南开大学历史学院刘毅梳理了自汉以来皇陵主体建筑前神道上的石刻，将其中的石兽、石人等归为"石像生"，进行了细致地排比和统计，按照石刻内容组合和表现形式的变化，把自东汉迄于清代石像生的发展分为三期，即东汉至南北朝、唐宋、明清。中国人民大学历史学院刘未在《宋代皇陵布局与五音姓利说》中，重新梳理了北宋皇陵的相关研究，并深入剖析了文献记载较为丰富的南宋皇陵。他指出北宋皇陵布局应与南宋皇陵相同，是按照天子葬明堂地心的原则，将每座皇陵均作为单独的墓域来考虑，各陵之间按照所利方位，朝西偏北方向顺次排列。辽宁省文物考古研究所万雄飞介绍了2012～2013年对辽宁北镇辽代帝陵开展的系统考古调查与试掘，推定医巫闾山东麓北镇二道沟和三道沟应为辽代乾陵和显陵的兆域所在。苏图克布格拉汗王陵是西域第一座有明确历史记载的王陵，是填补中国与中亚考古学领域空白的重要资料。中国社会科学院考古研究所艾力江系统梳理了各时期各版本多种语言的历史文献、近代文书，结合考古调查资料，从墓葬形制、捐赠土地财物、守陵人家族系谱、与同期王陵与经学院的对比、谒拜规模等方面对苏图克布格拉汗王陵进行了综合研究。

在宋代家族墓葬的考古学研究中，学术界以往对吕大临的生卒年一直有不同的看法，但大体认为应是英年早逝。2006～2011年在吕氏家族墓地的考古发掘中发现了吕大临的墓葬，从而使吕大临的下葬时间和卒年有了较为肯定的依据。陕西省考古研究院张蕴结合这次考古发掘和文献资料，重新考订了吕大临的生卒年。吕祖谦是南宋大学者，与朱熹、张栻并称"东南三贤"。宋室南渡后东莱吕氏凡五代家族成员，聚葬武义县明招山，形成江南地区罕见的家族墓地。浙江省文物考古研究所郑嘉励通过实地考古勘察和发掘，结合吕氏族谱等文献史料，剖析了明招山墓地的形成过程和规划，并提出吕祖谦家族墓地是自北宋至元明"丧葬习俗"变革承上启下

的关键一环。

　　奚人是北朝至辽金时期活动在辽西地区的一支民族力量，但史籍记载失之简略，留下的考古遗存亦少。辽宁师范大学历史文化旅游学院毕德广对辽代奚人居地及其变迁进行了考订，确定了进一步讨论奚人墓问题的时空框架，进而从考古学角度对该范围内的辽代墓葬进行族属识别，大体推定出一批奚人墓，并初步总结了辽代奚人墓的特征。贵州省文物考古研究所周必素从墓葬中腰坑的位置、结构和随葬遗物等方面归纳了贵州播州土司墓的腰坑葬俗，并总结了各时期腰坑墓的地域分布、形制演变、发展轨迹及其反映出的文化观念。南开大学历史学院袁胜文系统地梳理了江西地区明代墓葬的考古学材料，通过统计和分析随葬品种类和数量，归纳了明代不同时期藩王墓、品官墓和平民墓等的随葬品情况和特点，探讨了其时代变化规律及其葬制葬俗。

三、手工业、宗教及其他遗迹和遗物的考古发现与研究

商周时期以来，建筑屋顶构件瓦的使用成为统治者社会地位的体现，其纹样可能代表了国家统一的理念性象征。日本东北学院大学佐川正敏指出，在辽宋金元明时期，中国的制瓦技术、纹样及瓦窑形制等方面均发生了历史性的改变和转折，并将其置于东北亚地区的视角下进行了比较研究。

在宋金元明陶瓷考古方面，湖南省文物考古研究所张兴国以考古调查资料为基础，依据制瓷工艺特征，梳理了湘江中游地区宋元时期窑址的相对年代、规模和空间分布特征，将这些窑址分为四种类型，并分析研究了其年代关系、规模及其产品销售范围。湖南省文物考古研究所杨宁波梳理了历年来湖南龙泉窑青瓷的考古发现，以羊舞岭窑和醴陵窑为例报告了仿龙泉窑址的发掘收获，并对仿龙泉窑瓷的年代进行探讨。他提出湖南自南宋晚期开始仿烧少量龙泉窑青瓷，到元代中期前后开始大规模地仿烧龙泉窑青瓷，但龙泉窑制瓷技术对湖南制瓷技术的影响仅限于釉色、纹饰等方面。吉林大学边疆考古研究中心彭善国介绍了吉林前郭塔虎城出土瓷器的整理和研究情况，根据考古学研究可将这些出土瓷器分为金、元两期，由此推断塔虎城城址年代应为始于金代，元代沿用，明代废弃。通过论证塔虎城属性，提出塔虎城应是金代肇州。同时也明确了辽阳江官屯窑金元产品的流通范围，并对金元时期东北与内地及周边高丽的经济文化交流提供了新的材料。故宫博物院董健丽介绍了北京故宫所藏的386件元代龙泉窑瓷器，结合国内外已发表的墓葬、遗址、沉船等出土的考古材料和各地博物馆的藏品资料，考订瓷器年代，并论述了元代龙泉青瓷的功用、其所表现的多元文化特征及其承上启下的发展作用。开封市文物考古研究所王三营、曹金萍分类介绍了近年来在开封市潘湖周王府遗址、新街口周府典仪所遗址等遗址出土的明代青花瓷器，在已有研究成果的基础之上概括了标本的特征，并探讨了其时代。

辽宁省博物馆刘宁介绍了法库叶茂台七号辽墓、喀左大城子元代石椁墓、清代喀喇沁左旗第九任扎萨克丹巴多尔济墓等出土的丝织类文物。尤其是辽代刻金龙纹尸衾是首次发现，缂丝中应用片金在历代缂丝文物中仅见此一例，为已失传的一种缂金工艺结构，极具考古研究价值。在织造品类、结构工艺、图案形制等方面的考古学研究基础上，结合文献，探索研

究了丝织品产地及其所反映的该地区手工业水平。

西北大学文化遗产学院冉万里提出，宋代是中国古代舍利瘗埋的最后一个高峰期，从舍利的种类、舍利瘗藏的方式和参与者的阶层特点等方面来看，相较隋唐时期均发生了较大变化。士大夫从参与到撰写塔铭、施舍财物、收藏并供养舍利等，使得宋代的舍利瘗埋史不仅是另一个视角下的宋代佛教史，也是一部包含着士大夫们的人文情调的佛教史。

中国文化遗产研究院王元林结合近年来对柬埔寨吴哥城等遗迹的实地考察和研究，从考古学角度对夏鼐先生《真腊风土记校注》中城郭、宫室的有关内容进行了新的注解，并阐述了对周达观《真腊风土记》的一些认识。

浙江大学文化遗产研究院李志荣提出了数字化技术应作为"考古记录方法"的认识，以对石窟寺、壁画墓、大型城址、海塘遗址等考古遗址和单体佛教造像、丝织品、唐卡、纸质文书等特殊出土或馆藏文物所进行的数字化工作为例，分析了针对不同目标的数字技术选择、应用和研发升级，展现了现有成果形态已达到考古记录级别，并可实现对遗迹、遗物原状的超高清还原与重建。

宋辽金元明清考古专业委员会的分组讨论，从不同侧面展现了学术界对以上这些领域的最新研究成果，同时展现了宋辽金元明清考古领域多学科合作的良好态势和国际学术交流的广阔前景。本次学术研讨会搭建了良好的学术交流平台，对推动宋辽金元明清时期考古学科的发展将起到重要的作用。

动物考古专业委员会

时　　间：2016 年 5 月 21 日下午、22 日全天

地　　点：黄河迎宾馆第九会议室

主 持 人：贾连敏　袁　靖　马萧林　胡松梅　汤卓炜　武仙竹

参会代表：罗运兵　吕　鹏　蔡大伟　莫林恒　宋艳波　王良智　余　翀

　　　　　袁　靖　王　华　李志鹏　马萧林　侯彦峰　王　娟　陈相龙

　　　　　汤卓炜　杨苗苗　陈　杰　张　颖　赵静芳　王春雪　戴玲玲

　　　　　王运辅　安家瑗　胡松梅　武仙竹　王　杰

　　首先，河南省文物考古研究院院长贾连敏研究员代表承办单位对会议的召开表示热烈的祝贺，对来自全国的专家学者表达了诚挚的欢迎。他首先介绍了河南省文物考古研究院的基本情况，特别介绍了该院动物考古研究近年来取得的一些工作业绩和发展状况。他希望各位专家以此次学术研讨会为契机，相互交流最新研究成果，积极探索合作途径，为河南动物考古事业的发展出谋划策。动物考古专业委员会主任袁靖研究员代表动物考古专业委员会向与会学者致辞，他真诚地感谢了河南省文物考古研究院对举办此次会议的支持，讲述了中国动物考古学的现状、发展历程和发展方向，希望各位代表在本次研讨会上能够积极交流，积极拓展多学科合作研究的渠道，为中国考古事业的发展贡献自己的力量。

　　本次研讨会的学术演讲共 19 场，演讲的研究内容涉及动物考古学理论与方法的探讨、骨器手工业等系统性的专题研究、动物图像学研究、古代畜牧与生业模式、考古遗址出土动物遗存个案研究、祭祀用牲习俗研究、动物考古数据库建设和应用、食性分析与分子生物学方法在动物考古学研究中的应用 8 个方面，展现了近年来动物考古学研究的最新成果。各位学者宣讲内容摘要如下。

　　中国社会科学院考古研究所袁靖《新石器时代不同地域获取肉食资源方式的探讨》。区系类型的思路和具体认识，从宏观上把握了位于全国不同时期不同地区的考古学文化的特征及相互之间的关系。探讨各个考古学文化范围及其来龙去脉，对于开展属于各个考古学文化的遗址中出土的动物遗存研究，具有重要的指导意义。阐述分布于不同时空范围内的各个考

首届中国考古学大会动物考古专业委员会2016年年会
暨 第 七 届 全 国 动 物 考 古 学 研 讨 会   2016.5.21

古学文化获取肉食资源方式的特征，必须建立在属于同一文化的多个遗址中获取肉食资源方式的研究结果之上，结合植物考古学等研究的成果进行整合和分析，比较各个考古学文化获取动物资源方式的异同，揭示其形成的原因及产生的影响，有助于深入探讨考古学文化，是当今考古学研究中不可或缺的重要内容之一。

河南省文物局马萧林《近年中国骨器研究进展》。中国骨器研究近年已经引起了考古学界的重视，研究成果不断呈现，在分析方法和研究理念方面取得长足发展。骨器研究不再局限于一般的器物描述，而是更多地通过分析骨器制作流程、生产规模、组织方式、专业化程度，进而加深对骨器生产者和消费者及其所处社会境况的认识和理解。回顾了近年来中国骨器研究的状况，并梳理了今后骨器研究的相关问题。

中国社会科学院考古研究所李志鹏《二里头遗址制骨遗存与制骨手工业研究》。梳理了二里头遗址制骨遗存。在二里头文化时期，该遗址至少存在2处制骨作坊，其中1号作坊的使用时间为二里头文化二期至四期，2号作坊的使用时间可能为二里头文化四期。二里头遗址骨器加工过程中的备料、加工、再利用都有一定的章法，骨器加工多选取黄牛的骨骼，包

括长骨、肋骨和下颌骨；角器加工则选取鹿角。骨骼截取多采用片状工具切割截取，应该已经使用铜质工具。大致经过了预成形、细部加工（切割、镂刻、刮削、剔挖等环节）、打磨、抛光等流程，部分器物局部采用管钻、掏挖等技术。二里头遗址的骨器制作中零星生产和集中生产并存，制骨手工业已经相对成熟，作坊生产有"官工"特征，以满足日常所用为主，但与二里岗文化、殷墟文化时期相比其专业化程度相对较低。

中国社会科学院考古研究所吕鹏《中国牧业经济源起的动物考古学观察》。游牧是畜牧业的一种最极端、最发达的类型，是人们在特定环境中依赖动物来获得主要生活资源的一种经济手段。考古学者立足于考古文化现象，并结合相关学科的研究，认为中国北方游牧经济大体形成于春秋战国时期。动物考古学以动物遗存为主要研究对象，可为中国原始畜牧业起源研究提供直接证据。本次研究涉及的地域为内蒙古和甘青地区（包括内蒙古、甘肃、青海和宁夏），这是牧区畜牧业的主要分布区，就考古学研究而言，也是中国原始牧区畜牧业的起源区域，探讨时代为东周之前（约距今 2000 年）。研究方法借助畜牧业研究的畜群结构的概念，通过量化哺乳动物中家养动物和野生动物的数量和相对比例，特别是以猪和绵羊为代表的家养哺乳动物的比例，来动态地考察中国北方地区狩猎、初级农耕畜牧、稳定农耕畜牧、初级牧区畜牧、农牧结合 5 种动物资源获取方式的转变，由此对中国原始牧业起源的历史进程进行动物考古学研究。

湖北省文物考古研究所罗运兵《鹿角传奇：欧亚草原鹿造型的动物考

古学观察》。动物图像相关遗存是见证欧亚草原早期游牧民族历史的关键资料，对这些动物形象的种属确认，对理解其仪式功能与起源传播有着不可替代的作用。目前这方面的鉴定研究尚未展开，特别是作为草原文化标志性遗产的鹿石，其鹿类造型的种属鉴定目前还是一个空白——多泛称为鹿，或随意指认为大角鹿、扁角鹿甚至麋鹿等。通过宏观地考察欧亚草原古代鹿造型，以特征鲜明的鹿角为鉴定依据，可知欧亚草原流行的鹿造型基本集中为驯鹿、马鹿和驼鹿。参考同类鹿形象的造型特征，结合鹿类生态习性及伴出动物群组合，可确认鹿石上写实性的鹿图像基本上为驼鹿，个别可能是马鹿，而图案化的鹿图像其角部以马鹿角为原型。鹿石图像中的动物选择应与早期游牧民族的狩猎生计活动有关。

山东大学文化遗产研究院王华《农业人群与游牧人群埋葬习俗的比较研究——八里岗、磨沟和火烧沟遗址的动物考古学的证据》。墓葬中埋葬动物骨骼的情况在一定程度上可以反映人类的生业模式和埋葬行为模式。八里岗、磨沟和火烧沟三个遗址均存在着墓葬中埋葬大量动物骨骼的现象。通过研究三个遗址墓葬中出土动物骨骼的种属、骨骼部位、年龄结构、埋藏情况等，探讨了古代人类埋葬动物的行为模式，试图了解不同生业模式下人类埋葬行为的差异性和共性。八里岗遗址流行墓葬中随葬大量猪下颌骨的现象，反映的是一种农业定居人群的埋葬行为；火烧沟遗址墓葬中随葬动物以绵羊为主，反映的是一种游牧人群的埋葬行为；而磨沟遗址的情况要复杂一些，墓葬中随葬的动物骨骼中猪骨、羊骨和牛骨都占有相当的比例，反映了一种复杂的经济形态，同时，从早期到晚期可能存在的经济模式的转变会带来埋葬行为的变化。另外，动物遗存分析还表明，三处遗址古代人群埋葬动物的行为，在骨骼部位、年龄结构的选择上可能存在着一定的共性。

北京大学考古文博学院张颖《饭稻羹鱼：新石器时代长江下游的渔猎经济与稻作农业模式》。关于"饭稻羹鱼"的记载最早出现在《史记·货殖列传》中："楚越之地，地广人稀，饭稻羹鱼，或火耕而水耨，果隋蠃蛤。"这应当是对西汉时期长江流域人民生活状况的写照。上溯至新石器时代，鱼在长江下游生业经济中的重要性在以往的研究中多有提及，但是由于受到发掘和取样方法等客观因素的限制，目前仍缺少对鱼类遗存的系统研究。以浙江余姚田螺山遗址出土的动植物遗存为主，着重于将鱼类、水稻及其他水生生物置于大的生态系统背景中，寻找其中的联系，从而还原人类活动与自然环境之间的关系。通过全面分析鱼类遗存，发现尽管六七千年前遗址距离海岸线并不远，但绝大多数是淡水鱼，并进一步发现它们主要来自遗址附近的淡水湿地环境。对季节性的分析则表明捕鱼活动是连续的，全年都在进行，可见鱼是人们日常生活中一项稳定的食物来源。目前关于新石器时代长江下游地区水稻驯化进程的研究已经比较成熟了，为这次综合讨论提供了重要材料。通过整合两组研究材料，鱼类和水稻之间的联系可以总结为如下三点：第一，它们都出自同样的生态环境，即淡水湿地，生态系统是它们彼此相连的基础；第二，捕鱼活动集中的季节与收获水稻和其他植物果实的季节被有序地安排在不同月份，而且与各种动植物的生命史特征密切相关，既反映了人们对自然环境的了解，又反映了对劳动力资源的合理安排与管理；第三，鱼类遗存的构成随时间而变化，相对应的则是驯化稻所占比例的逐步增加，这或许是由于稻作农业的发展对遗址周围的环境和景观产生了影响，从而间接导致了鱼类种群的变化。

湖南省文物考古研究所莫林恒《动物考古学量化研究新探索——以永顺老司城遗址出土动物骨骼为例》。动物考古学量化研究是通过动物考古学统计方法对遗址出土动物骨骼进行各种数量统计，评估各种动物在肉食结构中的重要性。以湖南永顺老司城遗址出土的动物骨骼为例，在量化研究中采用可鉴定标本数（NISP）、最小个体数（MNI）、骨骼重量、肉量等4种统计方式，结合实际情况，指出目前各种统计方式忽视了不同大小、种类动物骨骼在考古遗址中保存、采集的概率不一致的局限性，强调动物考古学量化研究的核心不是简单的数据比较，而是在综合考虑出土动物骨骼特点等各种因素的基础上判读统计数据。对此，根据老司城遗址出土动物骨骼的特点，重点探讨使用一种分类型方式来进行量化研究。通过设立比较的原则，将同一类型或相近的动物放在同一维度进行比较，发挥不同统计方法的优势，分析各种动物的消费数量、消费肉量和重要性三项指标，较为全面地探讨各类型动物在肉食结构中的地位。

中国科学院大学考古学与人类学系赵静芳《李家沟遗址出土动物遗存分析》。李家沟遗址位于河南郑州新密市，发现了旧石器时代向新石器时代过渡的剖面和大量具有过渡阶段特征的文化遗物，填补了中原地区旧石器时代晚期细石器文化和裴李岗文化之间的缺环。动物遗存是重要的组成部分，鉴定和研究了2009年发掘出土的动物遗存。细石器文化层动物种类包括麋鹿、斑鹿、狍、牛、马、獐或麝、猪等偶蹄类，以及食肉类、鸟类等；李家沟文化层包括斑鹿、狍、马、獐或麝、猪等偶蹄类，以及貉、猫科等食肉类和鸟类。李家沟文化层还出土烧骨、骨料等遗物。李家沟遗址动物遗存对于认识旧—新石器时代过渡时期经济形态、社会生活及人类行为特点等考古学问题都有重要的参考价值。

吉林大学边疆考古研究中心汤卓炜《内蒙古赤峰喀喇沁旗大山前遗址第Ⅰ地点动物遗存的初步研究》。大山前遗址是东北地区一处重要的聚落

遗址，出土了大量保存状况很好的动物遗存，对于揭示夏家店下层文化人群的经济形态、遗址周围的环境特征及人地关系等，具有非常重要的学术价值，为全面地开展系统的环境考古研究提供了来自动物遗存的重要信息。利用比较解剖学、统计学原理和方法，结合各单位动物遗存的分布情况，开展了系统的动物考古学研究。研究表明，动物遗存主要出土于夏家店下层文化和战国时期的灰坑中，以家养动物为主的动物群构成呈现出动态变化的现象，从夏家店下层文化至夏家店上层文化时期，甚至到战国时期，并未表现出流动性较强的畜牧经济成分的增加，农耕经济支持下的家畜饲养业在人类开发和利用动物资源方面始终占有非常重要的地位。

上海博物馆陈杰《江苏顺山集遗址动物考古学分析》。顺山集出土的动物骨骼全部属于脊椎动物，共计9种，分别为龟、狗、猫、虎、猪、麋鹿、梅花鹿、小型鹿科动物和水牛，其中，猪和鹿科动物是顺山集遗址先民的主要肉食来源，它们主要是通过狩猎行为获得的。根据狗下颌骨的形态分析，可以证实该遗址的狗已经属于驯化动物。根据齿列扭曲和年龄结构等特征，证明该遗址应该已经存在家猪饲养，但是此时家猪饲养还处于比较原始的早期阶段，猪的下颌第3臼齿的长度明显大于后来饲养到成熟

阶段的家猪个体。动物除了用于肉食外，还是重要的工具原料。顺山集遗址发现了大量带有加工痕迹的动物骨骼，以鹿角为主，加工痕迹主要有砍斫痕、削痕、锯痕和折断痕，带有加工痕迹的骨骼应该是当时先民为了制作骨角器取料后的废弃物，它们为顺山集遗址古代先民早期工艺研究提供了重要线索。

陕西省考古研究院杨苗苗《青海都兰热水遗址动物骨骼分析》。对青海都兰热水遗址出土的吐蕃时期大量动物遗存进行动物考古学研究，结果表明，该遗址最少有11个属种的鸟类和19个属种的哺乳动物，包括金雕、秃鹫、猫头鹰、雕鸮、沙丘鹤、天鹅、赤麻鸭、环颈雉、鸽形目、秧鸡科、鸵鸟、喜马拉雅旱獭、高原兔、褐家鼠、狗、藏狐、狗獾、虎、猞猁、家马、藏野驴、骆驼属、白唇鹿、牦牛属、鹅喉羚、藏羚羊、岩羊、盘羊、绵羊、山羊等动物种属。出土动物的种类和数量反映出遗址周围的环境以高寒、高原荒漠草原为主，其次为稀疏的灌丛草原。该遗址的农业相对滞后，以游牧业为主。

山东大学历史文化学院、文化遗产研究院宋艳波《丁公遗址龙山文化时期动物考古研究》。丁公遗址历年发掘的属于龙山文化时期的动物遗存共13911件，种属包括蟹、多种丽蚌、矛蚌、扭蚌、裂脊蚌、楔蚌、珠蚌、蚬和多种淡水螺类；脉红螺、青蛤、文蛤等海洋贝类；草鱼、鲫鱼、鳡鱼、鲤鱼、鲢鱼、青鱼、乌鳢、鲈鱼等咸淡水鱼类；龟、鳖、鳄鱼等爬行动物；不同体型的鸟类；豪猪、竹鼠、猪、黄牛、獐、梅花鹿、麋鹿、绵羊、兔、狗、猪獾、貉、猫等哺乳动物。量化分析结果显示，丁公遗址的先民以饲养家猪来获取稳定的肉食来源，家猪在先民肉食结构中所占比重极高；以獐和梅花鹿为主的野生哺乳动物、以淡水软体动物和鱼类为主的水生动物资源，仍是先民肉食资源的重要补充。随葬动物种属和部位并未显示出一定的规律性，猪类遗存的出现频率高于其他动物。

湖南省文物考古研究所王良智《河南瓦店遗址出土软体动物研究》。研究者对河南禹州瓦店遗址出土的龙山文化时期软体动物进行了初步的动物考古学鉴定和分析。首先测量统计中国圆田螺和铜锈环棱螺的壳高、壳宽、重量等数据，其次通过壳高分析、解释软体动物可能的采集季节，然后通过重量分析还原软体动物可以提供的肉食量和蛋白质含量，最后综合分析古代居民获取和食用软体动物的相关历史背景，分析结果显示瓦店遗址出土的软体动物采集于春季和秋季。

河南省文物考古研究院侯彦峰《河南淇县宋庄墓地祭牲（食）研究》。河南淇县宋庄墓地为东周时期墓葬群，于2009年发掘了墓葬17座，其中16座有祭牲现象，且随葬了大量的动物。动物种属鉴定、死亡年龄判断和碳氮稳定性同位素分析等研究结果表明，祭牲种属和骨骼部位主要为牛、猪、鹿（梅花鹿和小型鹿）的左前肢，以及完整的狗和鱼。其中用牛的数量最多，猪次之，鹿、兔、鱼等野生动物较少。不同等级（或时期）的墓葬，所用动物的数量和摆放位置有所变化。还提取了不同随葬动物的骨胶原，进行了碳氮稳定性同位素分析，发现同一墓葬内相同动物部分个体的碳氮值离散度较小，初步推测当时宰杀的动物可能来自同一个群体（或相似养殖模式）。宋庄墓地出土的这批祭祀动物为研究东周时期畜牧史、用牲礼制等提供了重要的考古资料。

河南省文物考古研究院王娟《河南巩义天玺尚城宋墓 M230 出土动物骨骼研究》。初步研究了河南巩义天玺尚城宋墓 2015 年 M230 发掘出土的动物骨架。通过形态学研究和骨骼测量分析，鉴定 M230 中陪葬的动物个体包括黄牛 1 头、山羊至少 12 只。其中，山羊多为 1 岁以下幼年个体，而较为年长的个体基本可鉴定为雌性。这是首次在宋代墓葬中发现数量如此多、骨架保存较完整的山羊遗骸。对研究宋代的食羊文化提供了翔实的实物资料，也为山羊和绵羊的骨骼鉴别提供了丰富的历史材料。

吉林大学边疆考古研究中心蔡大伟《后套木嘎遗址新石器时代黄牛分子考古学研究》。吉林大安后套木嘎遗址的考古发掘，初步构建起嫩江流域新石器时代早期至汉代的考古学文化的编年与序列。在持续发掘中，陆续发现埋葬有大量动物骨骼的沟和灰坑，以野牛骨骼为主，但是种属尚不确定。经过分子考古分析，确定这些野牛属于原始牛（Bos primigenius），而不是旧石器时代晚期广泛分布在北方的东北野牛（Bison exiguus），为中国黄牛起源研究提供了新的线索。

中山大学社会学与人类学学院余翀《关系模型数据库在动物考古学中的应用》。通过地理信息系统与关系模型数据库在动物考古学研究中的应用实例，认识建立数据库的重要作用，譬如其在家养动物的起源和传播（传播路线和传播速度等）研究方面的作用。

中国社会科学院考古研究所陈相龙《约距今 4000 年前黄河中上游地区家畜饲养方式的分化》。约距今 4000 年前，黄河中游和上游地区的生业经济开始发生分化：以黍和粟的种植与家猪饲养为主要内容的粟作农业仍是中原地区生计方式的主体，而以畜养牛和羊为主要特点的草原畜牧经济却在甘青地区逐渐发展起来。不同的生业方式势必导致资源开发方式、生产组织方式等生产关系层面产生变化，进而引起社群组织结构乃至社会复杂化发展道路出现巨大差异。因此，要全面认识黄河中上游地区不同区域社会复杂化发展道路产生差异的原因，有必要对中原和甘青地区生业经济分化的过程进行对比研究。鉴于此，在梳理近年来发表的稳定同位素数据的基础上，以家畜饲养方式为主要切入点，结合先民食谱状况，系统地比较中原和甘青地区生业经济的特点，以期为深入认识两个地区社会复杂化发展过程提供参考。

此外，还对4份壁报的内容进行了讲解，主要内容如下。

河南省文物考古研究院侯彦峰《河南淅川下寨遗址 H380 出土熊骨研究》。研究了河南淅川下寨遗址西周晚期 H380 内出土的 1 具完整的熊骨。通过齿式、牙齿形态、头骨和下颌骨的尺寸、骨端愈合、牙齿切片、X 射线和稳定同位素等，鉴定和分析了该熊的种属、年龄、性别、死亡季节、骨骼疾病和食性等。

山东大学历史文化学院考古系王杰《马家浜遗址鱼骨的初步研究》，详细阐述了马家浜遗址出土鱼骨的数量、骨骼部位及种属，鱼骨可鉴定标本数为 11282 件，种类有鲤鱼、乌鳢、鲫鱼、黄颡鱼、鲶鱼、鲈鱼、鲢鱼、青鱼。并复原了鲤鱼和乌鳢的体长。

中国社会科学院研究生院、重庆师范大学王运辅《啮齿类考古遗存的发现与研究》。以啮齿类的"属"为基本对象，统计其在中国大陆和中国台湾地区新石器时代、青铜时代考古遗址中的出现频率和地理分布。发现中国新石器时代存在投机性的肉食采集行为，北方以兔类、南方以竹鼠和豪猪作为一种重要的补充性肉食来源。竹鼠、豪猪和河狸古今分布发生了变迁。

安徽大学历史系戴玲玲《河南新砦遗址牛、羊牙齿的序列稳定 C、O 同位素及饲养策略研究》。以河南新密新砦遗址出土的牛和羊牙齿为材料，提取牙釉质序列样本，进行了稳定碳、氧同位分析。结果表明，龙山时代末期郑州地区受季风气候影响，大气降水氧同位素低值出现于夏季和冬季，高值出现于春季。鹿常年以 C3 类野生植物为食。牛常年摄取大量 C4 类植物，但个体差异显著。羊摄取 C4 类植物季节变化大，集中在夏秋。

在 2016 年 5 月 22 日下午举行的闭幕式上，河南省文物局副局长马萧林研究员进行了总结性发言。主要内容为：本次研讨会共举行了 19 场口头学术报告和 4 份壁报讲解，会上，各位专家、学者从各自的研究成果出发，深入剖析和研究了骨器、不同考古遗址出土动物、古 DNA、稳定同位素分析、动物图像遗存、关系模型数据库、祭祀动物等诸多方面，交流和分享了动物考古学领域最新的方法和成果。本次会议加强了同行之间的相互了解，扩大了动物考古学研究对考古学的影响，提高了中国考古界对动物考古研究重要性的认识，有助于进一步推动我国动物考古学研究的进展。

植物考古专业委员会

时　　间：*2016 年 5 月 21 日下午、22 日全天*
地　　点：黄河迎宾馆第六会议室
主 持 人：赵志军　秦　岭　吕厚远　顾海滨　郑云飞　靳桂云
参会代表：赵志军　郑云飞　顾海滨　吴文婉　金和天　姜　铭　邱振威
　　　　　周　云　吕厚远　吴　妍　秦　岭　靳桂云　陈雪香　蒋洪恩
　　　　　罗武宏　潘　艳　贾　鑫　葛　威　唐丽雅　孙永刚　邬如碧
　　　　　金原正明

　　首先，植物考古专业委员会主任赵志军研究员致辞，他指出，植物考古作为中国考古学中的一门新兴学科，为考古学提供了新的思路、方法和技术。植物考古专业委员会的成立促进了植物考古工作的开展，今后植物考古的研究目标仍然是复原古代人类生活方式，探讨古代文化的发展与过程。其中在农业起源与传播研究方面，植物考古要发挥自己特有的功能，为解决相关人类学、考古学问题服务。

　　来自中国社会科学院考古研究所、浙江省文物考古研究所、湖南省文物考古研究所、河南省文物考古研究院、北京市文物研究所、四川省文物考古研究院、成都文物考古研究所、南京博物院考古研究所、中国科学院地质与地球物理研究所、中国科学院地理科学与资源研究所、中国科学院古脊椎动物与古人类研究所、北京大学考古文博学院、山东大学历史文化学院、西北大学文化遗产学院、中国科学院大学人文学院、中国科学技术大学科技史与科技考古系、复旦大学文物与博物馆学系、南京大学地理与海洋科学学院、浙江大学人文学院、厦门大学人文学院、赤峰学院历史文化学院、中国国家博物馆、上海博物馆，以及日本奈良教育大学 24 个单位的学者参会。与会学者分别进行了 20 场演讲，50 余位专家、学者及学生、公众聆听了演讲并参与了讨论。

　　演讲分为"南方稻作农业起源""北方旱作农业起源""专题与历史时期植物考古研究"三个主题，分别由赵志军和秦岭、吕厚远和顾海滨、郑云飞和靳桂云主持。与会学者交流了新的观点和见解，展示了植物考古学领域新的研究成果。从长城之外的西辽河到海天相隔的海南岛，从高耸遥辽的青藏高原到秀美富饶的江南水乡，演讲者介绍了从新石器时代到历史时期各时段的植物考古工作。演讲既有从人、地、物的角度高度地概括古代人类社会，也有对某一考古遗址丰富植物遗存的再考量；有的学者高度总结植物隐喻的文化特征属性，有的学者深挖植物考古内涵。不但有浮选出土的炭化植物种子等植物大遗存的丰硕成果，也有从方法学上再探讨植硅石、植钙体、淀粉粒等植物微小遗存。与会者感慨于金色小米丰收的欢欣雀跃，流连于小麦东延的无尽沧桑，艳羡于一代王侯（海昏侯）的奢靡浮夸，徘徊在茶叶西进的悠悠故道。每位演讲之后都开展了热烈的讨论，通过提问、补充和探讨，与会学者相互交流，对今后植物考古学研究的发展方向提出了设想。

一、南方稻作农业起源

湖南省文物考古研究所顾海滨演讲的题目是《湖南新石器早期炭化水稻的研究——从彭头山文化炭化水稻形态数据的分析看水稻的驯化速度》。为探讨狩猎-采集到稻作农业的经济形态转变发展过程，中美联合发掘队对澧阳平原新石器时代早期彭头山文化的杉龙岗、宋家岗遗址进行了考古发掘。从目前出土的植物遗存资料来看，彭头山文化时期炭化水稻不但在数量上占据了绝对的优势，而且，与现代野生稻相比，其粒形及胚坑的形态也已经发生了较大的变化。进一步分析该区域彭头山文化出土的炭化水稻后认为，彭头山文化早期人类对水稻的驯化行为已经导致22%的炭化水稻在形态上发生了变化，在彭头山文化中、晚期这一比例逐渐提高至44%～47%。

中国科学院古脊椎动物与古人类研究所吴妍演讲的题目是《植硅体视角下的稻作起源与扩散》。她使用植硅体分析的方法统计分析了从上山文化时期至河姆渡文化时期（距今12000～7000年）时间跨度上水稻植硅体不同形态数量分布频率、形态变化频度、三维形态参数变化规律。水稻植硅体的驯化特征在上山文化层阶段出现，暗示距今11000年可能已有早期驯化稻存在，其水稻遗存更偏向于粳稻；随着时间推移，呈现的趋势是野生稻植硅体比率不断减少，驯化稻不断增多；更为重要的是，野生稻向驯化稻过渡植硅体的大量存在，既折射出水稻驯化的中间过程，又使人们认识到水稻驯化是一个长期的过程。同时，上山文化的荷花山遗址（约距今10000年）生土层中发现有野生性状特征的水稻扇型植硅体和水稻双峰型植硅体，在一定程度上暗示有人类活动之前遗址所在地可能有稻分布，即全新世早期可能野生稻曾分布于此，为稻作起源提供了必备条件。此外，植硅体证据暗示了距今5000年水稻扩散到海南，为稻作传播提供了新的证据。同时，介绍了海南万宁钻孔的植硅体分析结果，认为距今 5600 年，水稻已经在海南地区大规模栽培。

复旦大学文物与博物馆学系潘艳演讲的题目是《跨湖桥遗址的人类生态学分析》。她从跨湖桥遗址的动植物遗存出发，从理论层面探讨人类社会的生态学问题。分析表明，跨湖桥时期的先民除了已经栽培水稻外，还可能以多种不同的行为模式干预许多物种的生命周期，以增加其丰富性、多样性和可靠性，维持人类长期稳定的定居生活。这启示，农业起源研究除了关注驯化物种证据外，还应深入理解物种驯化的长期过程和人类行为在其中所起的作用，将观察视野放宽到动植物物种出现明显驯化性状以前的阶段。这一观察对理解长江下游史前文化的长时段演进具有承上启下的启示意义。

浙江省文物考古研究所郑云飞演讲的题目是《良渚文化时期的社会生业形态及其生产力水平》。郑云飞认为长江下游新石器时代晚期的良渚文化具有国家、城池等文明社会的因素，是以稻作为特征的区域性文明的代表之一。业已发掘的良渚文化遗址出土的植物遗存有水稻、葫芦、甜瓜、桃、梅、杏、柿、南酸枣、菱角、芡实等，基本勾勒出良渚稻作农业文化的生业形态特点：稻米生产发达，瓜、果、蔬菜等种植业结构完备，采集食物作为补充。以河道、水渠、田塍为基本要素的灌溉农业的成熟，以翻耕、除草为代表的栽培技术的改进，以选留良种和无性繁殖为特点的品种选育和繁育的进步等，促进良渚文化时期农业生产力水平提高，表现为农作物驯化历程基本完成、农业生产规模扩大、单位面积产量提高等。农业生产力水平的提高加速了社会分工和社会复杂进程化，增强了社会开展大型工程建设的能力，为文明社会的形成奠定了坚实的物质基础。

中国国家博物馆田野考古研究中心邱振威演讲的题目是《太湖流域史前水田的植物考古研究——以姜里遗址和朱墓村遗址为例》。邱振威选取太湖流域的姜里遗址和朱墓村遗址为代表，结合大植物遗存和微体植物遗存提取，分析了马家浜文化至良渚文化时期的几十块水田堆积。莎草属、酸模属、眼子菜属、小二仙草科、马齿苋、苔草属、酸模叶蓼、狐尾藻属、稗属等植物构成了典型湿地或水田杂草。崧泽文化时期（姜里遗址）水田杂草的种类和数量较之马家浜文化时期（姜里遗址）显著增多，推测是由于水田农业生产活动的强化减少了其他类型杂草和植物种属的构成，也可能是新开垦的水田曾为湿地杂草繁茂之地；而良渚文化时期（朱墓村遗址）水田杂草的比重明显降低，应系人为田间管理措施加强所致。此外，水田自身的形态与水田堆积中的水稻扇型植硅体表现出阶段性的演变特征。邱振威指出对古水田的判断与研究涉及其自身结构形态、大植物遗存分析和微体植物遗存分析等方法，但各自所起的作用应有所区别。通过考古发掘

揭露出来的遗迹结构形态特征，应是判断水田与否的主要证据，而微体植物遗存（水稻扇型植硅体、水稻型花粉）则是验证性依据。最后，尝试为古水田研究提供一些建议。考虑水田堆积厚度可能存在差异，而且植硅体一般主要沉积于水田上层堆积中，建议发现疑似水田遗迹后采取科学合理的发掘方法。与此同时，对于从实验角度从事古水田研究而言，研究对象的选择、样品采集部位的设定及研究方法的选取尤为重要。

西北大学文化遗产学院唐丽雅演讲的题目是《屈家岭—石家河时期江汉地区的农业生产格局》。唐丽雅通过综合分析江汉地区城子山、叶家庙、谭家岭、三房湾、计家湾、大寺、青龙泉、沟湾、八里岗等多处遗址出土的炭化植物遗存，将江汉地区划分为南部稻作农业区和北部稻旱混作农业区。植物遗存分析结果显示，上述格局内部又存在差异。总体上，自北向南至长江南岸一带，旱作农业的影响逐渐减弱，稻作农业的影响逐渐加大。大洪山-桐柏山-大别山南麓一线应是屈家岭—石家河文化时期小米生长的南缘，长江以南地区基本不受旱作农业影响，可视为比较单纯的稻作农业区。从宏观上看，该农业生产格局与南、北文化的态势、格局大体一致。这可能缘于南、北地区大的自然环境的差异。而文化的传播、分布态势和文化传统在一定条件下可以超出自然因素的限制，在一定程度上影响大格局内部的农业经济特点。

中国科学技术大学科技史与科技考古系罗武宏演讲的题目是《淮河流域稻作农业起源研究新进展》。利用植硅体分析方法，结合 AMS[14]C 年代测定，分析了安徽巢湖岩芯中部、河南许昌灵井遗址新旧石器时代过渡期地层的 2 份土样，以及该遗址出土的 10 件器物表面残留物。巢湖岩芯更新世末至全新世中期地层、灵井遗址地层及多个器物表面都发现有水稻特

征性植硅体。更新世末至全新世初，淮河上游及巢湖地区分布有野生稻资源，并有可能已经被人类采集或栽培利用了。该成果可以为探寻更新世末、全新世初中国野生稻分布范围和淮河流域稻作农业起源的时间、地点等问题提供新的线索与证据。

二、北方旱作农业起源

山东大学历史文化学院靳桂云演讲的题目是《海岱地区史前稻遗存研究》。海岱地区是中国古代文明的重要源头之一。考古学研究显示，农业可能是海岱地区史前文明发展的重要基础。近年来的考古学文化、与植物生产和加工有关的工具、植物考古、动物考古和同位素古人食谱等综合研究表明，海岱地区史前生业经济发展经历了由低水平食物生产到强化型农业形成的过程，其中对稻资源的利用和稻的栽培起了至关重要的作用。正是稻、粟混作农业的发展奠定了海岱史前文明的基础。91 个遗址中的稻遗存显示，最早的稻资源利用始于后李文化时期，之后的北辛文化和大汶口文化时期稻资源利用方式变化不大，龙山时代稻作农业发展超过了以前

各个阶段，但到岳石文化时期稻作农业明显衰落。

南京博物院吴文婉演讲的题目是《北方地区裴李岗时代生业经济初探》。通过对北方五支考古学文化生业经济进行横向对比后，认为采集渔猎经济在裴李岗时代始终占据主导地位。食物生产行为已明确存在，初期的植物栽培和动物驯养是北方各地先民进行食物生产的主要内容。食物生产始终处于辅助地位，属低水平食物生产阶段。以驯化物的存在为界，或可将中国北方的低水平食物生产划分为两大阶段。但囿于材料的局限，尚无法对裴李岗时代进一步明确细分，不同文化群体进行食物生产可能有早晚之分，但差距应不大。影响社会经济方式转变的因素有自然和人为两方面，自然条件和环境、气候的变化激发了社会经济方式从采集狩猎向农业生产的转变，全新世的气候波动进一步强化了食物生产。某些地区强流动性的采集狩猎群体的社会结构有助于社会经济方式发生转变。中国北方经历了数千年的低水平食物生产阶段，但与西亚地区相比，整个过程更迅速和紧凑。

山东大学历史文化学院陈雪香演讲的题目是《岳石文化先民与植物的互动关系》。自龙山文化晚期至岳石文化时期，海岱地区气候较之前趋于冷干，温度下降与降水量的减少，对农业生产造成明显影响。现有植物考古资料显示，岳石文化遗址出土农作物包括粟、黍、稻、大豆、小麦和大麦，延续了龙山文化的农作物种类，但在农作物比重上发生了变化。最明显的是稻作农业趋于萎缩，粟类遗存所占比重则相应提高，以粟类为主的旱作农业占绝对优势地位。但整体看，大粒旱地作物（麦类和豆类）的推广较为局限。岳石文化农作物结构的调整，是自然环境和文化因素双重作用的结果。对烟台庙后遗址等的植硅体分析显示，随着气候变化，原有低地被开发利用。相应地，适宜种植水稻的土地面积收缩，这是限制岳石文化稻作发展的主要原因。另一方面，龙山文化晚期海岱地区人口有较大规模迁徙，岳石文化人口数量大幅下降；与中原地区兴起的二里头文化相比，社会组织结构更为分散，社会上层的控制力不强。反映在文化上，表现为蛋壳黑陶等技术含量高、耗时耗力多的奢侈品罕见。对种植技术要求较高的稻作农业，在当时的环境条件下，应属于投入高、回报低的粮食作物，不是岳石文化社会重点维持生产的对象。同理，小麦种植受到灌溉条件制约，劳动力回报率低，因而到岳石文化时期也没有得到大的发展。此外，从几处遗址的黍亚科杂草出土情况看，粟作种植也表现出粗放或单位面积低产的趋势，或许与适宜旱作的人均土地面积增加有关。

厦门大学人文学院历史学系葛威演讲的题目是《河南巩义花地嘴遗址出土石刀表面植物微体遗存的初步发现与分析》。48 件石刀的残留物中发现了淀粉粒、植硅体和植物纤维等多种微体植物遗存。经过与现代标本对比，可知，其中所发现的淀粉粒与小麦族（Tribe triticeae）、薏苡（Coix lacryma-jobi）和粟（Setaria italica）等植物种子胚乳淀粉粒相类，而植硅体多来自薏米的茎秆。所发现的植物纤维呈现类似被切割的形态，经过模拟实验，分析了这种形态可能的考古学意义。这些植物微体遗存的发现为我们理解石刀功能及新砦期的植物利用提供了有益的线索。

南京大学地理与海洋科学学院贾鑫演讲的题目是《西辽河流域青铜时代人地关系研究》。西辽河流域青铜时代的人类从事以粟、黍为主的农业。全新世适宜期的气候条件促进了夏家店下层文化时期粟、黍农业的发展，古人类占据海拔较低的西辽河各支流两岸以便于开展农业活动。全新世适宜期的结束导致夏家店下层文化至夏家店上层文化的文化转型，气候恶化导致人类生业模式分异。承袭了前期的生业模式（以农业为主）的史前人类依然生活于海拔较低的南部黄土丘陵地区（略有南迁）；西部低山地区的人类难以开展大规模的农业生产活动，不得不选取畜牧业、狩猎经济以补充食物来源。同时还介绍了西拉木伦河南岸考古遗址点的分布与气候、地貌的关系，新石器时代受小米农业的温度限制难以向北跨越等相关问题。

三、专题与历史时期植物考古研究

北京大学考古文博学院秦岭演讲的题目是《人、地、物的相互依赖性》。她从介绍 Ian Hodder 的 Entanglement 理论入手，意图给出一个讨论人、地（生态环境）、物（植物／作物）相互依赖性的理论框架和工作方案，以期进一步深化现有的植物考古及相关领域研究。在人和物的认知基础上，再加入"地"即生态环境这个变量，尝试用 Entanglement 理论构建并解释作物驯化与农业起源的历史进程。在比较中国主要的农作物稻和粟、黍及西亚麦类作物的驯化起源模式时，通过下述五个方面考察人、地、物的交织互动关系：①野生祖本和作物的生态环境特点；②土地利用；③收割储存行为；④聚落；⑤传统。上述每个方面均能体现出人、地、物之间的相互依赖性，人和物都无法脱离这种依赖性从而出现单线发展和变化。正是这种依存关系限制了人与物在选择与改变上的可能性，因而这种人、地、物的关联（entanglement）是有方向性（directionality）和路径依赖（path dependency）的。提出植物考古角度的 entanglement 解释，不仅有益于将考古学资料同植物考古资料进行有机整合，拓展中国农业起源与发展问题的研究深度；更能借助相互依赖性理论，审视和检验已有的植物考古分析手段，特别是在作物驯化标准的研究方面提供启发和线索。

日本奈良教育大学金原正明演讲的题目是《东亚的古环境变迁与人类活动》。金原正明分别分析了长江下游地区跨湖桥遗址和日本九州绳文时代大分 Yokoo 遗址的古环境和植物。跨湖桥遗址黏土层代表的淡水环境及硅藻代表的海洋环境表明，河姆渡文化和跨湖桥文化时期海平面上升，但淡水和海相环境的互层沉积证明了该地区曾经历多次的海侵和海退。日本绳文时代的海侵导致大分 Yokoo 遗址被埋入海底，而约距今 7200 年 Akahoya 火山的喷发带来大量的火山灰堆积，又导致海退。佐贺 Higasimyp 贝丘遗址内，贝壳层低于海面 2 米，贝丘上大量存储孔内保留了大量的橡果、种子、贝壳和鱼骨，但同属该时期的日本遗址未发现稻米。

中国社会科学院考古研究所赵志军演讲的题目是《小麦传入中国的时间和路线》。小麦起源于西亚，后传入中国，并逐步地取代了粟和黍两种小米，成为中国北方旱作农业的主体农作物，形成现今中国"南稻北麦"的农业生产格局。目前已见报道的有关早期小麦遗存的考古发现多达数十例，这些新发现的考古证据显示，至迟在距今 4000 年小麦已经传入到中国境内，而且很有可能早至距今 4500 年。考古证据还揭示，小麦传入中国至少有两个途径，即草原通道和绿洲通道。草原通道的传播路线是：西亚—中亚—欧亚草原诸青铜文化—中国北方文化区—黄河中下游地区。绿洲通道的传播路线是：西亚—中亚—帕米尔高原—塔里木盆地南北两侧的绿洲—河西走廊—黄土高原地区。

中国科学院地质与地球物理研究所吕厚远演讲的题目是《1800 年前丝绸之路穿越青藏高原的茶叶证据》。茶（Camellia sinensis L.）是全世界最流行的非酒精型饮料之一，由于它清新的味道、香气、疗效及温和刺激性品质，被全球超过三分之二的人所饮用。通过对距今 1800 年和距今 2100 年分别从西藏西部阿里和长安（中国古都）考古遗址中发现的腐烂炭化的古植物遗存的分析，发现这些植物样品含有只有茶叶才具有的茶氨酸、咖啡因及茶植钙体等系统证据，表明至少在 1800 年前，茶叶已经被输送到西藏阿里地区，作为最早的实物证据，揭示了丝绸之路可能有一个分支在当时曾经穿越青藏高原。

中国科学院大学考古学与人类学系蒋洪恩演讲的题目是《汉代王陵的植物考古——以南昌海昏侯墓地为例》。利用浮选法在海昏侯墓陵园的水井、车马坑及主墓内收集到了大量的植物遗存。经过系统地鉴定，共发现桃（Amygdalus persica）、甜瓜（Cucumis melo）、侧柏（Platycladus orientalis）等 29 种植物。这些植物可细分为食用类、观赏类、建材类及药用类等。海昏侯墓出土的植物遗存均为江西地区的常见植物，反映了该地区西汉时期的农作物和果树栽培，以及先民开发和利用野生植物的情况，对研究西汉先民的农业活动、植物利用方式，以及海昏侯墓陵园景观的恢复等具有重要的理论和现实意义。

上海博物馆考古研究部周云演讲的题目为《唐宋大邑青龙镇的发现及其植物考古新进展》。2012 ～ 2013 年通过浮选法获得了该遗址四个时期的样品，包括唐代的 2 份、北宋的 29 份、南宋的 46 份、明代的 19 份、隆平寺塔基范围的 7 份。出土各类植物种子及果实 5854 颗，另有水稻基盘 4094 个。大量水稻种子和部分麦类作物的出现证实了历史文献中所记载的该地区"稻麦轮作"的传统。同时还发现大麦和高粱。大量的稗的出现可能会反映出新的农业问题。其他的植物种子包括芝麻、菱、野大豆、野燕麦、龙胆、各类莎草科、蓼科等植物种子共计 79 种。

北京市文物研究所金和天演讲的题目为《北京地区植物考古新发现——大兴三合庄遗址的植物考古工作》。大兴三合庄遗址南部区域壁画墓附近探方炭化高粱种子的 ^{14}C 测年认为，年代约在金代早期至中期。植物种子包括高粱、栽培稗、水稻、小麦、大麦、大豆、豌豆、绿豆、粟、黍、甜瓜、芝麻等，真实地反映了当时的农业产品情况。高粱的发现更是具有重要意义，栽培稗在三合庄炭化遗址区的大量出现也值得关注。为胡、汉在生活方式、饮食结构上的全面融合提供了生业经济和农业依据。炭化物地层多分布在辽金墓的南侧。辽金墓的墓道旁边大多都有种树的遗迹现象。

浙江大学人文学院文物与博物馆学系邬如碧演讲的题目为《史前菱角的驯化——来自田螺山遗址的考古证据》。分别统计田螺山遗址出土的菱角果体的长度、高度等，将其与现代菱角样本的相关参数对比，使用SPSS 20.0软件进行均值统计和独立样本t检验等。研究认为，田螺山出土的菱角大多无腰角、肩角圆钝、果体饱满，与野菱类形态差异显著，与栽培类型更为接近。田螺山遗址出土的菱角遗存已经脱离自然环境，生长发育方面可能存在部分人为干预，早期栽培驯化已经开始。该遗址出土的菱角可能是史前先民的重要食物来源，菱角栽培成为稻作农业体系的重要组成部分。同时，遗址地层自下至上，菱角有形态承袭、体积增大和趋于稳定的趋势。

经过一天半的学术演讲和热烈讨论，与会者分别对植物考古学的核心问题、植物考古学的发展方向、植物考古学的目标和任务等问题进一步明确。植物考古要为认识人类、复原历史方面提供必要的基础数据。植物考古专业委员会今后的主要工作，首先是为考古学服务，为考古学提供人类在植物利用方面的必要证据；其次，在解决农业起源与传播方面，植物考古要发挥自己特有的功能，为解决相关人类学、考古学问题服务。

人类骨骼考古专业委员会

时　　间：*2016 年 5 月 21 日下午、22 日全天*
地　　点：黄河迎宾馆第十会议室
主 持 人：王明辉　朱　泓　周　慧　胡耀武
参会代表：朱　泓　周　慧　刘　武　张　君　胡耀武　赵凌霞　陈　靓
　　　　　何嘉宁　王明辉　李法军　张全超　张林虎　李海军　原海兵
　　　　　赵永生　孙　蕾　周　蜜　周亚威　朱晓汀　王建华　崔银秋
　　　　　付巧妹　赵　欣　郭　怡　侯亮亮　王　宁　李丹妮　索明杰
　　　　　曾　雯　凌　雪　张国文　舒　涛

一、古人类学研究

　　古人类学研究是人类骨骼考古领域中的经典内容，新材料的发现和新视角的更新，大大拓展了我们对中国古代人类起源与演化等重要问题的认识。中国科学院古脊椎动物与古人类研究所刘武，通过研究湖南道县福岩洞发现的人类牙齿化石，进一步探讨了华南地区作为现代人形成与扩散的中心区域这一问题。针对更新世晚期华南地区人类所呈现出的较大的演化变异，可能同时存在多种不同的演化类群等相关问题，提出了自己的见解和展望，认为在中国地区，华南是现代人形成与扩散的中心区域，早期现代人及完全现代类型的人类都可能首先在华南地区出现，然后向华北地区扩散。现有的化石形态证据显示，更新世晚期华南地区人类呈现较大的演化变异，可能同时生存有几种不同的演化类群。

　　中国科学院古脊椎动物与古人类研究所赵凌霞，初步研究了河南省栾川县孙家洞发现的人类牙齿化石和下颌残片，认为栾川县孙家洞的古人类可归入直立人。孙家洞直立人化石的发现和研究，为探讨东亚地区直立人演化、现代人起源等理论问题提供了新证据。

二、体质人类学和古病理学研究

　　体质人类学研究是人类骨骼考古领域的重要部分，研究方法的创新和

研究深度的拓展，推动了人类骨骼研究精细化的进程。古病理学研究方兴未艾，逐渐成为人类骨骼考古研究的重要内容。

中国社会科学院张君，探讨了人类骨骼研究与考古学研究紧密结合的重要性，认为可对一批人骨材料，集各种研究方法，以考古学为研究背景，全方位地研究人群的人种类型、病理状况、食物结构、人群来源和迁徙等，并对今后如何深入开展研究工作进行了思考和展望。

西北大学陈靓，运用聚类分析和因子分析的方法对青海都兰官却和遗址出土的 3 例吐蕃居民的颅骨进行了种系研究，探讨了官却和遗址古代居民在种族类型上具有东亚类型和北亚类型的两分型问题。初步研究认为，在颅形上，3 例头骨存在着较为明显的差异。其中，一部分人在种族特征上接近东亚类型的蒙古人种，与青海地区时代较早的代表本地"土著"文化的人群种族特征相近；另一部分人的种族特征接近北亚类型的蒙古人种，与内蒙古、辽西地区的鲜卑古代居民种族特征较为一致。官却和遗址的古代居民的种族构成在大的人种下是一致的，在次一级的人种划分上，至少有东亚类型和北亚类型两种因素参与。

北京大学考古文博学院何嘉宁，通过对郑州东赵遗址东周墓地出土的

人骨材料进行古病理研究，发现了一例明确的弥漫性特发性骨肥厚（DISH）病例，这例弥漫性特发性骨肥厚个体可能是迄今国内发现的最早的病例之一，为了解弥漫性特发性骨肥厚在东亚的流行情况，探讨这一时期人类的生活方式提供了新的素材。

中国社会科学院考古研究所王明辉，通过对河南平顶山蒲城店遗址84例人骨标本的观察和鉴定，比较分析了该遗址不同时期古代居民的健康状况，其中对跖骨上表现出来的跪踞面现象和骨骼上发现的火烧痕迹的原因提出了科学合理的推断和解释。认为跪踞面现象可能与不同时代人群的不同的跪坐姿势有关，火烧骨现象可能与独特的死亡原因等有关。

中山大学社会学与人类学学院李法军，对天津北辰张湾明代沉船出土的人骨进行了鉴定和初步分析，认为其中2例个体存在遗传学上亲缘关系的可能性，并对其生前可能从事的生产、生活活动进行了有益的探讨。

吉林大学边疆考古研究中心张全超，利用X射线成像、CT扫描影像和超景深三维显微镜观察等技术，观察并分析了井沟子墓地中一例右侧髋骨前侧嵌入青铜箭镞的创伤标本，探讨了中国北方长城地带复杂社会背景下人群融合过程中的暴力冲突问题和不同体质特征人群之间的社会矛盾

问题。

中国人民大学考古文博系张林虎，以新疆伊犁河流域吉林台库区墓葬出土的人类骨骼为研究对象，从骨骼创伤、变形颅、口腔健康和骨骼疾病等方面入手，探讨了伊犁河流域史前人群的创伤疾病模式，考察了古代居民的生活方式、社会习俗及生存环境等问题。

四川大学历史文化学院原海兵，结合成都老官山汉墓的考古发现、历史文献记载和墓主人骨骼上体现出的体质人类学特征，系统地研究了老官山楚系景氏墓主的身份、地位、族系及日常生活方式，并分析了楚系景氏入蜀的迁徙路线及其原因。

山东大学历史文化学院赵永生，以山东傅家遗址出土的枕骨变形标本为切入点，认为大汶口文化时期居民中流行的枕部变形的最初原因可能是偶然性的，但逐渐演变为特定风俗，但与近代满族流行的睡平头习俗可能是各自起源，并无直接传承关系。还在此基础上讨论了枕部变形习俗的起源与流变。

中央民族大学民族学与社会学学院李海军，直观地描述了下颌圆枕的大小类型，克服了传统分类方法概念模糊的弊端。运用这种方法，系统地研究了河北姜家梁新石器时代遗址人群下颌圆枕的表现强度、出现位置，探讨了其强弱程度、咀嚼压力、下颌体高度及下颌骨骨质特点的关系。

河南省文物考古研究院孙蕾，对河南平顶山叶县辛庄一号战国楚墓出土的人骨进行了系统的体质人类学研究，通过考察墓主人的健康状况，再现了其生前的日常生活状态，为了解河南地区战国时期楚国贵族的体质特征和生存状态提供了重要参考。

湖北省文物考古研究所周蜜，在全面地观察、鉴定和比较研究的基础上，运用古人种学、人体测量学、统计学和病理学等多种学科的方法及手段，综合研究了湖北省荆门市沙洋县塌冢一号战国中晚期楚墓出土的人骨，为了解楚国贵族阶层的体质特征提供了人类学资料，同时试图为研究楚文化的族源提出人类学方面的佐证。

郑州大学历史学院周亚威，通过观察和测量郑州汪沟遗址仰韶时代人骨，分析了汪沟遗址居民的种系成分与类型，并分类研究了骨骼上表现出来的创伤与病理现象，为进一步探讨汪沟遗址居民与黄河中下游地区其他新石器时代居民的亲疏关系积累了重要资料。

南京博物院考古研究所朱晓汀，对江苏邳州梁王城遗址西周墓地出土的人骨进行了系统的体质人类学研究，认为梁王城西周居民并非由新石器时代居民一脉相承发展而来，其中存在着外部基因的流入甚至是取代的过程。

西南民族大学旅游与历史文化学院王建华，通过对半山、马厂和齐家时期人口性别年龄的比较分析，分析了黄河上游地区新时期时代晚期墓地的人口自然结构，认为黄河上游地区新石器时代晚期墓地的人口性别结构在不同时期呈现各自特点。并结合考古发现，从生业模式方面深入地探讨了其人口结构在不同时期呈现各自特点的原因。

耶鲁大学李丹妮，运用生物考古学和体质人类学的方法对山东前掌大墓地和河南殷墟刘家庄墓地的人骨材料进行了创伤和病理研究，揭示了晚商时期的暴力与冲突现象。

内蒙古师范大学索明杰，介绍了内蒙古锡林郭勒盟伊和淖尔墓地的发掘情况，认为墓主属于北亚蒙古人种，并初步分析了骨骼特征，还对骨骼上表现出的病理现象进行了分类研究。

三、古 DNA 研究

古 DNA 技术从分子生物学的角度，为研究个体和人群的遗传结构提供了分子层面的独特视角，对深入研究古代人群的交流与融合等具有重要意义。

吉林大学生命科学院周慧，系统地研究了中国北方古代人群 mtDNA 单倍型、Y 染色体 SNP 谱系，从父系遗传结构和母系遗传结构所表现出的人群间的基因交流状况和区域特点，探讨了中原地区居民的遗传结构。研究表明，5000 年以来，中国北方地区不断有其他周边民族与中原地区的农耕民族发生融合，但是中原地区民族的遗传结构基本保持稳定，这可能是由于中原地区的农耕文化远远先进于周边地区的游牧、渔猎文化，人口数量远远多于其他人群，以后的民族融合中，农耕人群一直占据主导地位，这使得外来的基因对他们的遗传结构没有造成根本的改变，这些农耕人群就是汉族的祖先人群，其 mtDNA 单倍型主要有 D、B、A、F 等。在母系方面，中国北方古代少数民族如匈奴、鲜卑等人群与现代汉族的遗传关系较远，但是，这些人群与现代汉族或多或少都存在一定的共享情况，呈现出一定的基因融合。在父系方面，Y 染色体 O 谱系在中原农耕人群中高频存在，是汉族祖先人群最重要的谱系。古代人群的父系遗传构成较好地反映出人群的远古起源，而母系遗传结构更多地表现出人群间的基因交流状况和区域特点。

吉林大学生命科学院古 DNA 实验室崔银秋，通过研究新疆下坂地墓地 16 个个体线粒体基因组序列，分析了新疆青铜时代人群的来源与组成，推测下坂地原始人群最初来自于欧亚大陆草原地带，伴随着安德罗诺沃文化的扩张来到下坂地，并在其迁徙过程中逐渐吸收了来自中亚的人群成分。

中国科学院古脊椎动物与古人类研究所付巧妹，利用早期现代人古 DNA 的研究成果，分析了他们与当今现代人之间的关系及与古老型人类的基因交流情况，从古 DNA 研究的角度探讨了亚洲早期现代人的迁徙路线和新石器时代农业带来外来人口在欧洲的扩散、农业对欧洲人群新石器时代人口转换模式的影响及在时空框架下相关人群的变化等。

中国社会科学院考古研究所赵欣，通过对西藏故如甲木墓地和曲踏墓地出土人骨的古 DNA 研究，揭示了这两个墓地人群的遗传结构，探索了"象雄国"文化特征及其与中原王朝、与周围地区人群的关系。

山东大学历史文化学院曾雯，从线粒体 DNA 的视角探讨了甘肃临潭磨沟古代人群与甘青地区其他古代人群的关系，认为甘青地区从青铜时代到汉晋时期有一部分人一直在此地繁衍生息，后期由于生业方式的改变、人群的迁移，加之外来人群不断加入，尤其是汉代以来汉人大量迁入，导致该地区古代人群的遗传结构发生了很大改变。

四、稳定同位素研究

从同位素角度分析古代居民的食物构成是近年考古学的一大热点，呈现出高速发展的趋势，新元素的运用和研究队伍的壮大显示了稳定同位素研究的广阔前景。

中国科学院大学考古学与人类学系胡耀武，通过对河北梳妆楼墓地墓主人和相邻人群进行稳定同位素分析，在揭示他们食物结构差异的基础上，深入地探讨了元代贵族家庭内部之间的等级关系和个体差异，为识别墓主人身份提供了科学依据。

西北大学文化遗产学院凌雪，对新疆巴里坤东黑沟遗址出土的人类和动物骨骼进行了碳氮稳定同位素分析，探讨了古代先民利用动物资源的情况，认为先民的经济形态是以游牧为主，辅以一定的农业生产和狩猎活动，牛、马、羊和狗可能以不同的喂养方式被早期先民所利用。

浙江大学人文学院文物与博物馆学系郭怡，利用新疆曲曼遗址出土的人类骨骼、动物骨骼和植物种子进行碳氮稳定同位素分析，在揭示该地先民及动物的食物结构的基础上，探讨帕米尔高原地区食物结构和生活方式的转变，并初步探索了该地东西方文化的交流与影响。结合考古资料，认为粟作可能是该地不可或缺的食物来源之一。

南开大学历史学院考古学与博物馆学系张国文，对河南登封南洼遗址出土的人和动物骨骼进行了稳定同位素分析，判断出不同性别、年龄的个体的食物结构差异，通过重建南洼先民和动物的食物结构，揭示了其生计方式，为了解南洼先民农业经济形态及对动物资源的利用提供了新的资料。

山西大学考古系侯亮亮，以山西大同东信广场北魏墓群拓跋鲜卑及农耕民族的食物结构分析为例，重构了他们饮食习惯的变化历程，发现拓跋鲜卑在进入农耕民族所在地域和文化圈后，即王朝建立之后，他们以动物性食物为主的饮食文化现象继续存在但在缓慢地改变，为讨论和研究文化形成的滞后性提供了一个崭新的视角。

江苏师范大学历史文化与旅游学院王宁，以河南荥阳小胡村贵族墓地为例，对出土的晚商先民骨骼进行了稳定同位素分析，探讨了不同社会等级之间及其内部成员的食物结构和营养状况的差异状况，表明至少在商代晚期，不同社会阶层在饮食方面已经有着严格的等级制度规定。

海南热带海洋学院舒涛，介绍了一种分析碳氮稳定同位素数据的线性回归分析方法，改进了 $\delta 13C$、$\delta 15N$ 数据的数学处理手段，从碳氮数据的内在联系入手，为进一步科学地处理、分析同位素数据提供了新的思路和解决方案。

人类骨骼考古是一个多学科的综合性研究领域，本次研讨涉及的时间范围广、空间跨度大，在讨论范围上涵盖了古人类化石的新发现、现代人的起源与演化、古人种学、古病理学、暴力创伤研究、古人口学、古代人群的遗传结构及食物结构分析等方面，不仅报道和展示了一批人类骨骼考古新发现、新材料，而且在研究思路、研究理念、研究方法上有了实质性的突破和革新，在多学科交叉研究背景下进一步拓展了人类骨骼考古的研究视野和平台。值得一提的是，在本次会议上，11位在校研究生提供了壁报，展示了各自的研究成果。

代表们汇报演讲结束后，专业委员会主任朱泓教授主持了总结讨论。刘武、周慧、王明辉、赵凌霞、张君、胡耀武、陈靓、何嘉宁、张林虎分别进行了发言。大家围绕学科发展、学科建设、人才培养、未来发展等方面进行了发言。与会专家充分地肯定了近年来人类骨骼考古研究中所取得的成果，标本材料不断增加、研究视野不断拓展、研究方法不断创新、研究队伍不断壮大、多学科交叉不断深化、国际合作不断扩大等一系列变化，彰显了人类骨骼考古研究领域的活力和前景。

代表们针对本学科发展中存在的问题和未来发展的方向进行了热烈讨论，并对青年学者提出了良好的建议和殷切的期望。专家、学者呼吁加强中国古代人类遗传基因的保护、研究和利用；提出了在研究人类的过程中，要注重将"人"的自然属性与社会属性相结合、将人类骨骼研究与考古学研究相结合，不仅要注重基础资料的积累，而且要力争在理论方法上有所自主创新，建立起人类骨骼考古研究的"中国标准"。

公共考古指导委员会

时　　间：2016 年 5 月 21 日下午、22 日全天

地　　点：黄河迎宾馆第七会议室

主 持 人：王仁湘　魏　峻　高蒙河　方　勤　高大伦　汪永基

参会代表：王仁湘　刘国祥　方　勤　魏　峻　徐天进　闫向东　张广然

　　　　　高大伦　高蒙河　曹兵武　刘　旭　乔　玉　王　涛　仝　涛

　　　　　吴长青　李　飞　郑　嫒　林必忠　刘志岩　赵晓刚　方向明

　　　　　王　睦　莫妮卡·汉娜　李　韵　王　霞　巫新华　白劲松

　　　　　毛保中　田广林　巩　文　郭梦涵　王蔚波　张中华　曹　龙

一、公共考古的反思与思考

四川省文物考古研究院高大伦分享了一些他对公共考古的感想。他认为目前公共考古的内容相对单调且持续性差，公共考古应覆盖考古学的方方面面，如理论方法与技术、考古人物、遗迹、遗物等。只有做到全方位，才能真正地长盛不衰。同时，他提出公共考古要注意三方面的倾向：首先，针对文史专业的考古活动较多，故应扩大受众范围；其次，考古活动要避免运动式、突击式倾向，要成为日常式、连续式、自觉式的行动；最后，做公共考古不仅为招生需要，更是提高全民素质所需要的，一切有利于考古传播的方式都可以尝试。

中国社会科学院考古研究所王仁湘简要地介绍了庙底沟文化彩陶鸟纹主题的形态、演变、象征意义，讨论了鸟纹、鱼纹这一特殊组合。随后，他谈到了对公共考古的几点思考，认为公共考古是考古工作者的责任，目前，公共考古队伍庞大，所有考古工作者都应在这里发挥自己的作用，此外，还打趣地将考古比喻为"招魂"，先人故去但遗留下来的东西需要我们去解释。在谈到公共考古应该怎么做时，建议：公共考古就是要向公众展示，多给公众参与的机会，希望能开放发掘、整理现场。我们通过自身的努力改变这个学科，改变公众对它的偏见，虽然面对公众但不能降低严谨性和科学性，不能让伪民科来非议我们的学科文化。

浙江省文物考古研究所方向明演讲的题目为《公共考古从我们考古工

作者自身做起——我心中的"人民的事业"》。他强调公共考古要从"我"做起，不应纸上谈兵，也不应蜻蜓点水，应该以科学化、专业化的精神准确、及时、有趣味、有知识点地向人民汇报和交流考古发现的历史。他还强调，一定要努力写好考古报告，这是公共考古的重要内容，而且要注意专业性与通俗性并重。另外，博物馆是考古大众化的重要出口，但仍存在一定问题，他希望每位从业者"术业有专攻"，不忘初心。最后，他说明了考古事业如何面对出版业和新媒体，建议专业类期刊、专辑增加投入。

中国社会科学院考古研究所仝涛认为文物考古服务于大众的终极目标是服务于整个民族和社会，考古人拥有俯瞰整个历史文明进程的独特视角，掌握解释社会发展轨迹和人类文化流动的话语权。发现和利用考古资源讲好"中国故事"，不仅仅是单纯满足公众兴趣，也不限于服务文物保护和经济开发，更是一种文化归属的自我确认和文化传承的责任担当，从而在更高高度和更深层面服务于整个社会，具有较强的现实意义和影响力。他还建议将公共考古提升为国家工程。

二、域外视野——公共考古知多少

德国考古研究院欧亚考古研究所王睦向大家展示了为宣传中国考古学

而特意为德国中学生制作的教材。教材分为"丝绸之路"与"中国长城"两部分，浅显易懂，图文并茂，充满趣味性与知识性，为异国青年更好地理解中国这个遥远国度的悠久历史提供了一个新的平台。

莫妮卡·汉娜女士以 Abusir、Dahshur、Abusir el-Malek 等遗址及 Mallawy 博物馆为例，说明了埃及古遗址严重的破坏盗掘现象。此行为对埃及古文化造成了不可弥补的巨大损失。照片上被盗掘、破坏、遗弃的古物随处可见，古物的非法交易也屡禁不止，部分失窃文物流入欧美古董店、拍卖行及黑市。战争和动荡致使很多博物馆也都处于停废状态，很多文物遭到破坏和遗弃。保护文物不仅仅靠考古学家的抢救发掘，更需要全民的参与。她呼吁关注埃及文物，希望不破坏古物、不参与非法的古物交易。

首都师范大学公众考古学中心王涛结合自身参观发掘经历，介绍了土耳其加泰土丘遗址的公众考古学构建模式。Ian Hodder 教授作为后过程主义考古学的代表人物，将这一理念贯穿到加泰土丘遗址的发掘研究中。他倡导多元的声音、资料的公开、考古队伍的多样化等，遗址以多学科综合研究为特色，全程向媒体开放，做到边发掘边展示，与社区互动，积极地开展形式多样的公众考古活动，并得到欧盟高校科研经费、商业赞助等多方面的经济支持。加泰土丘遗址为我们提供了可以借鉴的个案。最后，王涛表示应让考古学家的考古学成为大众的考古学。

三、传统媒体与新媒体视角下的公共考古

在微信公众号大行其道的今天，如何做好考古类公众微信号可能是困扰不少小编的问题。上海古籍出版社吴长青在发言中深入地剖析了这一问题。他列举了活跃、不活跃、逐渐消沉、已注销等多类考古类公众微信号，并对其中如中国考古网、挖啥呢、考古系大师姐等个别公众微信的特点进行深入解读。随后，他介绍了一些其他领域网络大 V、网红的微信公众号是如何吸引众人眼球，从而达到阅读量十万加的惊人数字。利用微信平台宣传或普及学科知识，目前尚处在起步阶段，吴长青表示要想借这一平台取得更大的收获，就要注重内容的原创性，文字语言的生动性，文图、语音、视频的相互结合，以及美观的排版等多个方面。

文物出版社张广然首先回顾了文物出版社的历史，简要地介绍了文物出版社的基本概况。文物出版社所出版的图书具有学术价值和艺术价值较高、文物考古资料和研究成果较新、器物色彩还原真实、印刷装帧精美等特点，图书质量之高广受好评。除了考古报告和学术专著外，近些年文物出版社在公共考古的传播与宣传上也做出了一些贡献，如《少儿考古入门》《长江中游文明之旅》及考古相关音像制品等系列产品的出版。在谈到未来的计划与设想时，张广然表示不仅要加入新内容，还要增加新的传播载体，随着互联网时代的发展，传播方式逐渐多样化，数字出版方兴未艾，传统出版向数字化出版的转型升级势在必行。

中国社会科学院考古研究所乔玉分享了网络媒体宣传的一些心得及面临的困惑。乔玉表示，公共考古的目的不是为了使"冷僻"的考古学家成为被粉丝热捧的文化名人，不是为了仅仅满足"古墓里是否有僵尸"之类的好奇，而是为了让公众了解考古学家用手铲辛苦发掘出的关于我们的祖先、我们的文明的知识，感受只有考古资料才能带来的对我们灿烂文明的

真切体验和心灵震撼，激发出公众对文化遗产的自豪、自信和珍爱。这也应该是媒体传播需要遵循的基本原则。

自称为考古外行人的《光明日报》记者李韵，向在座的各位考古文博人谈起了她对传播考古文物类新闻的心得与体会。她认为公共考古就是让公众了解考古、走进考古甚至爱上考古，因此就要用公众听得懂的语言向不同的受众群体进行阐述。但有时考古人的语言过于专业化、学术化，是高冷的"神话"，所以考古人要学会说更接地气的"人话"。最后，李韵结合个人经验，指出了媒体人对目前考古宣传的主要形式——新闻发布和专题研讨会在宣传报道方面的一些看法和认识。

文物出版社王霞首先回顾了《文物》月刊的发展历程，向大家说明了该杂志的诸多重点栏目的特色和意义，并着重介绍了更加大众化的"博士论坛""古邑民村"两个栏目。除了走高精尖学术道路的《文物》杂志以外，杂志社每年还会出版面向大众的《年度重要考古发现》，面向海外学者的《文物》杂志英文版季刊等。王霞指出，60多年来《文物》为我国的文物考古事业做出了重要的贡献，在摸索中前进，未来《文物》仍会努力扩大考古发掘和考古研究成果的学术传播力和影响力。

四、公共考古在"一线"

中国社会科学院考古研究所刘国祥以敖汉旱作农业系统成功申报全球重要农业文化遗产为例论述了考古学的当代价值。敖汉旗兴隆沟遗址出土的黍和粟炭化颗粒标本,经鉴定后证明距今约8000年,被认为是目前人工栽培形态最早的谷物。敖汉旗世界小米起源地这一考古发现为当地带来了不可估量的经济效益,2012年9月敖汉旱作农业系统被联合国粮农组织正式授予"全球重要农业文化遗产"称号,当地小米售价远高于普通小米,农民收益显著提高,由此可见考古学对当代社会发展做出的贡献,这是考古工作推动地方经济发展新增长点的又一例证。

中国社会科学院考古研究所巫新华介绍了2100多年前汉武帝钦定昆仑山于西域,同时,明确黄河河源是来自昆仑山和帕米尔高原的玉河和葱岭水。虽然这个观点与地理位置有出入,但足以证明从古至今西域南山的重要性。新疆的昆仑山和和田河、叶尔羌河是欧亚大陆各大文明交流的主要通道,是各文明发生、发展、彼此沟通交流最为重要的孔道与关键区域,

是丝绸之路的关键地带，新疆地区众多考古工作成果显示了此处多姿多彩的文明。

湖北省博物馆方勤简单地介绍了比曾侯乙更早的曾国，叶家山、郭家庙、文峰塔墓地与曾侯乙墓勾勒出文献疏于记载的曾国历史脉络与轮廓。从西周早期至战国中期，多位曾侯墓与多处曾国墓葬群的发掘，构成了一个以随州为中心、方圆约 600 平方千米的曾国文化圈。曾、随及周边小国的交流互动及曾国精美的青铜器、举世瞩目的编钟等共同书写着商周时期长江中游光辉灿烂的文明。

贵州省文物考古研究所李飞以海龙囤为例，展示了海龙囤的公众考古实践经验，从最初的编制方案到学术讲座、现场体验、媒体互动宣传及书籍出版。海龙囤的考古发掘开展了形式多样、历时长久的公共专古活动，并将非专业人士的普及性宣传与专业人士的提高性宣传（考古手记）完美结合，形成优势互补，取得良好的社会反响，被誉为"公众考古的典范"。

呼伦贝尔民族博物院白劲松介绍了呼伦贝尔地区发现的不同规格的墓葬 10 座，随葬品有料珠和金、银、铜、铁、陶、桦树皮器具等各类文物 200 余件，是我国首次发现的晚唐五代时期的室韦遗存，为蒙古族源研究提供了系列考古实例资料。通过墓葬的整体提取及科技手段的运用，把墓葬所有的信息保存下来以进行持续、细致、深入的研究，弥补田野考古的缺憾。同时，强调从田野到博物馆到公众，公共考古重在普及和推广。

河北省文物研究所毛保中介绍了河北省文物研究所公共考古的典型案例。他强调水下公共考古为新兴项目，可以向公众展示水下考古的重要性、科学性、挑战性和趣味性，这是水下考古工作者亟须开展的一项重要工作。但水下考古受各种条件的制约，公众参与有很大局限性，东坑坨沉船公众考古活动有重要的现实意义。

辽宁师范大学历史文化旅游学院田广林探讨了红山时代欧亚大陆的东西互动与南北交流。他从造像形态，如盘腿坐姿陶像、跪坐造像、权杖杖首、棍棒头式权杖，以及玉钺和玉璧的造型等方面分析了其间的相互交流和影响。这些现象表明，在距今5000多年前红山文化就和欧亚大陆有交流互动。

中国社会科学院考古研究所巩文认为，通过各种形式向社会公众宣传考古成果、普及考古知识的公共考古学必须引起考古工作者的重视。传统的文物展示已难以满足公众的需求，要利用各种新技术手段展示经过科学发掘的考古遗存，以令人信服的学术研究为支撑，复原古代社会生活、经济、文化及政治等任务是考古工作者与博物馆工作者共同面临的挑战。

中国国家博物馆郭梦涵通过解读周勃墓，表达了自己的观点。他认为田野考古工作人员身处一线，最接近这些属于本地人民的历史记忆，尤其是对于将会随着考古发掘消失的历史记忆，考古人应担负起解读的使命。

河南省文物考古研究院王蔚波从各类以猴为题材的文物中选出具有代表性者，从其造型装饰、工艺美术等方面进行艺术鉴赏研究。这些艺术形象不仅反映了造型艺术的发展，也表现出工艺装饰的进步和古代雕塑艺术的风貌。

五、我的地盘我做主　百花齐放的公共考古活动

近年来，公共考古活动数量逐渐增多，形式也越来越多样化。在本次讨论中，来自湖南省文物考古研究所、山西省考古研究所、陕西省考古研究院、沈阳市文物考古研究所、北京市文物研究所和四川省文物考古研究院6家考古机构、科研院所的代表分别就各自单位近年来开展的独具特色、成绩突出的公共考古活动进行汇报说明。

以"湖南考古"网站和微信为交流平台，湖南考古人配合田野发掘进程撰写了多篇广受好评的公众考古系列文章，如《孟加拉国毗诃罗普尔佛教遗址发掘记》《长沙铜官窑考古发掘记》。山西省考古研究所以"志愿者"

为主线，经历了从接触考古到体验考古，从参与考古到深度贡献几个阶段。山西省考古研究所公众考古部郑媛表示，志愿者模式的尝试为考古机构引导公众正确地参与考古及文物保护事业探索出一种可行且有效的方式。"沈阳早期人类探秘之旅"公众考古活动经媒体广泛报道，形成一时轰动，收到空前良好的社会反响，这次公众考古活动带当地市民回到了 11 万年前的家乡。沈阳市文物考古研究所赵晓刚认为公共考古要承担起宣传地方历史文化的责任，让最新的考古成果成为社会的共识，而不是沉睡在考古工作的案头。

作为公共考古活动的创新者，四川省文物考古研究院在全国率先组织起多次考古探险活动。除此之外，全球第一家虚拟考古体验馆的建立及其内容的不断升级更新，得到了全国考古和博物馆界专家的高度认可。北京市文物研究所则选取了圆明园内的西洋楼遗址作为北京市第一处公众考古场所面向社会开放，游客在简单的隔离标志外即可近距离地目睹考古人员发掘"养雀笼"的全过程。基于每年 600 多万的游客量，拥有成熟平台、巨大影响力的圆明园算得上是公共考古地点选择上一次有益且大胆的尝试。北京市文物研究所张中华表示希望在今后能有更多此类有条件的发掘现场逐步尝试对公众开放。陕西省考古研究院公共考古研究室曹龙认为，考古研究院所要想做好公众考古，首先，要明确自身专家多、资源丰富、对信息解读准确的优势，同时保障充足经费和合理量化业务人员；其次，明确公众概念，讲求方式方法，扬长避短，探索一条适合此类机构开展公众考古的道路。

六、博物馆中的公共考古

广东省博物馆魏峻从为什么要在博物馆做考古展、什么才是观众喜欢的考古展、怎么办出一个成功的考古展三个方面诠释了考古成果的博物馆展示。博物馆拥有大量相关资源，可以为展示提供一个良好的平台。魏峻认为，好的视角，准确地进行阐释，将考古内容通俗化，以及设计、推广的形式是办一个成功展览的必备条件。虽然现在博物馆界和考古界对文物归属这一问题还有不同的认识，但魏峻认为博物馆应是考古成果的最终归属。

公众考古展示的主要形态是考古博物馆、遗址博物馆、考古遗址公园及考古发现类临展的展示等。如何做好这类展示？复旦大学文物与博物馆学系高蒙河就考古策展人这一话题展开讨论，探讨了遗址博物馆的发展方向及考古学者在其中所扮演的角色、创造性参与程度等问题。他表示，目前最重要的是要引进和建立考古策展人方式，即在展览活动中让既懂得田野考古又擅长展示策划的专业人员参与其中。最后他表示在当前形势下，策展人或许会成为一种新的职业选择。

七、初心不改　方兴未艾

　　高蒙河做会议总结，他表示公共考古指导委员会是一个开放度高、多领域合作交流的平台，秉承着宣传考古成果、普及考古知识、增强全民文化遗产保护意识、传承和弘扬中华民族优秀历史文化的宗旨。在这次公共考古的嘉年华里，公共考古指导委员会公共考古奖（金镈奖）的颁发，公共考古影响的扩大，以及各位考古人、媒体人、出版人、学者、学子之间公共考古经验成果的交流与分享，让各位对公共考古事业的发展充满期待，同时也希望公共考古能得到政策的进一步支持。在公共考古找准方向进入常态化、制度化的重要时期，诸位公共考古人一定坚定信心、凝聚共识，有考古的地方就有公共考古，有公共考古的地方就有公共考古人。

新兴技术考古专业委员会

时　　间：2016 年 5 月 21 日下午、22 日全天

地　　点：黄河迎宾馆七号楼 706 会议室

主 持 人：吴小红　尹功明　李盛华　范安川　金正耀　赵春燕　李延祥

　　　　　刘建国　崔剑锋　张雪莲　闫立峰　丹羽崇史

参会代表：金正耀　吴小红　李盛华　张雪莲　李延祥　闫立峰　刘建国

　　　　　赵春燕　王树芝　刘春茹　范安川　崔剑锋　陈坤龙　秦小光

　　　　　杨晓燕　石战结　魏国锋　汪常明　宝文博　李　洋　刘　爽

　　　　　吴又进　马敏敏　尹功明　仇士华　丹羽崇史

　　新兴技术考古专业委员会分会由四个板块组成：^{14}C 和释光等年代学的新方法和新发现、同位素考古技术与应用、考古材料与古资源研究、其他新兴技术在考古上的应用。年代学领域，北京大学吴小红《采集狩猎到农业阶段的年代学问题》，是对新石器时代考古的年代学问题的大尺度概览。同位素考古领域，中国科学技术大学金正耀《青铜时代三大资源经济区的重心流转》，系统地总结了三代青铜生产的金属资源研究所取得的进展。除了对考古学重大课题、研究方向等的宏观探索外，很多报告倾注精力于具体考古研究方法、技术和材料问题的讨论，如日本奈良文化财研究所丹羽崇史（Niwa Takafumi）《商周青铜器制作技法对照实验研究》、北京大学崔剑锋《两汉时期江东类型钙釉陶瓷的科技分析》、北京大学宝文博《实验室中细颗粒制备的显微观察》、北京科技大学陈坤龙《中国古代炒钢技术的几个问题》、南京信息工程大学吴又进《释光技术应用于烧成温度方面的研究》、广西民族大学汪常明《广西宋代永福窑的瓷器科技分析》、安徽大学魏国锋《湖北武当山遇真宫建筑灰浆的科技分析》、武汉大学李洋《曾侯乙一号陪葬坑出土青铜构件的初步科学分析》等。对新科技在考古研究中应用的探讨，也是会议的亮点之一，如中国科学院地质与地球物理研究所秦小光《楼兰古代耕地特征及其与敦煌古代耕地的对比》、吉林大学刘爽《中国东北地区旧石器时代晚期遗址黑曜岩制品原料来源探索》、中国科学院自然科学史研究所马敏敏《甘肃临潭陈旗磨沟墓地先民的食谱分析》、浙江大学石战结《临安城遗址城垣遗迹的物探考古

勘探技术及应用》、中国科学技术大学范安川《石峁遗址成排房址的高精度定年方法》等。同时，会议报告中引人注目的还有从各个方向分别阐述新兴技术和方法在考古研究中应用的重要报告，如中国社会科学院考古研究所张雪莲《^{14}C 年代学研究新进展》、王树芝《树轮年代学在考古中的应用》、赵春燕《中原地区出土人与动物遗骸的锶同位素比值分析》、刘建国《考古现场多视角三维重建与研究》，香港大学李盛华《释光年代学方法在考古学中的应用》，中国科学技术大学闫立峰的《SEM-EDX 在考古材料微纳结构研究中的应用》，国家地震局地质研究所刘春茹、尹功明《ESR 测年在考古学中的应用》，中国科学院地理研究所杨晓燕《淀粉粒分析在植物考古研究中的应用及缺陷》等，分别介绍了 ^{14}C 年代学、树轮年代学、影像三维重建、释光定年、锶同位素、淀粉粒分析、纳米微结构分析和 ESR 测年等方法在考古学问题上应用所取得的最新成果和进展。

会议各个板块研究报告所涉领域的多样性和广度吸引了众多专家的关注。每个主题板块的报告后都设置了集中提问和讨论环节，与会代表针对热点问题进行了深入探讨，收到了很好的效果。例如，在铅同位素考古的专题讨论中，围绕代表提出的大家关心的热点问题"高放射成因铅所指示的青铜矿料来源"，金正耀与多位学者进行了探讨，会议在肯定近二三十年中国铅同位素考古所取得的进步的同时，也指出近期部分研究工作在基础问题研究方面的不足，提出了改进意见。

新兴技术考古会议中的一大亮点是青年学者的活跃。大会特邀代表、夏商周断代工程首席专家仇士华先生就 ^{14}C 定年的原理、不同样品的注意事项及释光与 ^{14}C 定年方法的相互比较等，同在场的青年学者进行深入讨

论。老、中、青学者济济一堂共襄科技考古事业的场景，令人感动。

会议最后，金正耀强调了新兴技术考古对于考古学如何讲好"中国故事"的应有的担当，同时指出，中国新兴技术考古前景喜人，我们与国际水平的差距正在快速缩小，以前与国外学者相比是"跟着跑"，到今天是"并肩跑"和在某些领域的"领跑"，从现代科学技术应用的客观角度体现了中国考古学的巨大进步。金正耀代表专业委员会感谢张雪莲、闫立峰、范安川为会议成功召开所付出的辛勤劳动，并祝愿在座的每一位学者，特别是年轻的一代，在老一辈开拓的道路上，为考古学事业做出自己更大的贡献。

文化遗产保护专业委员会

时　　间：2016 年 5 月 21 日下午、22 日全天

地　　点：黄河迎宾馆第八会议室

主 持 人：方　勤　顾万发　郭伟民　徐长青　贾连敏　杨军昌

参会代表：杜金鹏　马清林　杨军昌　姜　波　胡东波　李　虹　吴炎亮

　　　　　贾连敏　顾万发　徐长青　李存信　杨　晖　袁广阔　方北松

　　　　　王力军　史家珍　李则斌　张　涛　李　说　朱思红　姚亦锋

　　　　　刘卫红　郭　薛　滕　磊　赵　凡　谢银玲　刘　勇　陈家昌

　　　　　王颖竹　李梅英　谢振斌　王　荣　王　翠　郑纯子　王卫卿

　　　　　李海静　李玉芳　魏书亚

　　　5 月 22 日上午，本专业委员会颁发了文化遗产保护专业委员会考古资产保护奖（金尊奖），颁奖仪式由孙英民先生主持，童明康先生、李伯谦先生、王巍先生、赵辉先生分别为 14 个项目的获奖单位及个人颁发了奖牌和证书。颁奖仪式结束后，中国考古学会理事长王巍先生发言，祝贺获奖单位和个人，肯定和鼓励了过去所做的文化遗产保护工作，对未来的保护工作提出了希望和目标。他说中国的考古要走向世界、走向未来，体现时代性、未来性，文化遗产保护是一个非常重要的方面，同时希望文化遗产保护工作者更加努力，在下次考古学大会上能有更多、更好的项目涌现出来。

　　　本次会议的突出特点是，与会代表包括了老、中、青三代专家和学者，除了考古科研和教学机构，还有不少来自文博单位及其他行业的代表，关注的重点从学科发展方向等宏观问题到方法、技术等具体问题。值得称道的是，一批青年专家的学术视野开阔、思想活跃、观点新颖，标志着中国考古资产保护、管理和利用研究前景光明。

　　　中国社会科学院考古研究所杜金鹏的题目是《新世纪中国考古新常态》。中国考古进入一个新的发展状态，具体表现为五种发展理念。一是文化遗产保护理念。把考古纳入文化遗产保护体系，不仅是文保工作的需要，也是考古学科建设的需要。二是科学化、精细化理念。传统人文科学研究与现代科技手段的结合，考古学与文物保护科学的结合，促成了实验室考古之壮大。三是考古学国际化理念。大国考古必须有国际视野和国际

胸怀。既要引进来，更要走出去。四是考古学服务人民理念。考古是人民的事业，要为人民利益服务。公众考古是服务人民的方式之一，而更根本的则是促进经济、社会发展和人民生活水平提高。五是考古与文保技术服务社会化理念。突破旧机制，创新人才队伍新体制，是推动考古学发展的重要动力。考古学的繁荣昌盛要广泛依靠全社会力量。

安徽省文物考古研究所李虹的题目是《安徽省近年来重要考古新发现》。他从六个遗址和墓葬的调查、发掘程序入手，讲述了考古学术研究和遗存保护方面所取得的若干成果。

国家文物局水下文化遗产保护中心姜波的题目是《海上丝绸之路上的宝石贸易》。他以明代定陵和梁庄王墓考古发掘出土的宝石为例，探讨通过海洋贸易输入宝石的问题。

首都师范大学袁广阔的题目是《从考古发现看古河济地区的环境变迁》。近年来河南、山东考古研究单位对鲁西、豫北进行了较多的考古发掘，考古发掘揭示该区域除古遗址外还有大量河流、湖泊。这里是中国的"两河流域"。

　　南京博物院李则斌的题目是《盱眙西汉江都王墓出土越国鸟虫书錞于研究》。江都王刘非墓出土的越国鸟虫书錞于，为我们了解战国时期越国的青铜器制造技术特别是铭文制作方式，提供了新的资料和认识。

　　秦始皇兵马俑博物馆朱思红的题目是《关于秦始皇陵"周边环境"认定与划分的一种意见》。依据《西安宣言》关于"周边环境"的认识，秦始皇帝陵的"周边环境"是指秦始皇陵园本身范围之外一定范围内与秦始皇陵园的修建、保护、管理存在密切关系的文化遗存与自然环境，在保护范围的划分上是指一般保护区和建设控制地带。

　　南京师范大学地理科学学院姚亦锋的题目是《长江影响与东吴建都对于南京城市的深远意义》。包括以下内容：地理景观对城市的起源和发展是重要的，古都保护规划需要探寻地理格局之中的景观时空变化和演替轨迹，长江对于南京城市景观起源和变化始终有着重要而深刻的意义。

北京物华兴文物保护科技开发有限公司郭薛的题目是《考古遗址公园的理念发展历程》。考古遗址公园的理念变化实际上反映了我国大遗址保护的理论和政策的发展趋势，现阶段考古遗址公园的建设，应当顺应这种趋势变化，进一步发挥考古工作在公园建成前后的重要作用。

中国水利博物馆李海静的题目是《水利遗产的保护与研究》。研究的方向就是以前的钱塘江工程，实际上是水利文化遗产保护问题，而且现在已经是下一次杭州市申报文化遗产的一个重点项目。文章认为，我们开展一个水利项目的研究时，可以以这个项目为核心区探讨文化遗存和文化内涵等，不要把类别分得那么细，都加入水利什么的。

复旦大学文博系谢银铃的题目是《文化遗产保护研究》。从宏观角度解读了大陆法系和英美法系，中国走的是大陆法系，介绍中国如何从法律层面具体地探讨和解决中国的文化遗产保护问题。

西北工业大学材料学院杨军昌的题目是《扬州隋炀帝萧后冠实验室考古与保护》。隋炀帝萧后冠是目前考古发现的等级最高、保存最完整的皇后礼冠。基于科学探查与检测分析的萧后冠实验室考古，明确了萧后冠的基本结构与组成，揭示了与之同出的铜钗、钿花等饰件的结构、材质与工艺，不仅验证了史料的相关记载，而且补充了皇后礼冠的更多细节。

江西省文物考古研究所徐长青的题目是《海昏侯考古与文物保护理念》。南昌墎墩山西汉海昏侯墓的考古工作，理念先进、方法科学、计划周密、目标明确。发掘者始终重视文物的现场安全和文物信息的提取，重视展示利用与文物保护，注重多学科的介入，注重高科技手段的应用，考古发掘现场与文物保护井然有序，实验室考古及时细致、科学规范，是考古发掘与文物保护结合的成功范例，反映了我国田野考古的发展方向。

中国社会科学院考古研究所李存信的题目是《考古遗存异地迁移现场包装方法探讨》。考古现场一般均处于自然环境状态，难以有效地控制相对区域之温湿度变化，也是造成上述遗存劣化的主要原因。那么，需要根据不同遗迹、遗物原始出土状态，运用实验室考古现场应急处置的方法和措施，对部分保存完整、叠压状况复杂、无法在一定时间内完成发掘程序的各种遗存实施整体套箱包装。由于遗存底部支撑体材质的差异，或为黏性土体，或为沙性土体，或为岩石，或下方存有其他遗存等，遗存的起取包装方法及程序各不相同，其宗旨就是采取简单、安全、快捷、有效的方式和手段，保持遗迹、遗物原始出土状况，稳妥地运回室内，在环境可控的条件下，对遗存实施合理发掘和有效保护。

荆州文物保护中心方北松的题目是《湖南城头山遗址竹编的室内现场保护》。城头山古文化遗址出土的竹编文物价值高，不仅为考古学、历史学等多学科的综合研究提供了十分珍贵的历史信息和难得的实物资料，也对城头山古遗址的文化研究有极大的推动作用。竹编长约3、宽约2米，附着在城址护城河遗址泥土上，可能为护城河护坡所用，考古和科技价值极高，出土后连同城址泥土及护坡木柱一同打包运回长沙铜官窑考古基地。拟通过室内现场清理，对竹编连同木桩及打包回来的泥土一起脱水加固，以保持其现场原貌。

湖南省文物考古研究所张涛的题目是《文物保护工程竣工后管理问题刍议》。通过总结多年文物保护工程的施工经验，提出了文物保护工程竣工后具体实施管理的部门所存在或面临的问题，指出竣工后相关管理内容的必要性，并探讨应对这些问题的策略。

湖南省文物考古研究所李说的题目是《规划视野下的遗址环境研究》。本文通过对国内、国际相关文件的梳理、总结和对比，探讨"环境"概念的演变过程，并对《西安宣言》中环境（setting）概念的内涵和外延做出具体界定。同时，分析文物保护规划中"环境"的复杂多样性和层次性，指出规划实践中对"环境"（setting）界定和实际应用的困难与局限。并在此基础上进一步提炼遗址环境存在的特殊性及遗址环境识别、评估、规划中存在的问题。

中国社会科学院考古研究所刘卫红的题目是《我国大遗址保护规划发展的现状、问题及对策研究》。运用访谈、调研及文献分析等研究方法，在全面回顾和系统总结我国大遗址保护规划工作的基础上，从理论研究、规划规范、人才协作和实施力度等方面分析了我国大遗址保护规划工作当前存在的问题，并提出了对策建议，以规范大遗址保护规划编制，促进其发展，为我国大遗址保护规划编制实践及文化遗产学科体系建设提供指导和借鉴。

中国文物信息咨询中心滕磊的题目是《关于考古遗址文物影响评估的若干问题》。自2012年起，滕磊主持开展了湖北铜绿山遗址、内蒙古辽上京遗址、河北赵王城遗址、山东南旺分水龙王庙遗址、青海喇家遗址等的公园建设文物影响评估，以及故宫冰窖项目、拉萨大昭寺缓冲区神力广场建设项目、哈尔滨地铁二号线一期、青海民小公路涉及文物影响评估等，积极探索一套既符合国际上普世的评估理论和技术体系、同时又符合中国实际情况的技术框架。

北京科技大学刘勇的题目是《实验室考古中的图像处理——以岗嘎M6为例》。他以内蒙古自治区陈巴尔虎旗岗嘎墓地M6为例，介绍岗嘎M6在实验室考古研究中在出土遗迹、遗物的图像处理方面所采用的两个新方法。第一，采用依据3D模型导出正投影后用计算机直接绘图的方法。

第二，将"分层设色地形图"的理念引入对考古出土遗迹、遗物深浅程度的表征上来，在遗迹、遗物平面图上通过颜色的改变来表征遗迹、遗物深浅变化，改进了传统考古学绘图中使用平、剖面图来表征遗迹、遗物深浅程度不全面、不直观的特点。

河南省文物考古研究院陈家昌的题目是《大数据视野下考古现场文物保护技术的创新与发展》。针对考古发掘现场文物保护技术体系的现实需求及构建要素，提出了通过应用发掘现场环境动态监测技术、文物出土状况和评估调查分析技术、发掘现场脆弱质文物及遗迹现场保护技术，及时全面地获取考古现场出土文物的大数据信息，重构出现场出土文物"保存环境-现状演化"的动态数据模型，为考古现场出土文物病害演化趋势的精确分析及保护修复处理提供科学支撑。

中国文化遗产研究院马清林、北京科技大学王颖竹的题目是《中国古代铅钡玻璃的腐蚀研究——以河南三门峡和陕西临潼地区出土秦代铅钡玻璃为例》。分析结果表明，铅钡玻璃腐蚀层的主要特征是 Ba 流失和 Pb 富集。三门峡玻璃的腐蚀层中，Ba 由玻璃体至外部环境逐渐流失，临潼玻璃的腐蚀层几乎不含 Ba 元素。流失的 Ba 与环境中的 S 反应生成难溶性

的 $BaSO_4$，沉积在腐蚀层表面。

湖南省文物考古研究所李梅英的题目是《城头山遗址土壤和水的化学分析研究》。城头山遗址各区域土壤含水率和风化度差异比较大，在进行保护的时候应该有所区别地对待。骸骨的降解层状况比较严重，需要进行保护，土壤和骸骨相互作用对我们遗址保护、对有机遗存保护带来什么影响，需要进一步研究。

四川省文物考古研究院谢振斌的题目是《崖墓石刻病害调查与风化机理研究》。介绍耐盐性的模拟实验，通过实验观察岩石表面强度的退化，并进行研究。

复旦大学文物与博物馆学系王荣的题目是《中国古代玉器的白化机理及保护研究》。玉器并非传统认识上的稳定性文物，其被埋藏入土后，会受到程度不同的风化作用，模拟实验揭示，保存条件对玉器预防性保护至关重要，尤其是风化严重的白化玉器。

河南大学历史文化学院王翠的题目是《先秦至两汉时期古扇及其文化价值研究》。从留存于世的古竹扇的形式来看，像半个"门"字或者像"户"字的字形，都是长方形、梯形、刀形、半椭圆形。扇子是取其形，用其功，突出摇动生风、扇暑纳凉的作用。门扇之"扇"和扇子之"扇"，之所以都从"羽"且同字、同音，原因是在于二物同根、同源。

浙江大学人文学院文物与博物馆学系郑纯子的题目是《浅议非物质文化遗产原真性保护——以黎族传统纺染织绣技艺为例》。主要探讨黎族的一些东西如纺、染、织、绣等。

中国龙山文化研究会王卫卿的题目是《远古东方玉石的生态文明密码》。山东省大汶口龙山文化，有一件陶器具有典型的山东东夷文化和河南龙山文化融合的特征，文章认为这是山东东夷文化和河南龙山文化的融合，这就是一个跨度。玉石之路传播方式和传播道路表明，它具有开放、跨界、融合、共荣的特质。

北京科技大学科技史与文化遗产研究院李玉芳、魏书亚的题目是《应用超高效液相色谱——四级杆飞行时间质谱及二极管阵列联用技术对几件古代纺织品的染料分析》。我国古代人们独立地发明和发展了纺织生产技术，伴随着纺织技术发展起来的植物染料染色工艺也取得了举世瞩目的成就。本研究采用超高效液相色谱——四级杆飞行时间质谱（UPLC-Q-ToF-MS）及二极管阵列联用技术（UPLC-DAD）分析了几件古代纺织品所用植物染料。分析结果显示，样品中红色和棕色丝线植物染料均来源于茜草，蓝色染料来源于蓝草类物质，绿色丝线来源于鼠李，两件黄色样品分别由栀子和黄檗染制而成。

首届中国考古学大会（2016·郑州）
青年学者圆桌会议

时　间：5月21日19：00－22：00

地　点：黄河迎宾馆迎宾会堂中·会议室

主持人：刘国祥　顾万发

参会代表：吕红亮　李　锋　张全超　李　飞　崔剑锋　陈晓露　王　芬
　　　　　常怀颖　蒋洪恩　李志鹏　王　涛　宋艳花　周振宇　黄可佳
　　　　　邵　晶　何晓琳　侯卫东　宋江宁　马　赛　王晓琨　张　玲
　　　　　刘　涛　沈丽华　张兴国　刘　未　宋艳波　侯彦峰　葛　威
　　　　　陈雪香　李　说　刘　勇　张林虎　郭　怡　刘志岩　张中华
　　　　　汪常明　叶晓红　王飞峰　张　旭　莫　阳

主　题：走向未来的中国考古学

　　会议由中国社会科学院考古研究所科研处处长刘国祥研究员和郑州市文物考古研究院院长顾万发研究员主持，中国考古学会理事长、中国社会科学院学部委员、中国社会科学院考古研究所所长王巍研究员，中国考古学会副理事长、北京大学考古文博学院赵辉教授莅会讲话。11位中国考古学会青年学者奖（金爵奖）获得者和29位青年学者代表围绕"走向未来的中国考古学"主题展开讨论。

　　中国社会科学院考古研究所科研处处长刘国祥研究员指出，在郑州召开的首届中国考古学大会为广大青年学者提供了一次难得的相互交流的机会。年轻人是未来、是希望，他们的想法、研究理念等影响着未来中国考古学的发展走向。他还强调这次大会规格高、范围广，备受社会媒体关注，各位青年学者在发言时，务必注意以下两点：一要发表真知灼见，二要坚持正确的学术方向、政治方向。

　　四川大学历史文化学院吕红亮认为，此次圆桌会议的主题——"走向未来的中国考古学"着眼点在于未来，在于年轻一辈的中国考古人，从考古学本身的发展历程来看，这可以说是一个带有革命性的变化。这个革命性的变化不仅表现在人数增加上，也表示在组织形式上，更深层次地还反映了考古学界的权威学者已经慢慢地意识到发生于代际的变化。这一点对年轻人来讲，是一个很大的鼓励。此外，吕红亮还比较了本次会议与此前自己曾经参加过的在美国等地举办的类似会议。他认为，现在不仅中国考古学的研究已经向国际先进水平看齐，与其他国际会议一样，讨论的焦点集中在一些大家普遍关心的重大课题上，而且，尤其是分专业讨论这种形

式更有利于研究领域相近的学者们交流意见。最后，吕红亮特别提出学术界对于考古学纯洁性问题的讨论，即有学者认为，现在的中国考古学变得太"科学"，考虑这种趋势是否会使得如类型学或地层学等考古学基础理论逐渐被边缘化。

吕红亮的发言引起了青年学者的共鸣。中国科学院古脊椎动物与古人类研究所李锋认为，类型学与地层学是中国考古学的两大基础，是普遍认可的、属于传统考古学范畴。一提起"传统"，大家都认为这是旧的，不是新的，甚至是落后的，但是对于这个问题的分析，他认为应该更审慎一些才对。就旧石器考古来说，大家觉得类型学"不靠谱"，但是类型学在区域考古、旧石器考古的对比中还是很有作用的。对于年轻人来说，可能会有一些技术或语言方面的优势，但我们不要忘了中国考古学本身的特色。我们是要向先进者学习，但并不是盲目地追求甚至是盲目地崇拜西方，因为考古学研究最根本的立足点还是在我们自己挖出来的材料上，通过对材料的分析提炼，总结出我们的理论，而不是道听途说一些玄之又玄的理论。因为西方学者总结出来的东西不一定适合描述中国的材料，所以当用它来解释中国模式的时候，就会遇到困难，甚至可能会阻碍学科本身的发展。

贵州省文物考古研究所李飞认为，青年学者对待考古学，有的时候就

像对待爱情一样，与其眺望远方，不如珍惜当下。关键是要脚踏实地，要有一种所谓的"工匠精神"，简单地说，就是要求考古人专注于一事，精益求精，如果真正能够做好这一点，那么中国考古学的未来大有希望。

北京大学考古文博学院崔剑锋强调，现代的考古学研究要注意避免科技手段和考古实践"两张皮"的问题。而这"两张皮"要贴在一起，必然会引起考古学纯洁性的丧失，因为在这个过程中必定会有很多类型学与地层学之外的实验室手段融入考古学的研究之中。这实际上是一件好事，因为它必将增强考古学复原古代社会生活实况的能力。在这个问题上，刘国祥研究员指出，未来做田野考古工作的人，也要主动学习、掌握一些理化测试手段，至少应该理解其工作原理，并在最初发掘的过程中，就有意识地为日后的实验室研究做好材料的保存与记录工作。这样才有利于解决所谓"两张皮"的问题，并会帮助考古学者拓展对于材料的认识。

中国人民大学考古系陈晓露认为，青年学者承载着中国考古学的未来，本身就应该加强交流。以成立时间比较晚近的中国人民大学考古系而言，其在 2015 年与四川大学的同仁们组织了 80 后学术沙龙，青年学者坐在一起讨论问题，收获颇丰，希望日后能够有更多的学者参与进来。

山东大学历史文化学院考古学系王芬认为，中国考古学目前正处在一个转型的关键时期，未来的中国考古学必将是多元化的，而这种多元化不仅是指地区的多元化，更包括技术、方法、手段及理念的多元化。这自然

要求我们考古人更多地采用自然科学的方法去探知田野材料本身所蕴含着的更为丰富的内涵。在 2000 年左右的时候，有一个很明显的趋势是大家写论文时都愿意选一些与科技沾边的题目，这就可以被视为是上面提到的这样一类融合过程的反映。但是与部分学者的担心不同的是，在这个过程中，最基础的田野考古学的地位不是被弱化了，反而是得到了强化，因为所有后来送去实验室的材料，最初都是得自于田野发掘活动，所以为了便于日后的信息提取，我们的田野作业就要求更规范、更严格才对。针对王芬的发言，刘国祥研究员强调，考古学研究当然离不开田野发掘，但田野

工作不仅仅只是一种获取考古资料的方法和手段。考古学之所以和历史学不一样，是因为在一定程度上田野考古本身就可以解决问题，特别是一个重要的发现，甚至在推动学科许多重大进展方面能发挥极其重要的作用。所以说大家要重视田野考古。当然田野考古将来应该怎么做，这还是一个值得进一步探讨的问题。

中国社会科学院考古研究所常怀颖在发言中指出，尽管70后和80后都可以算作青年，但实际上两者之间还是有代沟的。就拿70后来讲，那个时候考古学的本科教学框架还是所谓的"五大段"，也就是从旧石器时代到宋元明时期，后来又改成"三大段"，即中国考古学一、二、三，一年半的时间就上完课程了。后来在写论文的时候，一般也不会选择类似于洛阳烧沟汉墓或中州路墓葬这样一些类型学的研究，因为类型学的分类因人而异，就算是同一个人分的，过了一些时期，也很有可能会遭到修改，这是一种常态。所以，对于未来的中国考古学而言，时段和专业的界线可能会越来越模糊。在座的就有原来是做商周考古的，后来转行到性别考古，到现在又做动物考古甚至是冶金考古，等等。这就要求未来的考古学家也具备比较宽展的学术视野，否则的话，很可能会影响到田野发掘的成果，因为在这个过程中，可能有很多东西会被不经意地忽略掉。

在探讨考古学纯洁性问题的同时，与会代表也表达了自己在长期的田野工作中对于这项伟大事业的热爱。譬如中国社会科学院考古研究所李志鹏认为，虽然最初学考古是被调剂的，但到现在为止，自己已经深深地爱上了考古。究其原因，主要是因为有一种情怀在里面。一个是自己比较喜欢做细活儿，另外，考古为发掘者个人提供了一个直接接触历史事实的机会，这一点是非常难得的。此外，李志鹏还特意提到，以前常讲透物见人，是指透过发掘物观察到古代的人和事，但实际上，"透物"的基本前提还是把发掘物本身研究透彻，这样才有机会更准确地复原历史。

首都师范大学王涛在发言中认为，考古学和其他任何一个学科体系一样，都存在着代际传承关系，简单地说，就是一代人有一代人的学术风格。不过这其中有一点却是共通的，那就是用考古学的材料书写史前史和中国古史，解决中国文明的起源问题。除此之外，王涛还呼吁考古学界真正地把考古学作为人民大众的事业来做，不仅要自己乐在其中，而且要通过各种手段和各类形式，让社会大众也了解考古和认识考古，进而接近并爱上考古，这本身也是未来考古人肩上的一项职责。

山西大学历史文化学院考古系宋艳花认为，当代考古学研究中，各类科技手段日渐增多，这应该和考古学自身发展的阶段性有关。早先，我们的考古学主要致力于各地方文化体系的建立，所以当时主要用到的是类型学和地层学。但是现在各地方的文化谱系已经基本建立起来了，这就需要我们进一步丰富其中的内容，因此必然要用到理化研究的手段去从现有的考古材料中提取更多的信息。由此，她认为，把科技考古单列出来其实反倒是不科学的，这不仅是因为考古研究本身就离不开这些实验室手段，而且即便是在实验室中，同样需要遵循考古学的一些基本原则，所以越来越多的科技手段的应用并不会导致考古学本色的缺失。另外，关于学术团队建设问题，她还指出像山西这样的中西部省份，人才流失严重，组建一定规模的队伍往往很难，这必将制约这些地区考古学事业在未来的发展。

中国社会科学院考古研究所周振宇提出，田野考古实际上是一个"良心活儿"，因为一个灰坑有没有做过、有没有做掉，墓葬开口有没有第一时间发现，线有没有画准，这些完全不会影响到考古人自己的收入，所以活儿做到什么程度，甚至是做不做，很多情况下都只能依靠挖掘者自己的职业道德。

北京联合大学应用文理学院黄可佳认为，作为考古人，生活在这样一个时代，是非常幸运的。我们国家现在经济形势很好，科研经费充足，而且无论是在发掘技术还是科技手段的应用上，我们都有自己的优势，有些情况下并不比国外的差，所以国内的考古学者一定要首先树立起信心来。

陕西省考古研究院邵晶认为，现在讲要和国际接轨，但考古人不应该一味地追求国外的时髦理论，而是应该首先做好手下的事情，也就是深入到田野发掘的过程中去。

河南大学历史文化学院侯卫东在发言中强调，聚落考古活动中要重视发掘和研究基层聚落。因为在以往的聚落考古研究中，大家关注的焦点普遍集中在都邑或区域性中心聚落上，对于基层的研究比较少，但基层出土材料才是最贴近当时普通社会成员生活的，了解这部分占社会人口绝大多数的人的生活，对于我们研究社会结构和国家的组织模式等都会有很大帮助。

中国社会科学院考古研究所刘涛结合自己在乌兹别克斯坦等地的工作体验指出，虽然现代考古学在中国大地上落地生根是欧风美雨孕化的结果，但在长期的实践过程中，我们中国考古人在其中加入了很多自己的理念和技术，所以考古学未来的发展在创新中也要有传承。在乌兹别克斯坦开展的工作，就充分地体现了这一点，特别是对于城址考古来讲，中国工作人员带去的技术和在有限的时间内所取得的成果，不仅超过了苏联考古学家所做工作的总和，而且赢得了合作方的普遍认可。而城址考古的理论和技术就是我们中国考古人在国内田野工作中提炼、总结出来的，这就是考古学研究的中国特色。

中国人民大学历史学院刘未在发言中指出，对于历史时期考古来讲，要注意研究同时期文献材料。中国的考古学和历史学存在着血脉联系，现在很多学校的考古系从原来的历史系独立出去了，这实际上弱化了对历史文献的研究，而这对于老师的教学和学生未来的发展都是不利的。

厦门大学人文学院葛威认为，中国考古学会现在成立了 13 个专业委员会，这顺应了考古学研究日益走向精细化的时代潮流，也为各位学有所长、术有专攻的青年人提供了一个更好的分门别类地进行交流的平台，这是考古学一个新时代开始的标志。

山东大学历史文化学院考古学系陈雪香在发言中提到了考古系女生就业难的问题，希望借这次会议的机会，向社会上发出呼吁，提请有关部门关注这个问题。

湖南省文物考古研究所李说强调了文物和遗址的保护问题。他指出，在遗址保护的问题上，我们国家有两个体系，一个是文保单位体系，一个就是住建部的历史文化名城体系。我们发掘的很多遗址都属于国家级、省级或者是市级的文物保护单位，因此在规划发掘范围和程度的时候，首先就要考虑到对于遗址和文物本身的影响到底有多大。

中国人民大学历史学院张林虎在发言中指出，考古学应具有广阔的视野，从考古之外、从不同学科汲取养分为我所用。他还欢迎更多青年学者参与到中国人民大学 80 后学术沙龙中来。

浙江大学人文学院文物与博物馆学系郭怡在发言中指出，既然考古学的未来在于青年人，那么高等院校的学生培养工作就非常重要。在这个问题上，首先要打通学生的来源，注意从人文社会科学领域以外吸收人才；其次要打通师资的来源，尤其是要多请一些具备一线田野发掘经验的人来高校做报告或是讲学，介绍最新的研究成果。

四川省文物考古研究院公共考古部刘志岩认为，公共考古已经从早先

考古学中一个非常边缘的学科，成为现在社会大众乐于讨论的热门话题。这种转变有两个好处：一是为大众了解考古学开辟了一个新的渠道，有利于考古学真正成为人民的事业；二是可以为地方经济的发展助一臂之力，像曾经在内蒙古地区召开的世界小米大会、贵州省文物考古研究所力推的播州土司遗址申请世界文化遗产等，这些属于公共考古范畴内的活动已经有力地带动当地产业发展。

与会学者中，从事科技考古的青年学者占了不少比例，当提及科技考古与传统考古"两张皮"问题时，中国社会科学院考古研究所张旭认为，科技考古无疑是中国考古学的重要部分，作为直接与古代人类对话的科研人员，应该利用多学科、多方法、多手段充分地提取考古遗存信息。他还强调只有通过各位青年学者的共同努力，使得在未来"科技考古是否属于考古"这样的话题不复是话题时，才是针对科技考古的偏见真正消失的时候。

作为考古学界的老前辈，北京大学考古文博学院赵辉教授认为，考古学的未来在青年人。虽然说一代人有一代人的学问，但考古学最基本的一些技术还是不能丢，比如地层学和类型学等，即便是做实验室分析的，也必须要懂一些，否则后续的一系列研究就缺乏一个坚实的基点、一个坐标，造成的结果就是前面有人提到的田野发掘和实验室研究"两张皮"的问题。另外就是要学会看考古报告，现在有些年轻人，接到一份考古报告就直接只看结论部分，这一点很不好。因为考古报告中融入了发掘者自己的思路和观点，实际上是个二手材料，如果只看结论部分的话，那么就得不到很多有价值的信息。

在听了众多青年学者的发言之后，中国考古学会理事长、中国社会科学院学部委员、中国社会科学院考古研究所所长王巍研究员表示，考古学能有这样一个欣欣向荣的发展态势，离不开广大考古工作者尤其是青年人

的努力和执着，因为青年人这个群体代表着考古学真正的未来。做考古工作的人都知道，田野工作实际上是比较艰苦的，是什么支撑着一代又一代的考古人走到现在？应该就是一种探索精神。这是一种情怀，一种追求，也是我们这一行业的职业道德。对于青年人未来的发展，王巍先生语重心长地嘱托以下三点。

第一，考古工作者要夯实基础。对于考古学来讲，最基础的技术就是地层学和类型学，如果不掌握这两样东西，那么理论构建只能是空中楼阁。所幸，我们国家的研究人员在这些方面做得普遍比较好，所以在面对国际同行的时候，我们讲话也是有信心、有底气的。

第二，年轻人要有宽广的视野，不能只局限在自己关注的这个领域或时段内。对于现代考古学研究来讲，只专注于一两个问题是行不通的。考古学纯洁性的丧失问题，是本次圆桌会议上很多青年人谈到的问题，考古学在其自身的发展过程中，必然要融入源自其他学科的很多新技术、新的实验室手段等，这是好事。但这同时要求我们，一是做田野考古的要了解理化手段的基本原理；另一个就是做实验室考古的也要清楚基本的田野作业流程，双方都要互学互鉴。

第三，考古学研究应国际化。首届中国考古学大会有两个主题，一个是走向未来，另一个就是走向世界。中国考古学有自己的特点，在发展的过程中，我们要坚持自己的民族性，坚持自己的特色，要探索形成具有中国特色、中国风格的考古学，与此同时，还要避免走向两个极端：一个是盲目崇洋，妄自菲薄；还有就是盲目排外，故步自封。无论是中国也好，外国也罢，任何理论都有其现实的根基，外国的理论引进到中国，也要接受我们国内材料的检验，看它到底合适不合适。在这个问题上，我们主张兼收并取，要有平和的心态和开放的态度。

王巍和赵辉两位先生的发言，高瞻远瞩，提纲挈领，受到了与会青年人的热烈欢迎。

郑州市文物考古研究院院长顾万发研究员认为，首先，考古学的发展必然要求融入源自其他领域的更多的新技术和新理论，但考古学的核心要义不能丢；其次，考古学的研究不能一直只是停留在现象描述的阶段，而是要由对于挖掘对象的描述上升到理论体系的建构上去，这样才有实力和国际同行对话；再次，要重视公共考古，包括考古学在内、面向社会大众的宣传工作，是促进本行业发展和获得社会尊重的必经途径；最后，对于青年人来讲，要学会生活，学会处理社会上和工作中的各类关系，坚守职业道德和工作的底线。

首届中国考古学大会（2016·郑州）
海外学者演讲与座谈会

时　　间：5月22日19：00～22：30

地　　点：黄河迎宾馆迎宾会堂中一会议室

主 持 人：王　巍　荆志淳

演 讲 者：莫妮卡·汉娜　桑杰·库玛尔·曼纽尔　维吉里奥·佩德雷斯·特拉佩罗

　　　　　霍·拉布哈苏荣　伊夫里耶夫　饭岛武次

主　　题：走向世界的中国考古学

　　会议由中国考古学会理事长、中国社会科学院学部委员、中国社会科
学院考古研究所所长王巍研究员和加拿大英属哥伦比亚大学荆志淳教授共
同主持，来自埃及、印度、洪都拉斯、蒙古、俄罗斯、德国、日本等国共
10 余位外籍考古专家出席会议。埃及青年考古学家莫妮卡·汉娜，印度
考古学家桑杰·库玛尔·曼纽尔，洪都拉斯人类与历史研究所所长维吉里
奥·佩德雷斯·特拉佩罗，蒙古国考古学会会长、成吉思汗大学校长霍·拉
布哈苏荣，俄罗斯科学院远东分院历史、考古和远东民族学研究所伊夫里
耶夫和日本驹泽大学饭岛武次 6 位外籍考古学专家、学者进行学术汇报。
各位专家的发言认真全面，材料翔实，让中国考古学者得以了解到国外考
古的先进方法和理念，为今后派遣中国考古队参与埃及和印度的考古工作
起到了重要的借鉴作用。

　　首先由埃及青年考古学家莫妮卡·汉娜代表埃及文物部官员马姆德·阿
菲菲发言，她向与会的专家学者介绍的是埃及考古领域近期的新发现。图
坦卡蒙墓葬一直是埃及考古的热门话题，汉娜女士不仅介绍了有关图坦卡
蒙墓葬的最新发现，并且对图坦卡蒙的生平和墓室原主人为王后奈菲尔提
提的可能性进行了讨论。随后，她又简要地介绍了一处法老时期军事道路
遗址、大埃及博物馆的建设情况和最新开放的旅游目的地。

　　第二位发言者是来自印度的考古学家桑杰·库玛尔·曼纽尔，他介绍
了在拉贾斯坦邦哈拉帕文化 Binjor 遗址的考古发掘。哈拉帕文化于公元前
第三千纪后半期兴盛于印度河及毗邻河谷地区，历经近一个世纪的研究，
数位先驱学者在此地区的研究积累了大量的资料。自 20 世纪 20 年代印度
河文明的概念被熟知以来，越来越多的遗址被纳入哈拉帕遗存的范畴。曼
纽尔先生分别从城址分布、排水系统和河流的分布来解释城址与当地气候
环境的关系，又通过发掘出土的印章、陶器、土灶和石制工具等，还原哈
拉帕文化对这一地区手工业和海洋贸易的影响。考古工作者的发掘工作揭

示出，这一地区存在着从小型遗址到大型遗址垂直发展的情况。

第三位发言者是洪都拉斯人类与历史研究所所长维吉里奥·佩德雷斯·特拉佩罗先生，他为在场的专家们介绍了洪都拉斯莫斯基蒂亚地区新发现的白城遗址。遗址位于热带雨林隐蔽之处，当地考古学家和华盛顿大学、科罗拉多州大学进行合作，采用了一种叫 LiDAR 的激光雷达技术对 5 平方千米的区域进行扫描。后经电脑处理得出一张清晰的复原地图，图中人为建造的城址清晰可见，此项技术为高效地探寻发掘对象提供了技术保障。这种工作方式也为雨林地带的考古提供了很好的范例。

第四位发言者是蒙古国考古学会会长、成吉思汗大学校长霍·拉布哈苏荣先生。他用精炼的内容介绍了蒙古国的考古工作情况：丰富的旧石器和新石器时代的遗存；以石刻文字、岩画、鹿形石和裸露在地表的文物为代表的青铜时代；13、14 世纪蒙古人在图拉河盆地的墓葬文化。最后，霍·拉布哈苏荣先生对已经进行了两年的中蒙合作考古提出了新的展望和期待。

第五位发言者是来自俄罗斯科学院远东分院历史、考古和远东民族学

研究所的伊夫里耶夫先生，他介绍了俄罗斯滨海边疆区乌苏里河河谷里的柯科沙洛夫卡-1古城址和柯科沙洛夫卡-8古墓考古研究。古城址、古墓址主要位于乌苏里江的河谷和柯科沙洛夫卡河的左岸，距现在俄罗斯滨河边疆区柯科沙洛夫卡东北部3千米。柯科沙洛夫卡-1建筑群，一方面体现了与著名的渤海国的宫殿有相似之处，比如它的建筑设计包括火炕；另一方面他们之间也存在着某些区别，比如瓦的结构设计。柯科沙洛夫卡-8古墓位于柯科沙洛夫卡-1古城址西北部0.6千米的地方，墓葬结构与渤海国的贵族和皇室成员的墓葬有极其相似之处，虽然并非完全相同，但是柯科沙洛夫卡-8墓址展示出了非常鲜明的渤海文化。研究学者认为，这个古城址最初可能是渤海的一个大型的行政中心，在渤海国灭亡之后，成为当时的文化中心。

最后一位发言者是日本中国考古学会前会长、日本驹泽大学饭岛武次先生，他向与会专家们简短地介绍了中日之间古代文物发展流程关系，以及流入日本市场的中国文物的情况。

最后，中国社会科学院考古研究所所长王巍先生对与会的外籍专家、学者精彩的报告表示感谢，并作会议总结。作为首届中国考古学大会

　　（2016·郑州）的重要主题之一"中国考古走出去"，中国考古学家与海外考古学家之间的交流与互动，在此次会议中得到了充分的体现。事先了解国外考古的工作方法和理念，为日后中国考古走出国门、扩大中外考古之间的交流合作提供了有力的帮助。

公共考古讲座

为科普考古知识，让市民领略考古学的魅力和考古大家的风采，本次大会分别在郑州大学、郑州师范学院、河南大学、河南博物院、郑州博物馆、郑州商城遗址保护管理处等地，举办了16场公共考古讲座，讲座涉及面广，内容丰富，涵盖了考古发掘、文物保护、学术研究、理论探索、公共科普等领域，以及动物考古、植物考古、艺术考古等专题。

手铲释天书——夏文化探索历程

雷兴山

北京大学考古文博学院

5月21日下午，北京大学考古文博学院雷兴山教授以《手铲释天书——夏文化探索历程》为题，在郑州师范学院公共教学楼B213室，为广大师生及来自社会各行业的考古爱好者做了一场精彩的报告。

雷兴山先生长期从事夏商周考古和田野考古的教学与研究工作。作为主要人员参与了北京琉璃河燕国都城、陕西周公庙与周原、郑州东赵遗址等重要遗址的考古发掘与研究，发表《先周文化探索》等4部著作和50余篇学术论文。参与的七项田野工作被列入"全国十大考古发现"，两项获"优秀田野工地奖"一等奖，他本人还是人文社科国家重大科研项目首席专家、"北京大学十佳教师"。

雷教授认为，"考古读的是无字天书""考古是一种生活方式"，提倡"返本开新"。讲座详解了考古学的开端、郭沫若等先辈与考古学的联系、夏文化的探索历程，以及郑州地区等的考古发现，阐述了夏文化探索过程中遇到的各种问题，以及考古学家们见仁见智的观点，由此可见夏文化是个值得深研的课题。

最后，雷教授呼吁大家要像保护环境一样去保护文化遗产，因为文化遗产是取之不尽的智慧源泉，同时又是不可再生的稀缺资源。

何以中国——公元前 2000 年的中原图景

许　宏

中国社会科学院考古研究所

　　最早的"中国"从何而来？它有着怎样的早期发展历程与特质？什么标志着最早的"中国"诞生？早期中国由多元到一体的演进过程是单线进化的吗？中原文化一直就遥遥领先吗？为什么最早的"中国"出自中原？早期王朝文明对于后续的中国古代文明史有何影响？

　　种种问题，引人遐思。5 月 21 日下午，中国社会科学院考古研究所许宏研究员，以《何以中国——公元前 2000 年的中原图景》为题，在河南博物院多功能报告厅，引导听众进入那段历史的深处，讲述了中国诞生的故事，并对探索者的心路历程加以省思。

　　许宏先生主要从事中国早期城市、早期国家和早期文明的考古学研究。出版专著《先秦城市考古学研究》《最早的中国》《何以中国——公元前 2000 年的中原图景》《大都无城——中国古都的动态解读》《先秦城邑考古》等，主编考古报告《二里头（1999～2006）》。

　　许宏研究员从公元前 2000 年这个切入点开始，用丰富的考古资料，结合自己的长期思考和研究成果，讲述了中原地区发生的一系列事件，勾画了公元前 2000 年时中原地区的历史图景：满天星斗、邦国林立中的陶寺集团如何在"暴力革命"中衰亡；得地利之便的大河以南嵩山一带的中原腹地如何孕育了早期王朝文明的雏形；大邑二里头文化的崛起标志着中国最早的广域王权国家的诞生；中原早期王朝国家"软实力"的强势辐射，则对后世中国古代文明产生了极大的影响。他从考古学的视角，追溯了社会复杂化、国家化、城市化和文明化进程，进而勾画出东亚大陆早期文明史的框架。许先生认为，随着中国社会的飞速发展与转型，在学术上寻根问祖，解答何以"中国"——古今中国的路向及其动因问题，已经成为国人关注的热点问题。但文献史学扑朔迷离的追述传说，使我们看那个时代仍犹如雾里看花一般而不得见其真相。解读文字诞生前后"文献不足征"时代的无字地书，构建东亚大陆早期文明史的框架，揭示从神话到历史的进程，考古学及考古学家的作用日益彰显。

谁是我们的祖先？

高 星

中国科学院古脊椎动物与古人类研究所

谁是中国人乃至东亚人的祖先？这个问题是目前古人类学、考古学和遗传学研究的热点课题，也是媒体和大众十分关注的社会议题。围绕"非洲起源说"和"本土连续演化说"这两个针锋相对的观点，学术界分成不同的阵营，发生着激烈的论辩。其间的证据、假说、真理、谬误……扑朔迷离，让人莫衷一是。

5月21日下午，中国科学院"百人计划"学者、中国科学院大学岗位教授高星先生，在郑州大学历史学院学术报告厅以《谁是我们的祖先？》为题，展开一场精彩的学术报告会。

高星教授的主要研究方向是人类起源、史前人类技术与行为。提出旧大陆人类演化的"区域性多样化模式"和东亚人类演化的"综合行为模式"。目前担任亚洲旧石器考古联合会主席、中国考古学会常务理事兼旧石器考古专业委员会主任、《人类学学报》和《第四纪研究》副主编、吉林大学与西北大学兼职教授等职。

在讲座中，高星教授列举大量的古人类学、旧石器时代考古学和遗传学证据与最新研究成果，系统地阐述中国人直系祖先的来源问题，明确回答"我们都是20万年前诞生在非洲的'早期现代人'的后裔吗？""东亚地区10万年前～5万年前真地发生过本土人群大灭绝？""化石材料、考古证据与遗传信息谁更可靠？""中国地区本土人群连续演化的论断是源于民族主义作祟吗？"等困扰我们的疑问，分析并提出相关理论、假说的社会与学术背景及其优势与弊端，强调"连续进化附带杂交"目前最符合中国地区古人类化石和旧石器时代考古材料的特点，对该地区古人类演化和现代人群起源过程的理论进行阐述，并揭示了诸多学术结论背后一些鲜为人知的问题与故事。

考古十兄弟：早年殷墟发掘的人与事

唐际根

中国社会科学院考古研究所

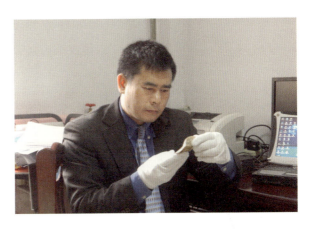

5月22日上午，中国社会科学院考古研究所安阳工作站站长唐际根研究员，在河南博物院西配楼二楼多功能报告厅，讲述了《考古十兄弟：早年殷墟发掘的人与事》。

唐际根先生长期主持安阳殷墟的考古发掘工作，熟谙殷墟的学术史。主持或参与国内外多个基金项目，著述丰厚。现任南方科技大学教授。

20世纪初，一批中国学人分批来到河南安阳，在小屯村附近蛰伏10年，从识别夯土到清理出著名的"三叠层"，缔造了中国考古学最早的"黄金十年"。

他们有时长袍马褂、有时西装革履，工作于烈日炎炎和昏灯暗影之下，发现了完整的"大龟四版"，揭露出商代国王的宫殿、宗庙，确认了中国最早的王陵大墓。

1937年，日军侵华，考古队员被迫转移。在长沙，当年在小屯共事的考古队员互诉衷肠，摔杯之后各奔前程，留下"考古十兄弟"的学林生活。

罗布荒原考古之旅　　神秘的小河墓地

朱　泓

吉林大学边疆考古研究中心

5月22日上午，著名体质人类学家、吉林大学边疆考古研究中心主任、博士生导师朱泓教授，在郑州博物馆一楼多功能厅，为大家讲述《罗布荒原考古之旅——神秘的小河墓地》。

朱泓先生毕业于吉林大学历史系考古学专业，多年来致力于体质人类学、古人种学、古病理学的教学和研究工作，尤其在古人种学研究领域中成就显著，是我国生物考古学领域最著名的领军学者之一。此外，在他的倡导和率领下，吉林大学在我国率先开展了分子考古学研究，综合实力居全国之首位。

小河墓地是距今4000～3500年前的罗布泊地区的古代某部落的公共墓地，位于罗布泊地区孔雀河下游河谷南约60千米的沙漠里，东距楼兰古城遗址175千米，西南距阿拉干镇36千米。20世纪初被当地的罗布猎人奥尔德克发现，1934年瑞典考古学家贝格曼对其进行发掘，小河墓地以其宏大的规模、奇特的葬制及所蕴含的丰富的罗布泊地区早期文明信息，引起国际学术界的广泛关注。但此后直到20世纪末，再无任何后继者能抵达这里，小河墓地深藏在罗布沙漠之中，失去了踪影。

2000年12月11日，新疆文物考古研究所王炳华研究员随《中国西域大漠行》摄制组，借助GPS进入罗布沙漠，再次找到小河墓地。2002年，新疆文物考古研究所组成小河墓地考古队进行考古调查和小范围试掘。2004年9月，新疆文物考古研究所和吉林大学边疆考古研究中心组成联合考古队，就小河墓地的发掘、整理、研究及报告的编写等工作开展合作，项目负责人由伊弟利斯·阿不都热苏勒研究员和朱泓教授共同担任。

据朱泓教授介绍，整个小河墓地的外形为一座巨大的椭圆形沙山，在不断的自然风积和构筑墓葬时人工堆沙的过程中越积越高。小河墓地上层的若干座墓葬已被破坏，完整保留下来、经过科学发掘的墓葬有167座。绝大多数墓葬的结构一致，一般是先挖沙坑，坑中置胡杨木棺，然后在棺前后竖立标志死者性别的立木作为墓葬标志物。该墓地属青铜时代遗存，其年代的上限有可能早于孔雀河下游古墓沟墓地，即公元前第二千纪初。

小河墓地的考古资料表明，在这一地区存在一支文化面貌独特的青铜时代考古学文化。由于良好的埋藏条件，墓地诸多方面的信息得到较为全面的保存，尤其是极为丰富的与原始宗教有关的遗存、一批保存相对完整的古尸、服饰等，均为国内外考古界所罕见。对这些遗存的多学科综合性研究，将在更宽广的学科领域对我国考古学科的发展产生重要影响。小河墓地的全面发掘是新疆考古工作的一个重要进展，被列入2004年"全国十大考古新发现"。

"河南"何以为中国青铜文明之母

金正耀

中国科学技术大学

中国古代铜金属技术的起源与中国青铜文明的奠基，是两个既相互紧密联系又不可混为一谈的问题。就第一个问题而言，如何评估新石器时代中晚期罕见的黄铜遗物所显示的关于铜金属和矿物的本土性知识和技术经验积累，以及如何评估外来金属文化和技术的影响，在今后相当长一段时间可能还要争论下去。关于第二个问题，中国青铜时代始于豫西洛阳盆地的偃师二里头，是一个不争的考古学事实。这里发现的目前所知中国最早的宫殿建筑群、最早的青铜礼器群和青铜冶铸作坊，无可辩驳地宣示它是迄今为止可以确认的中国首个青铜王朝的都城遗址，中国青铜时代即揭幕于此。

二里头的青铜生产昭示了明确的礼仪制度性走向，并成为商周青铜文明的发展范式。那么，何以仰韶文化黄铜金属制品类似的偶然经验和片段知识，未能升华为可以传播和延续的金属技术传统？何以河西走廊的马家窑文化和齐家文化尽管已占金属时代之先声，却未及切换转型为中国青铜文明的主旋律？何以北方农牧交错文明带不断南下，与黄河文明带、长江文明带不断碰撞角力，而最终花落大河之南，开启历史上第一个青铜王朝，形成整个中国青铜时代的大格局？

5月22日上午，博士生导师金正耀以《"河南"何以为中国青铜文明

之母》为题，在郑州大学历史学院学术报告厅做了一场精彩的学术报告。金教授是中国考古学会新兴技术考古专业委员会常务副主任，曾供职中国社会科学院，访学美、英、日等国著名大学和学术机构，长期致力于现代科技特

别是同位素分析应用于考古学领域的研究，于 20 世纪 80 年代初最先开展古代青铜金属资源的铅同位素考古研究，并发现商代青铜器所含高放射成因铅。

金正耀先生以其独特的学术视角，解读了中原为何会成为引领青铜时代的主角。二里头青铜生产昭示了明确的礼仪制度性走向，并成为嗣后商周青铜文明发展的范式。二里岗时期为寻找优质青铜金属资源的远征，在客观上将这种独特的礼仪性青铜文明传播到更为广阔的地域空间。大度包容、兼收并蓄、镕铸多种文化基因并善于创新发展，使"河南"成为中国青铜文明之母。

在旋动的世界里——大河村文化彩陶漫说

王仁湘

中国社会科学院考古研究所

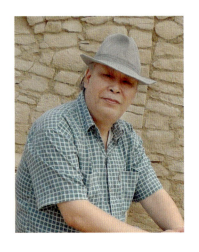

5月22日下午，中国社会科学院考古研究所王仁湘研究员以《在旋动的世界里——大河村文化彩陶漫说》为题，在河南博物院做了一场精彩的报告。

王仁湘先生是国内知名的考古学家，中国社会科学院考古研究所边疆民族考古研究室主任，南京师范大学、首都师范大学特聘教授，主要从事中国史前考古、饮食考古和图像考古研究。近年来专注于中国史前彩陶的研究，将彩陶的传播视为6000年前古中国文化认同的开端。出版有《史前中国的艺术浪潮》《中国史前文化》《人之初》等一系列专著。

在距今6000～5000年前，生活在郑州与洛阳之间的大河村人创造出的丰富多彩的大河村彩陶文化，成为我国新石器时代仰韶文化的重要代表之一。它朴素的造型美、抽象的装饰美、雄健的色彩美在远古时期众多类型的彩陶艺术中别具特色，独树一帜。这些彩陶不仅记录了他们的信仰，画出了他们心中的悲欢，而且也传导出他们对世界的感悟。随着他们在彩陶上画出的日月、鱼鸟和人体等图案，可以看到先民在这旋动世界里的所思所想，甚至能看到现代信仰与艺术思维流淌着的古老遗传因子。

在两个多小时的漫说中，王仁湘先生用通俗的语言和大量的图像资料，在轻松、文艺的氛围下与在场的观众分享了史前时期大河村的彩陶文化，解读了彩陶所记载的人类生活的精彩片段，向观众们展示了大河村人，乃至仰韶文化时期的先人，通过鲜艳的色彩、点线的组合、古朴的造型，表达他们的思想情感、审美情趣、认知世界和艺术创造的能力。

翼城大河口西周霸国墓地

谢尧亭

山西省考古研究所

5月22日下午，山西省考古研究所所长谢尧亭研究员在郑州大学历史学院学术报告厅做了《翼城大河口西周霸国墓地》讲座。

谢尧亭先生长期致力于两周田野考古发掘和研究，主持或参与田野考古发掘项目37项，撰写论文60余篇、专著8部。曾任山西省考古研究所所长，现调至山西大学历史文化学院考古系任教授，博士生导师，山西大学北方考古研究中心主任，中国考古学会夏商、两周考古专业委员会副主任。

大河口墓地位于山西省翼城县东6千米处大河口村北台地上，墓地面积约6万平方米，埋藏墓葬2200余座。2007年以来进行了多次发掘，完整地揭露、发掘了所有墓葬。这批墓葬集中成片分布，年代跨度从西周早期至春秋早期，大中小型墓葬俱全，保存完好，随葬品丰富。该墓地的考古发掘，曾获得中国社会科学院考古学论坛2010年"中国六项考古新发现"、2010年"全国十大考古新发现"及"田野考古奖"一等奖。

大河口墓地是一处"霸"国的宗族墓地，虽然史料中没有记载，但是此次发现可补史缺。考古人员对墓地进行了全面、彻底、完整的考古发掘，这在西周考古史上极为罕见，揭露出的完整墓葬布局为墓地结构、周代家族形态和社会考古的深入研究提供了全新的资料；出土了丰富的各类随葬品，为探讨周代墓葬器用制度提供了难得的资料；特别是在多件青铜器上发现的长篇铭文，直观再现了失载的西周史实；而墓地的埋葬礼俗，对探讨周代分封与族群关系至为重要。

该墓地为西周墓葬的基础研究和专题研究提供丰富的考古资料，对于研究西周年代、墓葬制度、分封制、礼制、宗法制和政体等重大学术问题具有重要价值。

元上都——拥抱着文明的废墟

魏 坚

中国人民大学历史学院

5月22日下午，中国人民大学历史学院博士生导师魏坚教授，在河南大学老校区历史文化学院做了《元上都——拥抱文明的废墟》精彩讲座。

魏坚先生毕业于吉林大学考古学专业，现任中国人民大学北方民族考古研究所所长、考古文博系主任，国务院学位委员会考古学科评议组成员。主持阴山南北战国秦汉长城和岩画调查、居延汉代烽燧发掘、河套地区汉魏遗存和元上都考古发掘等，均取得丰硕成果，其中元上都遗址在2012年被列为世界文化遗产。迄今共主持80多项考古发掘，出版《元上都》等学术专著8部，发表研究报告和论文百余篇。

元上都遗址，位于内蒙古自治区锡林郭勒盟正蓝旗上都高勒镇东北20千米处，地处滦河上游闪电河北岸水草丰美的金莲川草原上，北依龙岗，南临滦河。史籍赞其城"龙岗蟠其阴，滦水迳其阳，四山拱卫，佳气葱郁"。

1256年，忽必烈命刘秉忠选择桓州东、滦水北建城郭，3年建成，初名开平府。1260年，忽必烈在此登基，继蒙古汗位，这里遂成为临时都城。元上都是北方游牧的蒙古族掌握政权后建立的第一座真正意义上的帝国都城。

元上都分为宫城、皇城和外城三重城垣。宫城位于皇城正中偏北处，与皇城构成"回"字形，为长方形，南北长605、东西宽542米，墙两侧均用青砖包砌，四角建有角楼。皇城位于外城的东南部，大致呈方形，每边长1400余米，墙体两侧用石块包砌，四角建有高大的角楼和蹬城的踏道，墙体外侧用石块筑有凸出于墙体的24个梯形马面。外城则是在皇城的西、北两面，由皇城的东、南两墙延伸修筑而成，平面呈方形，周长8800余米，由皇城延伸的外城墙体全都用黄土夯筑，外城墙外四周挖有宽约26米的护城河。

　　元上都现存 13 门。其中，宫城 3 门（不设瓮城），皇城 6 门，外城 4 门，城门外均建有方形或马蹄形瓮城。

　　元上都考古取得重要收获：元上都作为元王朝的夏都，是在兼容并蓄的基础上发展起来的；元上都三重城垣和城内主要建筑的构筑是在不同阶段相继完成的；元上都面积广大的四关是该都城的重要组成部分；元上都周围发现的墓葬表明，元代的蒙古人和汉人是分开埋葬的；羊群庙祭祀遗址的发现与研究，是元代考古的重要收获之一。

"最初的中国""共识的中国"和"理想的中国"：考古学证据和推想

李新伟

中国社会科学院考古研究所

5月22日下午，中国社会科学院考古研究所史前考古研究室主任李新伟研究员，在河南大学老校区历史文化学院，以《"最初的中国""共识的中国"和"理想的中国"：考古学证据和推想》为题，做了一场精彩的学术报告。

李新伟先生现任中国社会科学院外国考古研究中心常务副主任，中国考古学会新石器考古专业委员会秘书长，哈佛燕京学社访问学者，国家社科基金重大项目首席专家，中国社会科学院哲学和社会科学知识创新工程重大项目"玛雅文明科潘遗址发掘及中美洲文明研究"负责人。承担多项国家科技支撑计划和国家社科基金项目，并获多个奖项。

他认为，根据一系列重要的考古发现，可以将"最初的中国"的考古学定义表述为：中国各主要史前文化区在同步发展的基础上，通过密切交流形成的、对中国历史发展产生了深刻影响的文化共同体。公元前第四千纪，尤其是其后半叶，中国史前各主要文化区跨越式发展，相互交流日益密切，形成社会上层远距离交流网，"最初的中国"已初步形成。各地区参与交流的社会上层积累了这个"最初的中国"的自然和人文地理范围的丰富知识，并产生认同，形成"共识的中国"。

动漫片《考古训练营》2.0 版首映式

高大伦

四川省文物考古研究院

5 月 23 日上午，四川省文物考古研究院院长高大伦研究员，在郑州师范学院公共教学楼 C216 室，详细地介绍了动漫片《考古训练营》2.0 版。

高大伦先生主要从事考古学及博物馆学研究，近年来在考古探险、博物馆展陈及营销、文化创意创新、文创产品开发方面着力较多，主要成果有《张家山汉简〈引书〉研究》、《古玉器中所见远古文明信息》、《中国文物地图集》（四川分册）、《文化遗产展陈创意策划方案集》、《考古训练营》（动漫片）、虚拟考古体验馆等。

2013 年秋，由四川省文物考古研究院倾力打造，在成都正式对外开馆的全球首家虚拟考古体验馆，受到业内外和海内外社会人士的极大关注，为考古界赚足了大众的眼球。

整个馆主要靠古墓虚拟再现、考古骑兵游戏、《考古训练营》（动漫片）等吸引观众。其中最具创意，也最受参观者喜爱的当属他们自编自导的第一部考古科普动漫片《考古训练营》。这部动漫片片长约 15 分钟，以通俗易懂的方式告诉人们考古是什么，考古怎么做，考古有何意义，考古为何是科学。据统计和了解，到馆内观看过该片的观众约 5 万人，送、卖光盘上千张，对社会和学校放映约 50 场，并一直在地方电视台和网站不断播放。

但是，这毕竟是第一部考古科普动漫片，两年多时间里，根据征集到的专家、领导、学生、群众的意见，他们对《考古训练营》做了修改、充实和提高。

比起《考古训练营》初级版，《考古训练营》2.0 版时间长了 8 分多钟，主题更鲜明，人物形象更丰满，考古的学术性更突出，逻辑性更强，更适合作为考古入门的教学科普片。

发现海昏国——西汉王侯的地下奢华

杨 军

江西省文物考古研究所

5 月 23 日上午，南昌海昏侯墓发掘领队、江西省文物考古研究所杨军研究员，在郑州师范学院综合教学楼 A301 报告厅，以《发现海昏国——西汉王侯的地下奢华》为题开展讲座。

杨军先生从事田野考古发掘与研究工作 20 多年，参加中美合作万年仙人洞、吊桶环遗址发掘；主持景德镇湖田窑址 A、B、C、I、J、K、L 区、南昌西汉海昏侯墓、南昌火车站东晋墓、德安北宋壁画墓和李渡元代烧酒作坊遗址考古发掘工作。其中，李渡元代烧酒作坊遗址获 2002 年"全国十大考古发现"和田野考古奖三等奖，南昌西汉海昏侯墓获 2015 年"全国十大考古发现"和田野考古奖二等奖，南昌火车站东晋墓、德安北宋壁画墓入选 2006 年重要考古发现。在国内外发表论文数十篇。

南昌西汉海昏侯墓考古项目以最高票数成功入选 2015 年"全国十大考古新发现"，并在首届中国考古学大会上荣获文化遗产保护专业委员会考古资产保护奖（金尊奖）。这场海昏侯墓考古讲座引起了全校师生和报刊、电台等新闻媒体记者的浓厚兴趣和热切关注。

杨军先生以"惊世大发现"为序言展开讲述。作为第一位进入海昏侯墓并且一直负责该墓考古发掘工作的科研人员，他向师生们娓娓讲述了西汉海昏侯墓的发现过程及其重大考古价值。从 2011 年开始，历经 5 年的考古发掘，共勘探约 100 万平方米，发掘约 1 万平方米，南昌西汉海昏侯墓出土了 1 万多件文物，取得了重要成果。他运用通俗易懂的语言，结合文献史实，引入"探秘海昏国"的主题，通过放映大量珍贵的文物图片、详细的数据资料，直观地再现海昏侯墓的贵族奢华景象。墓中出土数千枚竹简和近百版木牍，是我国简牍发现史上的又一次重大发现。出土的 5 辆安车、大量偶车马，特别是两辆偶乐车，为西汉高等级贵族车舆、出行制度做了全新的诠释。诸多带有文字铭记的漆器和铜器，反映了西汉时期的籍田、酎金、食官等制度。大量的出土文物，完整的墓园结构，高等级的建筑遗迹，鲜明的墓葬特点，明确的墓地与都邑位置关系，组成了关于墓主身份的多重证据链，清楚地表明墓主是西汉时期第一代海昏侯刘贺。

从墓园到墓葬区，再到都城遗址，以紫金城城址、历代海昏侯墓园、贵族和平民墓地等为核心的海昏侯国一系列重要遗存，共同构成一个完整的大遗址。这是我国目前发现的面积最大、保存最好、内涵最丰富的汉代侯国聚落遗址，也是国家级乃至世界级的珍贵历史文化遗产。

五谷丰登 VS 饭稻羹鱼
——中国农业起源与发展的植物考古学探索

秦　岭

北京大学考古文博学院

5月23日上午，北京大学考古文博学院秦岭副教授在郑州文庙进行了题为《五谷丰登 VS 饭稻羹鱼——中国农业起源与发展的植物考古学探索》的公共考古讲座。郑州市商城遗址保护管理处主任马玉鹏主持，郑州市文物局、商城遗址保护管理处、管城回族区文物局干部、职工和社会各界考古爱好者聆听了讲座。

秦岭副教授熟识国际学术发展前沿，在国内外重要学术期刊、丛书中发表论文50余篇。主要专业领域包括新石器考古、植物考古、田野考古方法与技术和史前玉石器研究。从2008年开始，在北京大学考古文博学院开设植物考古课程，并开展相关领域研究生培养工作。在稻作农业起源、聚落资源域等研究领域，提出并引领了新的研究视角和方向，在学界产生了重要作用。

农业起源是人类历史进程中最为重要的发展与变化，对人类赖以生存的环境与社会均造成不可逆的影响。中国的农业可以大致分成稻作和旱作两个相对独立的起源中心。秦岭副教授认为当今中国南北方不同的生活习惯和文化习俗均能追溯到史前时期来认识和理解，中国乃至东亚地区特有的饮食文化也可以从史前农业发展进程中找到源头。秦岭副教授围绕北方"五谷丰登"和南方"饭稻羹鱼"两种不同的经济模式，通过简单介绍植物考古方法，大致梳理植物考古实物资料，结合考古学和相关学科提供的其他证据，全面地讲解和讨论了中国农业起源与发展的历史过程、特点和影响。

风吹草低见牛羊

袁　靖

中国社会科学院考古研究所

　　5 月 23 日下午，中国社会科学院考古研究所研究员、中国社会科学院研究生院教授、博士生导师袁靖先生，在河南大学老校区历史文化学院，为广大师生做了题为《风吹草低见牛羊》的精彩讲座。

　　袁靖先生的主要研究方向为动物考古、环境考古和科技考古。主持过多项国家级、省部级和中外合作课题。出版专著《中国科技考古导论》《中国动物考古学》《科技考古文集》，主编《科技考古的方法与应用》《胶东半岛贝丘遗址环境考古》《科技考古》（第一、二、三、四辑）等，用中文、英文、日文发表的学术论文、研究报告等共计 200 余篇，并获得过国家级和省部级奖项。

　　袁教授用 2 个小时的时间，从考古遗址发掘出土的牛、羊骨遗存讲起，对中国古代家养黄牛和绵羊进行了科学研究，认为中国古代的黄牛至少是在距今 5000 年前从中亚地区传入的。距今 5000 年前在黄河流域的上游地区、距今 4000 年前在黄河流域的中游地区发现了家养绵羊的证据。

亲历江西西汉海昏侯刘贺墓葬实验室考古

李存信

中国社会科学院考古研究所

5月24日下午，中国社会科学院考古研究所李存信副研究员，在河南大学老校区历史文化学院，开展了《亲历江西西汉海昏侯刘贺墓葬实验室考古》讲座。

李存信先生现任中国考古学会文化遗产保护专业委员会秘书长、中国文物保护技术协会理事，1977年至今在中国社会科学院考古研究所文化遗产保护研究中心从事出土文物保护和实验室考古工作。

海昏侯刘贺墓位于江西省南昌市新建区大塘坪乡观西村东北约500米的墩墩山上，西靠九岭山脉和西山山脉，东临赣江，北依鄱阳湖，南距南昌城区约60千米。海昏侯墓园共占地约4万平方米，由园墙、门阙、2座主墓和7座祔葬墓，以及多座寝、祠堂及园寺吏舍等建筑构成，内有完善的道路系统和排水设施。这是迄今发现的结构较为完整、布局比较清晰、保存基本完好的汉代列侯墓园，同时也是目前我国唯一一座具有皇帝身份的王侯的墓葬。讲座介绍了工地现场和室内如何有效地实施实验室考古的方法和程序，对出土的不同材质的遗存采取简单、快捷、有效的操作方法和手段，运用不同形式之技术路线，保护、保存各种遗存出土信息和遗物原始状态。目前该墓葬的田野考古发掘和现场保护阶段基本结束，主棺已经迁入室内，启动了实验室考古操作程序。海昏侯墓园是我国目前发现的面积最大、保存完整、内涵丰富的汉代侯国聚落遗址，具有十分重要的考古学术研究价值和展示利用价值。

浓妆淡抹总相宜——唐代的女性形象

齐东方

北京大学考古文博学院

　　说到女性，中国历史上最美丽自信的莫过于唐代女性了。那么，唐代女性到底什么样呢？5 月 21 日下午，北京大学考古文博学院齐东方教授以《浓妆淡抹总相宜——唐代的女性形象》为题，在郑州师范学院外语楼 B411 室，为广大师生做了一场精彩的报告。

　　齐东方先生为北京大学考古文博学院教授、博士生导师，主要从事汉唐时期的考古、历史、文物、美术的教学与研究，出版专著《唐代金银器研究》等三部，发表各种论文百余篇，曾获中国高校人文社会科学研究优秀成果奖等多项奖励，承担教育部人文社会科学研究规划基金项目重大课题"汉唐陵墓制度研究""边疆考古研究""古代中外关系史：新史料的调查、整理与研究"等。

　　齐教授从考古发掘出土的各类文物，以及随女子入葬的各种化妆用具、首饰、小物件等，对唐代女性、服饰、化妆、精神状态等方面进行了分析和探讨。她们的服装、面妆、首饰、妆具和一举一动、一颦一笑，不仅艳美动人，也间接反映出当时丝绸、陶瓷、金银、玉石等生产制作的面貌。她们装束上的选择与搭配，是生活上的琐碎和气质上的大度，传达出的社会信息隐含着地域、时代、群体的文化特征，也反映着人的思想观念和时尚的变迁，让现场的听众深刻感受到雍容、华贵、开放，自信的唐代女性形象表露无遗。

　　齐教授用儒雅的气度、风趣的语言赢得了在场师生的由衷喝彩，并对整个唐代社会有了进一步的了解和更深层次的感悟。

学术考察

5月23日上午，参加首届中国考古学大会（2016·郑州）的专家、学者来到郑州市大河村遗址博物馆参观和郑州东赵遗址、开封新郑门遗址发掘现场观摩。丰厚的仰韶文化堆积层、绚丽美复的大河村彩陶及东赵遗址三座城址"叠罗汉"的考古奇观，引起了与会专家、学者的极大兴趣。而东赵遗址发掘现场，现代化的考古移动实验室、野外智能考古工作站等考古设施和专业化的作业流程，使得这里成为考古人赞叹不已的"行业标杆"。期间，与会的外国专家、学者还参观了登封"天地之中"历史建筑群和洛阳龙门石窟两处世界文化遗产。

郑州东赵遗址

东赵遗址位于郑州市高新区沟赵乡赵村南与中原区须水镇董岗村西北之间，遗址面积100余万平方米。包含龙山文化晚期、新砦期、二里头时期、早商二里岗期、两周时期等的文化遗存。东赵遗址保存有大、中、小3座城址。

东赵小城位于东赵遗址的东北部，为方形，面积2.2万平方米。始建年代为新砦期早段，于二里头一期废弃。

东赵中城基本位于东赵遗址中部，基本呈梯形，面积7.2万平方米。城始建于二里头二期，兴盛于二里头二期晚段、三期早段，废弃于二里头四期。

　　东赵大城整体形状呈横长方形，面积近60万平方米，年代为战国时期。

　　此外，东赵遗址还发现二里岗期大型夯土建筑基址，基址面积达3000平方米。

　　东赵遗址包含龙山文化时期至东周多个时代的丰富文化遗存，延续时间长，年代序列相对完整，无论对夏商时期年代谱系抑或郑州西北的区域聚落研究，都可提供新的材料及视角，具有重要的价值和意义。

　　东赵遗址由北京大学考古文博学院与郑州市文物考古研究院联合发掘。2015年4月，东赵遗址被评为2014年"全国十大考古新发现"。

郑州市大河村遗址博物馆

大河村遗址位于郑州市郑东新区西北部、连霍高速与中州大道交叉口东南隅，是一处包含仰韶文化、龙山文化和夏商时期文化的大型古代聚落遗址，是第五批全国重点文物保护单位。

大河村遗址发现于 1964 年，1972 年首次进行考古发掘。1972～2015 年先后进行了 25 次发掘，发掘面积近 7000 平方米，发现房基 50 余座、窖穴 500 余座、墓葬 400 多座、壕沟 2 条，出土陶、石、骨、蚌、角、玉质地的珍贵文物 3500 多件和各类标本 20000 余件。

遗址发现的仰韶文化房基 F1～F4 是我国迄今为止发现的同时期保存最完好的史前居住基址，虽历经 5000 余年，仍保留有完整的平面布局和1 米多高的墙壁，奠定了中国北方传统民居建筑的基本形制。

遗址出土的大量精美彩陶，色彩绚丽，图案丰富。著名的彩陶双连壶即出土于此。太阳纹、日晕纹、星座纹等天象图案，是目前我国已知最早的天文学实物资料。

遗址延续时间长，文化链条完整。距今 6800～3500 年，古代先民在此延续生活 3300 余年，文化层厚度超过 12.5 米，文化内涵丰富，在国内、国际遗址中均是不多见的。

大河村遗址分布范围广、面积大、堆积厚、保存好、延续时间长、出土遗迹遗物丰富，是我国著名的史前遗址之一，具有鲜明的特色和重要性，学术地位十分重要。

为了更好地保护遗址，1983 年，成立了郑州市大河村遗址保护管理所，修建文物陈列室、模拟村、陶艺馆等。1986 年 5 月，正式对外开放，成为河南省第一座史前遗址博物馆。1989 年 8 月，正式更名为"郑州市大河村遗址博物馆"，承担着博物馆对外开放展览、宣传教育、文物收藏、学术研究和遗址保护等多项任务。

博物馆现占地 17 亩，展厅面积约 8000 平方米，分为考古遗址现场展示厅、出土文物陈列厅和临时展厅三个部分，以大河村考古遗址现场和出土文物为主线，除了使用常规的展柜、展板、展签等传统形式外，还采用了声、光、电等现代科技元素作为辅助手段。考古遗址现场展示厅，通过调控光线，营造了璀璨星空的氛围，引入了全息投影、多媒体展映、VR体验技术，设置有公众考古体验区，积极开展青少年教育活动。出土文物

陈列厅，采用出土文物、场景复原及模拟的形式进行陈列展示，力求全面地展示中国新石器时代中晚期郑州大河村先民创造的灿烂远古文化。临时展厅，约700平方米，采用幕布投影与电子屏导览相结合的展示手段，通过氛围渲染将观众带入一种远古场景，让观众有一种身临其境的参观感，该厅会不定期地引进各种不同的临时展览。

开封新郑门遗址

新郑门是北宋东京城外城西墙上的一处门址,是一座方形瓮城。瓮城南北长约 160 米,东西宽约 100 米,占地约 16000 平方米。东京城外城毁于金元时期的战争及明清时期的洪水。

由于淤沙厚、地下水位高、文化遗存埋藏深等原因,多年来,东京城考古一直是我国古代都城考古的一个缺环。为了填补这一空白,在国家、河南省、开封市文物主管部门的指导下,在开封市委、市政府的大力支持下,东京城遗址的考古发掘研究和保护规划编制工作于 2007 年以来逐步展开。

2012 年 5 月,由河南省文物考古研究院与开封市文物考古研究所联合组成新郑门遗址考古队,正式启动新郑门遗址考古发掘工作。在新郑门遗址考古发掘期间,北京大学、中国文化遗产研究院、中国社会科学院考古研究所、中国科学院遥感与数字地球研究所等众多高等院校、科研院所参与了新郑门遗址的文物保护与研究工作。

新郑门遗址考古发掘共布探方 30 个,发掘面积 3000 平方米,发掘深度为 4 ~ 8 米。在新郑门遗址考古发掘工作区内,探方最深处距地表 8 米左右,先后揭露 2 层淤积层和 5 层不同时期的文化层,发现并清理了宋、金、元、明、清不同时期的大量遗存,包括房屋 7 处、院落 6 处、道路 1 条、水井 1 眼、农田 1 处、手工业作坊 1 处、地灶 12 个、排水沟渠 8 条、灰坑 59 个,以及宋金时期新郑门门道、隔墙等。目前,考古发掘工作仍在进行之中。

登封"天地之中"历史建筑群、洛阳龙门石窟

　　登封"天地之中"历史建筑群位于郑州嵩山地区，包括周公测景台和登封观星台、嵩岳寺塔、太室阙和中岳庙、少室阙、启母阙、嵩阳书院、会善寺、少林寺建筑群8处优秀历史建筑。建于汉至民国，涉及礼制、宗教、教育和科技等领域。

　　周公测景台和登封观星台印证着一种古老的宇宙观和天文科学史，其中后者所代表的天文科技成就是13世纪天文科技的顶峰。它们是中华文明"天地之中"宇宙观最直接、最具说服力的证据。嵩岳寺塔作为中国最古老的佛塔，是中国建筑艺术与西域建筑交流的见证，代表了东亚地区同类建筑的初创与典范。初祖庵、少林寺及其塔林、会善寺等，共同见证了中华文明与佛教传播的文化史实。嵩阳书院作为中华文明最核心的组成部分，是已经消失了的书院文化的载体。三阙作为礼制建筑，是一种创造性的标志性建筑中最古老、最完美和保存最完整的代表作。它们与中岳庙一起见证了早期对"天地之中"理念的信仰。

　　汇聚于"天地之中"的登封历史建筑群，见证了一个古老民族文化的诞生、传承与发展，体现了人类文化的多样性与融合性。它所折射的宇宙观与文化观是中华民族的自我认同，它所创造的建筑典范与文化现象是人类探索自我与客观世界的直接反映，它闪烁着人类智慧的光芒，是一处无可替代的宝贵的人类文化遗产。

　　龙门石窟位于洛阳市区南面12千米处，是一个风景秀丽的地方。这里有东、西两座青山对峙，伊水缓缓北流。远远望去，它犹如一座天然门阙，所以古称"伊阙"，自古以来，为游龙门的第一景观。龙门石窟始开凿于北魏孝文帝迁都洛阳（493年）前后，历经东西魏、北齐，到隋唐至宋等朝代又连续大规模营造达400余年之久。石窟密布于伊河东、西两山的峭壁上，南北长达1千米，现存窟龛2345个、题记和碑刻2680余品、佛塔70余座、造像10万余尊。其中最大的佛像高达17.14米，最小的仅有2厘米。这些都体现了我国古代劳动人民极高的艺术造诣。

闭幕式讲话

中国考古学会理事长、中国社会科学院考古研究所所长王巍讲话

继承传统　开拓创新　走向世界　走向未来

尊敬的各位前辈、同仁：

下午好！

为期3天的首届中国考古学大会即将结束。

关于大会的基本情况

本次会议共有代表722名，其中正式代表385名，列席代表337名，包括国外代表24名，特邀代表25名。338位代表在此次大会上进行了演讲或发言。

本次大会共邀请了来自埃及、印度、洪都拉斯、俄罗斯、英国、德国、加拿大、日本、韩国、蒙古国、乌兹别克斯坦11个国家的24位专家、学者。

本次大会得到新闻媒体的大力支持和积极参与。来自人民日报社、新华通讯社、中央电视台、光明日报社、《中国文化报》、《中国社会科学报》、《中国文物报》、中国考古网，以及河南省电视台、郑州人民广播电台新媒体等42家媒体的近200位记者对本次大会进行了全方位的报道。

新华通讯社为本次大会发了通稿。新华社新媒体发了4篇专稿，分别为《首届中国考古学大会为"寻找文明火种"定路线图》《大时代的中国考古，要走向公众和世界——专访中国考古学会理事长王巍》《（中国聚焦）中国努力迈向考古强国》等。新华通讯社河南分社发了专稿。

中央电视台新闻频道深入报道了大会开幕式盛况。

河南省电视台成立专门报道组报道本次大会，采访了 20 余位专家，制作了《考古大家的情怀》《我的考古与河南》《青年考古人》《国外专家》4 档主题节目。《河南新闻联播》也对大会进行了报道。本次大会的相关报道还被百余家媒体转载，转载量共计 33 万余条，受到社会广泛关注。

关于分组讨论的评价

内容广泛，丰富多彩。新意迭出，不乏创见。青年后生，崭露头角。中年学者，占据主流。国际视野，进步明显。透物见人，蔚然成风。学科交叉，成绩喜人。公共考古，深入人心。形势喜人，任重道远。走向世界，迎接未来。

关于走向世界、走向未来的中国考古学

这次大会是在中国开始实施"十三五"规划、全面建设小康社会的关键阶段，在全国文物工作会议和哲学社会科学工作座谈会刚刚召开不久后举行的。习近平总书记对文物工作、传承中华文明、促进哲学社会科学的发展，做出了一系列重要指示，为包括中国考古学在内的人文社会科学的发展指明了方向。

当前，中国的考古学和文化遗产保护事业的形势，可以用几个"前所未有"来概括：我们的国家领导人对文物工作的重视是前所未有的，国家对考古和文化遗产保护的投入前所未有，民众对考古和文化遗产的关注前所未有，中国考古学国际交流的广度前所未有。这些都预示着中国文物保护和考古学的发展有着十分广阔的前景。

众所周知，中国的考古学是 20 世纪 20 年代从国外传入的。到今年已经 95 年了。这期间，中国考古学经历了从起步到逐步发展的过程。中国考古学的发展与国家的发展息息相关。20 世纪 80 年代的改革开放，为中国考古学的发展提供了前所未有的机遇。进入 21 世纪之后，特别是近几年，中国的政治、经济、文化和社会的发展进入了新的阶段，考古学也不例外。国家对考古和文化遗产保护的投入显著增加，主动性考古发掘的数量、学科的发展、自然科学技术手段在考古学中的应用，以及对文化遗产保护的支持力度等，都取得了显著的进步。

正是在这个背景下，本次大会的主题设计为"走向世界、走向未来的

中国考古学"，就是要向国内外学术界彰显中国考古学更加开放、更加体现时代性的姿态和决心，同时，也要讨论中国考古学如何深化研究，如何更好、更快地走向世界，以及在国际化过程中如何更好地体现自己的特色。

中国考古学的国际化，经历了从改革开放后的"请进来"，到21世纪以后"请进来与走出去并重"，再到近5年来逐渐"以走出去为主"的变化过程。中国社会科学院考古研究所、内蒙古自治区文物考古研究所、四川省文物考古研究院、北京大学、西北大学、中国文化遗产研究院等单位相继到乌兹别克斯坦、洪都拉斯、蒙古国、柬埔寨、越南、肯尼亚等国开展考古调查发掘和文化遗产保护工作。说到中国考古学的国际化，不能不提到2013年8月和2015年12月在上海举办的两届"世界考古论坛"。我们与世界40多个国家的140多位一流学者作为论坛的咨询委员，推荐世界重要考古发现和重要研究成果，由40位世界著名考古学家组成评审委员会，评选出10项左右的世界重大考古发现和重要研究成果，其中很多在国际上具有重要影响的项目入选。这些入选项目在论坛举办期间得到嘉奖。我们还请这些项目的负责人向与会的近百位外国学者和近百位中国各单位学术带头人做报告。论坛还设置了主题论坛，第一次论坛的主题是"古老文明的比较研究"，第二次论坛的主题是"文化交流和文化多样性的考古学研究"。世界考古论坛的成功举办，使中国考古学融入国际学术大家庭之中，并一举从游离于国际学术圈的边缘进入到核心，是中国考古学走向世界的具有战略意义的举措。

目前的中国考古学，终于改变了只了解自己国家考古的状况，开始把视野扩展到全世界主要的文明发祥地。除了洪都拉斯、我国周围的蒙古国和中亚地区之外，我们正在筹划派队伍去埃及和印度开展合作考古发掘工作，中国考古学家和文化遗产保护工作者的身影将逐渐活跃在各大洲、各个文明的发祥地。

需要指出的是，中国考古学走向世界，更好地融入国际考古学大家庭，并不是要我们丢掉自己的传统和自己的特色，不是削足适履去迎合其他国家的考古学的模式。恰恰相反，我们要继承中国考古学的优良传统，保持自己的特色，在此基础上，吸收、借鉴国际考古学涌现出来的新的理念、技术、方法。越是民族的，就越是世界的。只有在保持和发展自己的特色，总结中国考古学的经验，从中国考古学的丰富资料中提炼具有自身特色的理念、理论和方法，才能使中国考古学更好地发展，也才能不断扩大在国际考古学界的影响，为世界考古学的发展做出中国考古学应有的贡献。

我们这次大会的主题的另一个关键词是"走向未来"。这方面的意义，体现在中国考古学的时代性。其中包含着中国考古学的国际化；也包含着中国考古学学科体系的进一步完备，学术领域的进一步开拓，研究手段和方法的进一步丰富；还包含着更加接近民众，为当代社会的发展，为丰富民众的文化生活，弘扬优秀传统文化和核心价值观做出积极的贡献。这次会议期间，公共考古指导委员会颁发了公共考古指导委员会公共考古奖（金铲奖），十几个单位和项目获奖。各个单位结合自己的特点，创造出多种多样的公共考古方式，很值得其他单位借鉴。走向未来的中国考古学，应当包括考古学更好地走向公众，更好地履行社会责任，为全民文化素质的提高，为我们国家"软实力"的提升，做出积极贡献。在这方面，中国考古学还有很大的提升空间。

在大会即将结束的时候，我要代表考古学会和所有参加大会的学者，感谢大会的承办单位和协办单位，特别是大会的北京工作组和郑州工作组为此次会议的顺利召开做出的辛勤的努力、精心的安排和周到的服务。

我相信，这次大会将成为中国考古学发展史上的一个里程碑，这里是中国考古学实现全面发展的新的起点。希望全国考古学界的同仁齐心协力，按照这个方向去努力，以更加优异的成绩和更加丰硕的成果迎接中国考古学百年诞辰的到来，为实现中华民族的伟大复兴做出中国考古工作者独特的贡献！

郑州中华之源与嵩山文明研究会名誉会长
王文超讲话

尊敬的各位专家和学者、同志们、朋友们：

　　大家好！

　　首届中国考古学大会已进入尾声。此次大会在中国社会科学院、国家文物局、河南省人民政府、郑州市人民政府领导的关心、支持下，在中国考古学会、河南省文化厅、河南省文物局指导下，经过郑州市文物局、郑州中华之源与嵩山文明研究会、河南省文物考古学会精心组织，与会同仁共同努力，顺利地完成了大会预期的议题，获得了圆满成功！我谨代表郑州中华之源与嵩山文明研究会，对会议的成功举办表示祝贺！向各位专家、学者、同志们、朋友们深表敬意！

　　滥觞追溯，寻根固本，探索中华文明之源是当代中国人不懈的追求和夙愿，也是考古人孜孜以求的研究目标。深入地发掘中华文明的精神内涵，大力弘扬中华民族优秀传统文化，是每个炎黄子孙义不容辞的责任。为进一步推动中国早期文明起源研究和嵩山文明研究，郑州中华之源与嵩山文明研究会目前正在推进六个重大研究课题，一是"嵩山地区文明化进程与华夏文明的形成"，二是"以嵩山为中心研究东亚现代人起源"，三是"以中原地区为中心研究中国古代城市发展史"，四是"嵩山文明形成与演化的环境基础研究"，五是"中文化论纲"，六是"中国传统中文化研究"。

高柳新蝉，熏风微雨。中华之源与嵩山文明研究的事业刚刚起步。我们衷心希望在座的各位专家、学者踊跃参与，关心支持中华之源与嵩山文明研究事业，共同探寻中国早期文明起源曙光，研究和传承中华优秀文化，共创民族伟大复兴未来。衷心祝愿我国考古事业越来越好，创新思维，凝结硕果，铸就辉煌！衷心祝愿考古人工作愉快、身心健康、事业大成！

谢谢大家！

中国考古学会常务理事、河南省文物考古学会会长孙英民讲话

尊敬的王文超、刘其文会长，各位理事，各位学者，女士们，先生们：

大家下午好！

首届中国考古学大会顺利地完成了预期的各项议题，在理事会的精心组织和领导下，在全体与会学者和北京工作组、郑州工作组、大会志愿者及媒体人士的共同努力下，取得了圆满成功，今天就要胜利闭幕了！

此次大会是中国考古学史上一次高端的国际性、开放性、专业性学术盛会。来自国内高等院校、科研院所及英国、埃及、印度等10多个国家和地区的众多专家、学者就中国考古学和世界考古学的发展、考古学领域重点和前沿课题进行了深入探讨和交流，取得了丰硕的成果，可谓中国考古学的一个新的里程碑，影响深远，意义重大！

本次大会得到了中国社会科学院、国家文物局和河南省、郑州市各级领导的高度重视。大会规模空前，内容丰富，形式多样。除了13个主会场外，还在郑州大学、河南大学、郑州师范学院、河南博物院、郑州博物馆、郑州文庙等单位举办了公共考古专题讲座，得到了来自社会各个方面的广泛好评！大会期间，《人民日报》、新华社、中央电视台等众多媒体积极参与并纷纷报道，在社会上刮起了一股"考古炫风"，对考古学的普及和文化遗产知识的传播产生了重要影响！

河南省文物考古学会是此次大会的承办单位之一。它成立于1980年，是由河南省区域内文物考古、文物保护工作者和单位自愿组成的地方性、学术性社会团体。

河南省文物考古学会有幸和郑州中华之源与嵩山文明研究会一起承办此次会议，深深感到这是中国考古学会和全体同仁对我们的信任和重托，我们不敢有丝毫怠慢，深感压力山大，一年多来，从会场选址、会场安排、会议秩序、会议材料、大会赠书、交通起居、安全保障、宣传报道等方面做了积极努力和精心准备。

这次大会在河南郑州召开，也是对河南全省文物考古工作的激励与鞭策。河南，是中国考古学的起步区，是华夏文明的核心区，是中国考古学的黄金地带，肩负着中华文明探源、夏商周断代、中国古代城市文明等众多重大学术课题破解的重任。大会的召开，必将促进河南文物考古事业的全面发展，推动学术繁荣、推进学科进步！

河南的文物考古工作，在新的形势下，许多工作有待开展。目前，河南正在强力打造华夏历史文明传承创新区，我们要以本次考古学大会的顺利召开为契机，紧紧围绕这一重要使命和建设文化强省的总体目标，坚持"保护为主，抢救第一，合理利用，加强管理"的文物工作方针，加强文物考古队伍建设，提高学术水平，继续推动河南省文物保护事业的健康、可持续发展。作为团结河南文物考古队伍的纽带，河南省文物考古学会将强化课题意识、创新意识，积极开展学术研究活动，在考古学研究、文化遗产保护等方面持续发挥积极作用。

本次大会能够取得圆满成功，是所有参会学者和办会人员共同努力的结果。感谢各级领导的大力支持，感谢各位代表的积极参与，感谢全体会务人员付出的辛勤劳动。我还要特别感谢大会各支持单位给予多方面的帮助和支持，尤其是郑州师范学院对大会列席代表的全方位关照。学院专门腾出住房、餐厅，投入车辆，组织大批学生志愿者服务大会，确保了会议的成功举办。此时此刻，郑州师范学院赵健院长（他也是郑州中华之源与嵩山文明研究会副会长）就在前排就座，我提议全体与会代表鼓掌以对赵健院长表示感谢！

此次大会参会人员较多，限于我们的办会经验和组织水平，肯定有许多不尽人意之处，甚至还有我们工作上的疏漏或失误，请各位同仁多多包涵和谅解。

最后，祝愿各位工作顺利、身体健康！返程平安！

谢谢大家！

媒体报道

中国考古，更加"外向"

5月23日，为期3天的首届中国考古学大会闭幕。这是一次里程碑式的会议，参会人数达到空前的700多人，是自1979年中国考古学会成立以来规模最大的会议。

更值得关注的是，虽然是中国考古学大会，但也是一次国际会议。来自埃及、印度、洪都拉斯、英国、德国、日本、韩国、蒙古国、乌兹别克斯坦等国家的20多位考古专家也成了发言主力。白天，他们分别参加13个不同专业考古领域的讨论，晚上，还有专门组织的主题发言，以满足参会人员对最新考古工作的关注需要。

"中国目前有约70个国际合作项目，包括调查、研究、合作发掘等各种形式，这次邀请的专家都来自于有实质的、长期考古合作的国家和领域。此次大会的共识之一，就是未来的中国考古将面向世界、走向世界。"中国考古学会理事长王巍如是说。

从解密玛雅文明到探寻郑和到过的港口，中国考古走向世界的步伐令人兴奋

和以往不同，此次大会开幕式的主题发言中，有5位发言人讲述的是他们在世界各地开展的考古工作。

中国社会科学院考古研究所中亚考古队领队朱岩石是发言人之一。自2012年起，中亚考古队在乌兹别克斯坦费尔干纳盆地进行了数次发掘。朱岩石在发言中说，2015年8月31日～10月24日，中亚考古队在乌兹别克斯坦明铁佩遗址进行了第四次发掘。国内都城遗址考古的工作方法和经验非常有效，再结合中亚城址堆积、保存的自身特点，明铁佩古城的形制、布局、沿革正在逐渐变得明晰。

其他的项目包括：内蒙古自治区文物考古研究所在蒙古国开展的长达10年的遗址发掘，北京大学在东非的肯尼亚进行的马林迪老城遗址发掘、中国文化遗产研究院承担的柬埔寨周萨神庙和茶胶寺保护修复项目，以及中国社会科学院考古研究所在洪都拉斯开展的科潘遗址发掘。无论是解密玛雅文明还是探寻当年郑和下西洋到达过的港口，中国考古人走向世界的步伐都令人兴奋。

与会专家表示，中国西北地区一度是西方探险家和考古学家的乐园，那一段惨痛的经历也使我们在"请进来"的问题上慎之又慎。直到20世纪80年代，"请进来"依然存在争议，不少人担心我们的考古资料被西方话语体系解读。而后来的"请进来为主，走出去为辅"的方式，更多只是参加国际会议以获得知识和资讯。如今，这种状况得到了巨大改善。

到世界文明发源的核心区域进行发掘，是中国迈向考古强国的重要标志

今年4月底，中埃考古合作事宜进入了实质性准备阶段。"埃及共有200多个与外国合作的考古项目，但其中没有中国，所以中埃两国的考古合作非常迫切。"王巍说，两个文明古国的对话具有极大的现实意义，中埃两国在文物考古方面面临很多相似的问题，例如打击非法文物交易活动、文物流失追索、文物保护等，可合作的项目非常多。

在5月22日晚上的外国考古学家专题论坛中，印度考古调查局考古所所长桑杰·库玛尔·曼纽尔博士对中印在考古领域的合作非常期待。王巍透露，中国考古学家有望在今冬奔赴印度，对其早期佛教遗址开展考古工作。除早期佛教遗址外，中方还计划与印度德干学院合作，对位于新德里以西的哈里亚纳邦的拉齐噶里遗址进行考古工作。该遗址是哈拉帕文明即印度河文明的代表性遗址之一，主要兴盛于公元前2600～前1900年，是研究印度河文明向东扩散的重要据点。

王巍表示，到世界古代文明发源的核心区域进行考古发掘，参与文明互建，是中国迈向考古强国的重要标志。

更多新技术、更多年轻人，是中国考古走向世界的底气

在大会开幕式上，获得中国考古学会田野考古奖一等奖的5位中国考古人用中英双语幻灯片，向台下近700位国内外学者全方位地展示了发掘、考据和文物保护的全过程。"田野考古采用的新理念、新方法、新技术，全世界考古学者都能看懂，可以全面地展示中国考古学现状，集中反映中国考古的实力。"

这或许就是中国考古走向世界的底气。

大会召开间隙，与会人员有机会前往今年中国考古学会田野考古奖一

等奖的获得者河南省郑州市东赵遗址考古发掘现场进行参观。这里几乎已经被高科技装备覆盖；既有野外智能考古集成平台，也有专业应急考古移动实验室，还有先进的挖土运输一体机，可将筛选与运输一次完成。

考古过程中，科技手段的运用日益普遍。无论是考古现场的信息采集、检测分析还是出土文物的现场保护，无人机、三维扫描、红外影像、拉曼光谱……这些新技术都正在成为中国考古的"标配"。

与主席台上的白发苍苍相比，在 13 个专业委员会的分组论坛中，年轻人成为绝对主力。在一些传统考古领域，比如夏商、两周、秦汉等历史序列的考古中，20 世纪 60 年代出生的中年学者依然是主力军，但在人类骨骼、动物考古、植物考古、新兴技术考古、公共考古等领域，年轻人则明显占了多数。考古学家王仁湘说："植物考古、动物考古、人类骨骼等领域如今成了年轻人非常喜欢的领域，这些领域本身的综合性也使许多不是考古专业毕业的学者大显身手。"

事实上，在首届中国考古学大会公布的 11 项中国考古学会研究成果奖（金鼎奖）中，年轻人的著述占了一半以上，而且，在为公共考古专设的大奖中，由年轻考古人经营的微信公众号也成功获奖。

"1921 年，河南仰韶村遗址的发现与发掘，标志着中国近代考古学的诞生。如今近百年过去了，中国考古在方方面面发生了重要变化。这次大会是一次总结，也是一次新的开始，标志着我们将进一步走向世界、拥抱科学、面向公众。"王巍说。

（来源：《人民日报》）

首届中国考古学大会在郑州隆重举行

5月21～23日，首届中国考古学大会在郑州隆重举行。中国社会科学院院长王伟光，国家文物局局长刘玉珠，中共河南省委常委、郑州市人民政府市长马懿，河南省人民政府副省长张广智等出席大会开幕式。开幕式由中国考古学会理事长、中国社会科学院考古研究所所长王巍主持。

刘玉珠在开幕式讲话中表示，考古是文物保护的一项重要基础性工作。中国考古学自20世纪初兴起，从最初的证经补史到目前自成体系，迅速成为与传统文献史学并重的人文学科，为深入探究中华文明的源流、发展发挥了关键性作用。21世纪以来，我国考古工作在学科发展、基本建设考古、大遗址保护、人才培养等方面成绩斐然。考古工作的影响力和关注度与日俱增，在传承、弘扬和发展中华优秀传统文化、构建社会主义核心价值体系、促进国家经济社会发展等方面，发挥了不可或缺的重要作用。

刘玉珠指出，国家文物局一直高度重视考古工作，包括积极推进三峡、南水北调等大型基本建设工程中的考古工作，进一步加大对主动性考古项目的引导和支持；制定并颁布了《田野考古工作规程》《大遗址考古工作要求》等文件；对考古和大遗址保护的经费投入持续增长等。新时期考古工作要增强大局意识，做好基本建设考古；增强保护意识，促进遗址保护利用；增强合作意识，提升考古研究水平；增强开放意识，推动国际合作共赢。

开幕式上，还颁发了中国考古学会研究成果奖（金鼎奖）、中国考古学会青年学者奖（金爵奖）和中国考古学会田野考古奖（一、二、三等奖），以及中国考古学终身成就奖等。著名考古学家、中国考古学会名誉理事长、北京大学教授宿白获得中国考古学终身成就奖。此外，各专业委员会还设立了各自的奖项，江西南昌西汉海昏侯墓考古发掘现场保护等14个项目获文化遗产保护专业委员会考古资产保护奖（金尊奖）；"全国十大考古新发现"评选推介活动等12个项目获公共考古指导委员会公共考古奖（金铸奖）。

在为期3天的大会中，来自国内高等院校、科研院所及英、德、俄、日、韩、埃及、洪都拉斯、乌兹别克斯坦等10余个国家的近400位中外考古学者，以及特邀代表、列席代表、媒体代表等，围绕本次大会主题"面向未来的中国考古学、面向世界的中国考古学"展开相关交流和讨论。

开放性是本次大会的一大亮点，会议鼓励研究生参会，以壁报形式展示学生的个人信息、研究方向和科研成果；还举办了 16 场面向公众的考古学讲座，以及青年学者圆桌会议和海外学者演讲与座谈会各 1 场，展示中外考古学最新考古发现和研究成果，交流新方法、新理念和新见解，同时，也为青年考古学者提供展示自己的机会。会议期间，与会中国学者还就中国考古学的发展方向进行了交流探讨，达成了共识。

本次大会由中国考古学会主办，郑州中华之源与嵩山文明研究会、河南省文物考古学会承办，是中国考古学诞生以来第一次国际化、开放式的大会，也是中国考古学会自 1979 年成立以来考古学领域规模最大、覆盖面最广的一次学术盛会。

（来源：国家文物局网站）

"走向世界，走向未来"
——首届中国考古学大会侧记

5月21～23日，以"走向世界、走向未来的中国考古学"为主题的首届中国考古学大会在河南省郑州市举办。"此次大会是中国考古学最新考古发现和研究成果的一个全面展示，也是促进中国和国际学术界交流的重要平台。"中国考古学会理事长、中国社会科学院考古研究所所长王巍如是说。

规模空前，开放办会

与会者的广泛性是本次大会的一大亮点。来自中国社会科学院考古研究所等49家研究院所和高等院校、全国75家考古文博机构的380多位专家、学者，以及来自俄罗斯、加拿大、德国、英国、埃及、印度、韩国、日本、乌兹别克斯坦、洪都拉斯、蒙古国11个国家的24位专家、学者参加了大会，另外还有300多位学者列席大会。

"这次大会与过去考古界的会议有很大的不同。中国考古学大会不是一年一次，而是2013年换届以后经过系列准备召开的大会，会议正式参会和列席者达700多人，不再是过去的百八十人。更为重要的是，这次大会是'开放办会'，这让长期以来想参加中国考古学会活动、但因资历尚浅等原因被拒于门外的中青年学者，有机会参与国际交流，这是非常大的变化。"王巍说。

会议期间，颁发了70多个奖项。《水洞沟——2003～2007年度考古发掘与研究报告》《中国北方古代人群线粒体DNA研究》等11个项目获中国考古学会研究成果奖（金鼎奖）。四川大学历史文化学院考古系教授吕红亮、中国科学院古脊椎动物与古人类研究所副研究员李锋等11人获中国考古学会青年学者奖（金爵奖）。河南省郑州市东赵遗址考古发掘、河南省伊川县徐阳墓地考古发掘等21个项目获中国考古学会田野考古奖。山西翼城大河口西周墓实验室考古、西安市唐代李倕墓冠饰的室内清理与复原等14个项目获文化遗产保护专业委员会考古资产保护奖（金尊奖）。"全国十大考古新发现"评选推介活动、《考古进行时》系列电视纪录片等17个项目获公共考古指导委员会公共考古奖（金铲奖）及提名奖。年逾九旬的我国著名考古学家、中国考古学会名誉理事长、北京大学教授宿白荣获首个中国考古学终身成就奖。

大会还发布了"郑州共识"，提出强化考古工作者的责任感和使命感；正确把握考古学的发展方向，加强中国考古学学科体系建设；加强国际合作与交流，大力实施"走出去"考古战略等。

主题报告、圆桌会议、考古讲座：
中国考古学成果的全面展示

与以往的考古会议相比，本次大会采取了一种新的会议方式：按照专业委员会进行分组交流讨论。"这个形式能够使各专业委员会的讨论更为聚焦，更加有成效。"中国社会科学院院长王伟光表示。

据悉，自 1979 年中国考古学会成立以来，其中陆续成立了 13 个专业委员会，除了传统的按照年代划分的旧石器、新石器、夏商、两周、秦汉、三国—隋唐、宋元明清 7 个专业委员会外，近两年还成立了动物、植物、人类骨骼、新兴技术、文化遗产保护和公共考古 6 个专业委员会。在这次大会上，这 13 个专业委员会带来了 300 多个专题报告，有对 1 万多年前旧石器的年代学分析，也有新兴的微信里的公共考古，有海南东南部沿海地区新石器时期的遗存，也有东北地区旧石器时代晚期探索……各个专业委员会会场座无虚席，甚至有人坐在地上听讲。

5 月 21 日晚，举办了青年学者圆桌会议。近 40 位青年考古人围绕大会主题进行了交流和探讨。比如谈及近几年比较热的科技考古，中国社会科学院考古研究所副研究员李志鹏认为，先进、高端的科技手段都要引进，但始终关注的应该是考古问题，不能舍本逐末。对于考古学的中外交流，李锋说，对于年轻的考古人来说，现在能够接触到更多外文材料，但不能忘了中国考古学本身的特色，应该立足于本国的材料总结自己的理论。

而在专业委员会热烈讨论的同时，河南大学、郑州大学、郑州师范学院、河南博物院等处也热闹非凡，因为在这里，主办方还邀请了 16 位考古界的著名学者为公众开展了 16 场公共考古讲座。从轰动一时的海昏侯墓发掘和实验室考古内幕到早年殷墟考古十兄弟的故事，从谁是我们的祖先到唐代的女性形象，让大众在趣味中感受中华文明的魅力。

国际性的交流平台

正如前文所说，来自俄罗斯、加拿大、德国等 11 个国家的 24 位外国专家也参加了会议。5 月 22 日晚，召开了首届中国考古学大会海外学者演讲与座谈会。印度考古调查局考古所所长桑杰·库玛尔·曼纽尔介绍了近期在拉贾斯坦邦 Binjor 遗址的考古发掘。他表示，2014 年至 2016 年发掘了 3 层文化堆积，发现了规整的手工业作坊及铜的冶炼、珠饰和陶器的制造等现象。而对植物遗存的分析，显示遗址在成熟期有大麦、水稻、豌豆等食物。此外，洪都拉斯人类与历史研究所的维吉里奥·佩德雷斯·特拉佩罗介绍了洪都拉斯莫斯基蒂亚地区新文化的发现。蒙古国考古学会的霍·拉布哈苏荣讲述了蒙古考古学的发展和现状等。

"考古学连接了过去和现在，并且为我们通往未来的道路指明方向。我们应该用广阔的视野、明确的目的及多种资源的通力合作，保护我们多样且富有创造性的艺术形式及丰富的物质文化遗产。考古学大会，为中国和世界各地积极参与遗产保护的学者提供了平台。"桑杰·库玛尔·曼纽尔表示。

在国家文物局局长刘玉珠看来，在考古学国际交流方面，新时期的考古工作要增强开放意识，推动国际合作共赢。"这包括欢迎各国同行来中国参与考古工作，深入交流考古和遗址管理方面的新理念、新方法、新技术和实践经验，也包括中国的考古工作者加强与周边国家和'一带一路'沿线国家的考古合作，进一步探究中华文明与周边地区文明的相互交流、融合与发展，在世界考古的舞台上展现中国考古人的风采。"他说。

（来源：《中国文化报》）

首届中国考古学大会举行

49 家研究院所和高等院校、75 家考古文博机构、700 余位专家学者、10 多个国家和地区、100 多个专题报告、16 场面向公众的讲座，首届中国考古学大会以史无前例的规模和姿态于近日在郑州举行。

中国社会科学院党组书记、院长王伟光充分肯定了中国考古学会成立 40 年来在引领中国考古学事业发展中所起的作用，并认为本次大会是中国考古学界发现与研究成果的一次集中展示，也是中外考古学合作交流的一次难得的机会。

"考古是文物保护的一项基础性工作，也是我国文物事业的重要组成部分。"国家文物局局长刘玉珠充分肯定了考古事业的作用和成绩。

刘玉珠认为，从最初的证经补史到自成体系，深入探究中华文明的源流、发展，到 21 世纪以来在传承、弘扬和发展中华优秀传统文化、构建社会主义核心价值体系、促进国家经济社会发展等方面，考古学都发挥着关键性的、不可或缺的重要作用。

会议期间，与会者还一起见证了业界的荣光——年逾九旬的学界泰斗、中国佛教考古的开创者宿白荣获首个中国考古学终身成就奖；河南省郑州市东赵遗址考古发掘等 21 个项目获中国考古学会田野考古奖；《水洞沟——2003 ～ 2007 年度考古发掘与研究报告》等 11 项个项目获中国考古学会研究成果奖（金鼎奖）；江西南昌西汉海昏侯墓考古发掘现场保护等 14 个项目获文化遗产保护专业委员会考古资产保护奖（金尊奖）；吕红亮等 11 人获中国考古学会青年学者奖（金爵奖）；《光明日报》的《文化遗产》周刊等 12 个项目获公共考古指导委员会公共考古奖（金铸奖）。

本次大会由中国考古学会主办，以"走向世界、走向未来的中国考古学"为主题。在为期 3 天的大会中，国内外的考古界精英将进行学术交流，总结中国考古学取得的成绩，探讨新形势下考古学发展的新趋势、新走向。

其间，将展示中国考古学最新考古发现和研究成果，交流新方法、新理念和新见解，同时也为青年考古学者提供展示自己的机会。

（来源：《光明日报》）

走向公众和世界的中国考古
——首届中国考古学大会综述

5月23日下午，为期3天的首届中国考古学大会在郑州落下帷幕。此次大会吸引了国内外众多知名专家、学者相聚绿城，共话当代考古学发展的前沿问题。

全方位开放的学术交流大会

河南是中国现代考古学发源地。中国现代考古学以1921年安特生发掘河南仰韶村遗址拉开序幕，20世纪30年代河南安阳殷墟的前后15次考古发掘奠定了基石，发展到今天已将近一个世纪。

"此次大会是1979年中国考古学会成立以来规模最大的会议。"中国考古学会理事长、中国社会科学院考古研究所所长王巍说，此次大会改变了以往每年一次、百人规模的形式，扩展到由13个专业委员会主导；也一改过去学术会议闭门开会的传统模式，实行"开门办会"，面向社会公众开放。专业委员会讨论的内容涉及旧石器考古、新石器考古、夏商考古、公共考古、文化遗产保护等，讨论的内容更加广泛而深入。

在大会现场，不管是专家、学者还是热爱历史和考古学的市民，经常"串场旁听"。"这次大会的学术性、开放性确实让人耳目一新！"南昌海昏侯刘贺墓发掘领队杨军兴奋地说，"我是秦汉考古专业委员会的，但我也可以到文化遗产保护专业委员会、公共考古指导委员会分会场去旁听，这对我们来说是开阔视野、增加知识储备的大好机会。"

中国考古正在走向公众。除了学术交流之外，大会还在郑州大学、河南大学、郑州师范学院、河南博物院等单位举办了16场公共考古公益讲座，如《发现海昏国——西汉王侯的地下奢华》《考古十兄弟：早年殷墟发掘的人与事》等。演讲者打破考古的神秘，让听众领略到中华文明的魅力。

中国考古面向世界的集体秀

大会开幕式上，国内11位考古大咖进行了一系列主题演讲，演讲内容涉及国内外考古发掘成就，并全方位地展示考古技术、发掘及文物保护全过程。"这是中国考古学界面向世界的一次集体秀。"王巍表示，"大会总计收到论文 400 多篇，涉及人类起源、农业起源、中外文化交流及中国各个时段的考古研究，是对近年来中国考古成就的一次分享。"

河南是文物资源大省，也是考古大省。国内外考古大咖们当然不会放过去考古发掘现场考察的机会。

印度考古调查局考古所所长桑杰·库玛尔·曼纽尔此次行程收获满满。他先后到郑州市东赵遗址发掘现场、大河村遗址博物馆、嵩阳书院和洛阳龙门石窟等地实地考察。"中原大地历史悠久，文化底蕴深厚，为考古学的发展和进步提供了丰富的养料。"曼纽尔认为，这次考古学大会，为中国和世界各地积极参与遗产保护的学者提供了平台。双方积极分享、交流相互的研究经验，对后续的考古发掘工作至关重要，他很期待中印未来在考古领域的合作。

加快考古"走出去"步伐

在大会期间，一批已经走向国际的中国考古人悉数亮相，带回了乌兹别克斯坦国费尔干纳盆地明铁佩古城遗址、洪都拉斯玛雅城邦科潘遗址、蒙古国境内古代游牧民族文化遗存、柬埔寨吴哥窟从事古迹保护等最新学术成果。

专家学者们在交流时达成一个共识，考古要走向公众，走向国际，深入交流考古和遗址管理方面的新理念、新方法、新技术和实践经验，以国际视野来推动关于人类起源、农业起源、文明起源等考古学重大课题的比较研究。

对此，国家文物局局长刘玉珠表示，中国的考古工作者要以大会召开为契机，加强与"一带一路"沿线国家的考古合作，进一步探究中华文明与周边地区文明的交流、融合与发展，在世界考古的舞台上展现中国考古人的风采。

（来源：《河南日报》）

中国考古从这里走向世界走向未来
——首届中国考古学大会回眸

国内 49 家研究院所和高等院校，全国 75 家省、市、自治区、特别行政区的考古文博机构，10 多个国家和地区的专家、学者，700 余名参会人员，在 3 天的时间里完成了中国考古学诞生以来最盛大的学术交流会议。

郑州，新崛起的考古重镇

自 20 世纪以来，郑州地区的考古大发现接二连三，令人震撼。其中，有四项成果入选"中国 20 世纪 100 项考古大发现"，13 项成果列入年度"全国十大考古新发现"。这些大发现时代之早、内容之新、文化之灿烂，颠覆和更新了人们对于中华早期文明的原有认知，书写了中国考古史的灿烂篇章——鉴于此，中国考古学会理事长、中国社会科学院学部委员、中国社会科学院考古研究所所长王巍盛赞郑州是"新崛起的考古重镇"。

中国社会科学院院长王伟光也提出，中国现代考古学开创期的许多重要工作都是在河南完成的，1921 年安特生发掘河南仰韶村遗址拉开了我国近代田野考古学的大幕；20 世纪 30 年代河南安阳殷墟的 15 次考古发掘及研究，则奠定了中国考古学的基础："中原大地以其深厚的文化底蕴，为中国考古学的发展和进步提供了丰富的养料，而这次大会选择在郑州举办，也是对郑州考古工作的最大认可。"

考古学，从这里走近民众

开放性，是本次大会的一大亮点。此前，不少有意参加学术会议的年轻学者，常因资历尚浅等原因被拒于门外，而这次，只要向大会提交论文并获得通过，就能到场聆听国内外顶尖考古学家的真知灼见甚至现场发表自己的学术意见。同时，普通市民也能享受到国内一流专家、学科带头人所分享的最新考古成果，他们通俗易懂的语言、深入浅出的讲述、图文并茂的解读，大大地拉近了考古学与大众的距离。

《发现海昏国——西汉王侯的地下奢华》向公众展示了海昏侯墓考古发掘背后的故事，讲座中展示的金器之丰富让人惊叹。中国科学技术大学教授、博士生导师金正耀带来的讲座《"河南"何以为中国青铜文明之母》，与公众分享了河南灿烂的青铜文明……历史爱好者王浩早早就打印出公共讲座安排，并圈定了自己感兴趣的内容，逐场去聆听，从河南博物院到郑州师范学院，再到郑州大学，他"腿都跑细了"，但"内心也充斥着前所未有的满足感"。

中国社会科学院考古研究所仝涛幽默地表示："连一个小孩都知道分享玩具，我们考古人为什么不能在更大的范围分享资源？"郑州中华之源与嵩山文明研究会顾问朱士光说，本次大会对考古学创新发展具有里程碑意义，它不是关起门搞交流研讨，而是全开放式的，这大大地促进了考古学与相关学科及其关联性行业的协作。

中国考古，从郑州走向未来

"'走向未来'主要体现在中国考古学的时代性，其中包含着中国考古学的国际化，也包括中国考古学的学科体系的进一步完善，学术领域的进一步开拓，研究手段和方法的进一步丰富，还包含着更加接近民众，为当代社会发展、为丰富民众文化生活、弘扬优秀传统文化与核心价值观做出积极的贡献。"对本次大会的主题，王巍有着自己的深刻解读，他认为，这次会议很好地完成了其中的"任务"，使得考古学更好地履行了社会职责，为全民文化素质的提高、为软实力的提升做出了积极贡献。这次大会将成为中国考古学发展史上的一个里程碑，是中国考古学全面发展，实现腾飞的新起点。

（来源：《郑州日报》）

首届中国考古学大会与 5 个关键词

"这次大会的学术性、开放性确实让人耳目一新！"5 月 21 日下午，南昌海昏侯刘贺墓发掘领队杨军在首届中国考古学大会郑州黄河迎宾馆会场兴奋地告诉记者。

21 日上午，首届中国考古学大会在郑州开幕。参会者包括来自国内高等院校、科研院所及英国、德国、埃及、印度、韩国、日本、洪都拉斯等 10 多个国家和地区的近 400 名专家学者，以及数百位列席学者，几乎囊括了国内所有顶级考古学家，可谓星光熠熠。两天以来，这场中国考古史上最大规模的国际性学术会议已经进行了数十场主题丰富的学术讨论，并开展了遗址考察和公共讲座等活动。

"中国考古学现在面临着新的发展机遇，我们想以这次大会为契机总结经验，发现不足，部署今后的发展。正像本届考古学大会主题——走向世界、走向未来。这届大会一定会对今后考古学的发展做出重要贡献！"著名考古学家、北大考古文博学院李伯谦教授受访时说。

研究成果展示

5 月 21 日上午，中国社会科学院院长王伟光在致辞中说，中国现代考古学自创建至今已将近一个世纪，1921 年安特生发掘河南仰韶村遗址拉开了我国近代田野考古学的大幕；20 世纪 30 年代河南安阳殷墟的前后 15 次考古发掘及其研究，则奠定了中国考古学的基础，"中国现代考古学开创期的许多重要工作都是在河南省完成的"。

中国考古学会理事长、中国社会科学院考古研究所所长王巍在开幕式上表示，本届大会总计收到论文 400 多篇，涉及人类起源、农业起源、中外文化交流及中国各个时段的考古研究。大会内容丰富，可以说是中国考古学界发现与研究成果的一次集中展示，也是中外考古学合作交流的一次难得的机会。

5 月 21 日，洪都拉斯、印度等国的考古学者专程参观了郑州市大河村遗址博物馆和东赵遗址考古发掘现场，对郑州的文化遗迹发出赞叹，并表示中国应与他们开展更多考古交流与合作。

开幕式上，首届中国考古学大会颁发的一系列奖项引人关注，除田野考古奖外，中国考古学终身成就奖、中国考古学会青年学者奖（金爵奖）、中国考古学会研究成果奖（金鼎奖）均为考古学领域首次颁发。我国著名考古学家、中国考古学会名誉理事长、北京大学教授宿白获得中国考古学终身成就奖，吕红亮等11人获得中国考古学会青年学者奖（金爵奖），11部著作获奖获得了中国考古学会研究成果奖（金鼎奖），等等。在中国考古学会田野考古奖中，郑州东赵遗址和洛阳汉魏故城北魏宫城四号建筑遗址考古发掘获得一等奖。

专家型"段子手"

大会开幕后，随即进入13个专业委员会的分组讨论阶段。这是中国考古学会首次以这种形式交流，使得议题相对集中，会议也安排了相对从容的时间，让许多学者的发言更加放松，"段子"频出，尤其是在公共考古指导委员会分会场。

"我讲的题目叫《将翱将翔》，这个词不是我编的，是《诗经》里的，就是飞呀飞呀的意思。"65岁的著名考古学家王仁湘边说边挥舞手臂，引得台下忍俊不禁。

王老师的"肢体语言"并不跑题，他的发言是关于庙底沟文化彩陶上的鸟纹主题。在讲述公共考古的意义时，他还有个更精妙的比方——公共考古就是"招魂"，"你发现了一座座废墟，一具具白骨，它究竟是怎么回事？考古就是想让他们还魂，那么，你就要研究解释，之后去安现代人的魂"。

除了幽默，王仁湘话里更有犀利："海昏侯墓考古为什么做得好？还没发掘完，就把东西拿出来（展览）了，这很了不起。过去很多考古人习惯于资料垄断，不给外人看，或者只在考古人小范围的圈子里分享，公众不知道、不了解，怎么会不说考古和盗墓没区别？"

王仁湘认为，公共考古就是要向公众展示，多给公众参与的机会："再有人说考古和盗墓没区别，你就把他找来，让他看看考古是怎么做的，你把铲子给他，让他真正来了解一下！"

对此，中国社会科学院考古研究所全涛很赞同："连一个小孩都知道分享玩具，我们考古人为什么不能在更大的范围分享资源？"

中国考古铲和玛雅文明

"中国考古学家应该更多地走出去，在世界舞台上展现风采！"开幕式上，国家文物局局长刘玉珠在发言中对中国考古人提出了殷切期望。

近几年，中国考古人正在拥有国际视野并尝试在国内考古任务的繁重压力下尽可能多地"走出去"，主导国际性的学术互动，参与其他古老文明遗存的考古发掘工作。中国社会科学院考古研究所所长王巍此前接受《大河报》记者采访时曾说，中国从2013年起开创性地举办了两次世界考古高端论坛，而且在2014年中国与洪都拉斯签署协议，对玛雅文明核心区的一个重要宫殿遗址进行考古发掘，中国考古人的考古铲首次伸向美洲，这被认为是中国考古事业的一次标志性"走出去"。

而在首届中国考古学大会开幕式上，一批已经走向国际的中国考古人悉数亮相，带回了乌兹别克斯坦费尔干纳盆地明铁佩古城遗址、洪都拉斯玛雅城邦科潘遗址、蒙古国境内古代游牧民族文化遗存、柬埔寨吴哥窟从事的古迹保护与研究情况及在非洲肯尼亚探寻古国马林迪的最新学术成果。

其中，在肯尼亚的项目是该国迄今最大的考古发掘项目，出土的"永乐通宝"、龙泉窑瓷器等或可作为郑和下西洋的证据之一；科潘遗址发现了精美的龙头雕刻、人面装饰焚香器、玉坠等高等级遗物，以及玛雅贵族使用的祭祀工具——鱼刺和黑曜石刀，将有助于破解玛雅文明衰落之谜。

"走出去才能看到别人究竟是在怎么考古，相互交流，深入地了解外国考古情况和国际规则，反过来促进中国的考古水平。"这是中国文化遗产研究院研究员王元林的深切体会。

一流的考古技术

据了解，截至目前，已有至少20例中国考古人走出国门参与发掘的项目。这种往外走，背后是中国考古科技、装备及理念的稳步提升。"中国考古在技术上已经达到世界一流。"中国社会科学院考古研究所科研处处长刘国祥说。

在首届中国考古学大会现场，《大河报》记者也看到了不少考古设备展销商的宣传摊位，包括文物低氧气调保护设备，也包括高倍显微镜、各种款式的考古铲等，其中不乏国货。

中国科学技术大学科技史与科技考古系金正耀教授受访时表示，现在国际上考古应用的最新技术，中国基本都掌握了，而且水平都是一流的。"我们很多硬件不比国外差，很多装备的型号都是最新的，所以做出来的数据也是得到国际认可的，是高质量的数据。"

中国现代人的独立起源

我们的祖先来自哪里？多年来，东亚地区现代人类的来源有"非洲夏娃说"和"多地区连续进化说"两种假说针锋相对。记者从首届中国考古学大会上获悉，近年来在郑州地区发现的400余处古遗址，勾勒出旧石器时代至新石器时代发展过渡的完整年代链条，全面厘清了中原地区现代人出现、发展的历史进程和影响机制，印证了中国现代人的独立起源。

流行一时的"夏娃理论"认为，全世界的人类都是20万年前一位非洲妇女的后裔，并称此妇女为"夏娃"。持此观点的学者相信，晚更新世的末次冰期造成东亚大陆大量生物物种灭绝，起源于非洲的现代人进入中国，取代了原先生活在这里的古人类。

"'夏娃理论'不适用于中国，近年来的考古发现揭示了东亚现代人的独立起源。"负责"东亚现代人起源——以嵩山地区为中心的研究"课题的北京大学考古文博学院教授王幼平介绍，在中华文明发祥的核心地区郑州的考古发掘，清晰地勾勒出东亚地区现代人如何产生，并一步步确立旱作农业的经济模式，从而确立整个东亚地区古代经济形态与定居方式的链条。

20世纪80年代，一处旧石器时代洞穴遗址——织机洞遗址在河南省荥阳市境内被发现。考古发掘表明，距今10多万年前，当地已出现早期现代人活动的足迹。

近年来，新密市李家沟遗址发现距今10500～8600年的连续的史前文化堆积，清楚地展示了中原地区从旧石器时代末期向新石器时代发展演进的历史进程。

在登封市西施遗址，发现了处理燧石原料、预制石核、剥片等打制石叶的完整生产线。这是中国及东亚大陆腹地首次发现的典型的旧石器时代晚期石叶工业遗存。

距今5万～3万年期间的郑州老奶奶庙遗址，则为进一步确定中国现代人类起源于本土提供了确凿证据。通过发掘，发现了结构复杂的古人类居住面、多处用火遗迹、数以万计的动物骨骼，以及大量打制石制品和骨质工具，清楚地展示了当时人类在中心营地连续居住的活动细节。

"这些出自中原地区的新发现与中国及东亚现代人起源于非洲的论断明显相悖。"王幼平说，"郑州地区史前遗存的完整链条和一系列重要考古发现，很清楚地展示了中国境内更新世人类发展的连续性特点，印证了中国现代人的独立起源。"

　　　　　　　　　　　　　　　　　　　　　　（来源：《大河报》）

附

录

附录一 大 会 纪 实

2015 年

7月7日，郑州中华之源与嵩山文明研究会名誉会长王文超、副会长丁世显、河南省文物局副局长孙英民等一行，应邀赴京与中国考古学会理事长、中国社会科学院考古研究所所长王巍就首届中国考古学大会相关事宜进行了会商，并就有关问题达成初步共识：首届中国考古学大会定于2016年5月在河南郑州举办，会期3天。大会由中国考古学会主办，郑州中华之源与嵩山文明研究会、河南省文物考古学会承办。会议主要议程有主题演讲、学术讨论、公共考古讲座和现场考察等内容。会议规模约400人，其中特邀国内外知名专家、学者约50人（国外20人、国内30人）。

9月15日，中国考古学会第六届理事会第五次常务理事会在中国社会科学院考古研究所召开，常务理事14人参会，王巍理事长主持。会议商议首届中国考古学大会的具体事宜。具体事宜有三项。一是会议时间：2016年5月20～23日召开。二是会议形式和规模：会议将面向社会开放办会，以各专业委员会学术研讨会的形式开展，规模控制在400人以内。三是会议将按各专业委员会组织分组学术讨论，各专业委员会于年底前提交确定人员名单和议题。

10月21日，郑州中华之源与嵩山文明研究会就承办2016年首届中国考古学大会向郑州市委、市政府进行了汇报和请示。报告中重点指出首届中国考古学大会在郑州召开，表明了全国学术界对郑州考古工作的认可和重视，必将极大地促进郑州地区的考古研究工作，推动中华文明起源和嵩山文明的研究，对于挖掘、展示郑州地区悠久的历史文化，提升郑州文化品位和城市魅力，促进郑州社会经济发展具有重要意义；首届中国考古大会在郑州举办，必将对国家实施"打造河南华夏历史文明传承创新区"战略起到推动作用。随后，郑州市委、市政府批复同意由郑州市承办首届中国考古学大会，并对会议筹备和组织实施提出了明确要求。

2016 年

1月21日，中国考古学会第六届理事会第六次常务理事会在故宫博

2016 年 1 月 29 日，郑州中华之源与嵩山文明研究会一届十三次会长会议

2016 年 1 月 29 日，郑州中华之源与嵩山文明研究会一届十三次会长会议

物院建福宫召开，常务理事 14 人参会，郑州代表列席会议，王巍理事长主持。会议重点讨论了 2016 年首届中国考古学大会相关事宜，并对本次考古学大会的会议组织和领导、会议流程与安排，以及奖项设置等进行了更为细致的讨论和确定：会议定于 2016 年 5 月 21 ～ 23 日在河南郑州召开；大会由中国考古学会主办，郑州中华之源与嵩山文明研究会、河南省文物考古学会承办，河南省文物考古研究院、郑州市文物考古研究院、郑州嵩山文明研究院协办；大会实行开放式办会，并邀请海内外专家、学者参会；中国考古学会理事及会员均在各自所在的专业委员会报名，国外学者由各专业委员会拟定邀请名单并发邀请函；各专业委员会组织召集本专业的学术研讨，并需按时间要求提交中国考古学会常务理事会讨论。

1 月 29 日下午，郑州中华之源与嵩山文明研究会一届十三次会长会议在黄河饭店四楼会议室召开。会议由副会长丁世显主持。会上重点讨论了首届中国考古学大会筹备事宜。

与会同志一致认为，首届中国考古学大会在郑州召开，既是机遇也是挑战，对于河南省、郑州市具有十分重要的历史意义和现实意义，同时也有利于提升郑州中华之源与嵩山文明研究会的知名度和影响力。会议决定由丁世显副会长负责首届中国考古学大会筹备工作。会议要求务必做好大会筹备工作；加强与中国考古学会、河南省文物考古学会的沟通、对接；会议筹备情况要向郑州市委、市政府详细汇报，引起重视，争取更多的关注和支持；加强媒体宣传，制定宣传方案，扩大会议影响。

2月3日下午，首届中国考古学大会郑州工作组筹备会在郑州市黄河饭店举行，对大会的筹备工作进行了详细的讨论。重点对大会前期的宣传工作提出要求：一要兼顾行业内外，注意对不同人群和受众的宣传角度和内容；二要向社会公众宣传河南的考古成就、郑州的古都地位，提高郑州市民的自豪感和文物保护意识；三要向与会专家宣传郑州的历史地位和文物保护成就，扩大郑州文化魅力和影响力。并再次强调要与中国考古学会加强沟通和衔接。

2月15日上午，中国考古学会王巍理事长、李季副理事长、中国社会科学院考古研究所科研处刘国祥处长三人前往国家文物局汇报中国考古学大会相关事宜。国家文物局副局长宋新潮、文物保护与考古司副司长唐炜、考古处处长张磊、副处长王铮等听取了汇报。国家文物局宋新潮副局长就会议名称、颁奖奖项等提出如下几点建议和意见。

第一，关于会议名称问题，建议使用"中国考古学会会员大会（2016·郑州）"或"中国考古学会研究大会（2016·郑州）"作为会议名称。

第二，赞同会议期间组织相关奖项的评选和颁奖。认为奖项的评选能够充分体现出考古人的社会价值，好的奖项评选对推动中国考古工作、考古人才的培养和发展会起到有利作用。并重点对田野考古奖的评选提出具体意见，指出田野考古奖在考古学界和社会上有重要影响，对提高田野考古发展水平和考古学科建设有积极作用，原则上同意由中国考古学会承接该奖项的评选工作，以使这一重要考古奖项得以延续。关于奖项名称，主张仍采用"田野考古奖"名称，不建议使用"金手铲奖"。

第三，建议首届中国考古学大会借鉴中国博物馆协会的办会经验，把本次大会办成真正意义上的开放式大会，以扩大中国考古学的影响力。建议会议期间组织面向社会的公共考古讲座，讲座要融知识性、趣味性于一体，增强对考古成果的普及和宣传。

第四，宋新潮副局长还特别要求，要注意会议的审批程序，严格履行报批手续。

根据国家文物局的意见，经中国考古学会、郑州中华之源与嵩山文明研究会领导商议，确定大会名称为"首届中国考古学大会（2016·郑州）"，并得到国家文物局认可。

3月2日下午，首届中国考古学大会筹备工作协调会在中国社会科学院考古研究所举行，郑州工作组的河南省文物局副局长孙英民、郑州市文物局局长任伟等，北京工作组的中国考古学会理事长、中国社会科学院考古研究所所长王巍及中国考古学会各专业委员会人员参会。双方相互通报了目前各自筹备工作的情况，并就有关问题进行了沟通和确定。

王巍理事长首先就大会的名称、参会人员遴选及奖项设立等有关事宜向常务理事会进行了通报，并对参会人员、获奖人员推荐遴选、境外专家邀请接待及会务场地、食宿、交通安排等工作提出了具体要求。孙英民副局长通报了郑州方面的筹备工作情况：会议用书等各项工作正有条不紊地推进，将于近期召开河南方面的筹备会议，将对这次大会进行详细安排部署。任伟局长详细地汇报了郑州筹备工作情况，介绍了大会地点、会场布置、人员食宿安排、媒体宣传、现场考察等情况，并提出了筹备工作中存在的问题和建议。

中国考古学会常务理事会对以上筹备工作、安排内容表示认可。

3月2日，首届中国考古学大会会议通知正式拟定，并公布中国考古学会各专业委员会联系人电话及邮箱。

4月1日，郑州工作组安保组组长、郑州市文物局副调研员杨廷魁和

2016年3月2日，首届中国考古学大会筹备工作协调会

郑州市文物稽查大队领导带领有关人员对首届中国考古学大会的参观考察路线进行了实地踏勘，详细查看道路周边环境、交通状况，认真分析各种情况，制定详尽、合理的安保方案：一是协调和安排交警指挥、疏导考察当天沿线交通，确保考察路线顺畅；二是加快道路沿线环境整治，确保道路安全、整洁和卫生，保证车辆安全通行，展示沿线农村良好的村容村貌。方案还充分考虑了地方政府部门和群众的实际愿望，尽量做到切实可行，具有较强的可操作性。

4月6日，郑州市委副书记、市委秘书长胡荃带领市委办公厅副秘书

2016年4月6日，胡荃调研东赵遗址

2016年4月6日，胡荃调研东赵遗址

2016 年 4 月 6 日，胡荃调研大河村遗址博物馆

长李伟革、市政府副秘书长冯卫平、市政府办公厅副主任张晓英等视察郑州东赵遗址、大河村遗址博物馆。郑州市文物局局长任伟、党委副书记李峰、副局长王杰、副调研员杨廷魁及郑东新区党工委副书记马安庄等陪同调研。胡书记一行参观了东赵遗址的发掘现场，大河村遗址博物馆周边道路、环境及院内建设项目进展情况，并要求做好遗址的成果展示工作；博物馆要高标准地做好馆外道路及两侧环境的整治工作，加快推进停车场、卫生间等配套设施的建设工作；做好讲解接待筹备工作，确保参观考察活动顺利进行。

4 月 7 日上午，中国社会科学院考古研究所科研处处长刘国祥一行赴郑州市大河村遗址博物馆调研、指导首届中国考古学大会现场考察准备工作，郑州市文物局调研员张湘洋陪同。刘处长一行详细察看了大河村遗址博物馆各项配套设施，听取了关于准备工作的汇报。他指出，感谢郑州市委、市政府、市文物局及大河村遗址博物馆为大会现场考察所做的大量准备工作，同时要求博物馆要时刻保持与大会筹备组的对接，切实做好讲解接待、安全保卫、服务设施完善等具体工作。

4 月 7 日，新华通讯社、《人民政协报》、《光明日报》、《中国文化报》、中国考古网等多家媒体到郑州市大河村遗址博物馆首届中国考古学大会考察现场进行采风。采风团参观了大河村房基遗址和文物陈列厅，听取了大河村遗址博物馆馆长胡继忠关于大河村遗址发现、发掘过程，考古公园建设现状及远景规划，房基保护展示，文物陈列及重要发现的详细介绍，纷

2016 年 4 月 7 日，首届中国考古学大会宣传工作座谈会

纷表示：大河村遗址有保存完好的史前房基遗存、丰富多彩的仰韶彩陶及博物馆炫彩夺目的声光电综合展示手段，让人大开眼界，相信将成为首届中国考古学大会考察活动的一大亮点。

4 月 7 日下午，首届中国考古学大会宣传工作座谈会在郑州市召开，会议由郑州中华之源与嵩山文明研究会副会长丁世显先生主持。中国考古学会理事长、中国社会科学院考古研究所所长王巍，河南省文物考古学会会长、河南省文物局副局长孙英民，郑州市副市长杨福平，中国社会科学院考古研究所科研处处长刘国祥，河南省文物考古研究院院长贾连敏，郑州市文物局局长任伟，郑州市委宣传部副部长石大东等参加了会议。新华通讯社、《光明日报》、《人民政协报》、《中国社会科学报》、《科技日报》、《中国文化报》、中国考古网、河南电视台、河南人民广播电台、《河南日报》、《郑州日报》、《郑州晚报》、郑州电视台、郑州人民广播电台等新闻单位的代表及《人民日报》和《中国文物报》等新闻单位的 30 余位记者与会。

丁世显指出首届中国考古学大会是中国考古学界的一次学术盛会，也是中国考古学诞生近百年来举办的首次国际性高端学术会议，意义重大，影响深远。首届中国考古学大会在郑州举办，表明了学术界对郑州考古研究和文物保护工作的认可与重视，也必将极大地推动郑州市以至河南省文物考古工作的发展，有助于挖掘和弘扬郑州深厚的历史文化底蕴，具有重要的历史意义和现实意义。同时，此次考古学盛会，也为宣传郑州历史文化、遗产保护和推动社会、经济发展提供了一个很好的机会和平台。

郑州市副市长杨福平首先代表郑州市人民政府对王巍理事长及各位领导、专家、新闻媒体及北京工作组的朋友们表示热烈欢迎和衷心感谢。认

2016 年 4 月 7 日，首届中国考古学大会宣传工作座谈会

为首届中国考古学大会在郑州市隆重召开，不但是我们国家考古学界的一件盛事，而且也是郑州市作为承办单位的一件大事。举办首届中国考古学大会已经列入 2016 年度郑州市政府工作目标。

王巍理事长首先向新闻媒体介绍了首届中国考古学大会的相关情况，对河南省、郑州市各级领导及相关单位为大会筹备做出的辛苦努力表示感谢，并介绍了中国考古学的基本情况。同时，还介绍了近年来中国考古学会理事会对中国考古学会的一系列改革，其中成立 13 个专业委员会是改革的重要内容之一。本次大会将由 13 个专业委员会负责具体组织实施，并邀请 400 余名国内外考古学家对中国考古学的发展、中国考古学与国外考古学界的交流等问题进行深入讨论。大会还将评选出中国考古学终身成就奖、中国考古学会田野考古奖、中国考古学会研究成果奖（金鼎奖）和中国考古学会青年学者奖（金爵奖）等奖项，举办十多场公共考古讲座，让考古学家讲好中国故事、让普通民众了解中国考古。最后，王巍理事长表示：相信在中国考古学会的努力下，在河南省、郑州市的领导下，在新闻媒体朋友的支持下，本次大会一定会取得圆满成功，并将在中国考古学发展史上留下浓重的一笔。

孙英民副局长在讲话中回顾了中国考古学会自 1979 年成立以来在推动中国考古学发展方面所做出的重要贡献，并对王巍理事长和中国考古学会常务理事会决定在郑州市召开首届中国考古学大会表示感谢，并介绍河南省和郑州市为大会所做的筹备工作情况。认为这次大会的召开必将推动中国考古学的繁荣与发展，也必将推动世界了解中国、了解河南、了解郑州。

最后，中国考古学会、河南省、郑州市相关领导还就新华通讯社、《光明日报》、《人民政协报》、《中国文化报》、《科技日报》、《中国社会科学报》、中国考古网、河南人民广播电台、《河南日报》、郑州人民广播电台等新闻媒体代表的提问，进行了详细的解答。首届中国考古学大会北京工作组和郑州工作组还就会务的相关事宜进行了沟通和交流。

4月12日，首届中国考古学大会郑州工作组向郑州市人民政府汇报筹备工作情况。初步制定了《中国考古学大会（2016·郑州）郑州市工作方案》；组建大会组织领导机构，明确了责任单位和任务分工；会议通知正式发出，参会人员报名踊跃；会议场馆、住宿餐饮等均已安排妥当；考察活动现场设施建设、考察线路环境整治等前期准备工作加紧进行；会议经费保障落实；宣传工作有序展开。

4月24日，首届中国考古学大会郑州工作组向河南省人民政府副省长张广智汇报，并邀请河南省人民政府分管领导和主要领导出席大会。

5月4日上午，首届中国考古学大会河南省筹备工作会在嵩山饭店召开。大会筹备工作郑州工作组组长、郑州中华之源与嵩山文明研究会副会长丁世显，执行副组长、河南省文物考古学会会长、河南省文物局副局长孙英民，副组长、河南省文物考古学会副会长、郑州市文物局局长任伟，副组长、河南省文物考古学会副会长、河南省文物考古研究院院长贾连敏，洛阳、开封等地市及郑州大学、河南大学、郑州师范学院等相关单位负责人参加会议。

孙英民首先宣读了《首届中国考古学大会筹备工作方案》，通报了这次大会的议程、组织架构及相关工作安排等。任伟通报了郑州工作组筹备工作进展情况。会议就《筹备工作方案》进行了认真讨论，并就会议接待、公共讲座、考察安排、会议赠书、新闻宣传及开幕式等有关问题进行了商

2016 年 5 月 4 日上午，首届中国考古学大会河南省筹备工作会

2016年5月4日下午，首届中国考古学大会筹备工作内部协调会

定。丁世显要求，举办此次大会，各单位要高度重视，要维护好河南、郑州形象；要加强协作，筹备工作要细致、求实；要与北京工作组保持密切沟通，各项工作衔接到位，确保大会顺利召开。

5月4日下午，首届中国考古学大会筹备工作内部协调会在郑州市文物局三楼会议室召开，会议由郑州市文物局局长任伟主持，会务组、接待组、宣传组等7个筹备小组负责人和相关人员参加会议。各小组分别汇报了目前筹备工作情况，并提出了筹备工作中存在的问题。大家集思广益，踊跃发言，对筹备工作中的各个细节提出意见、建议。任伟局长要求，各筹备小组要按照协调会确定的内容，认真梳理、完善各自的方案；各小组加强协调、对接，积极落实任务。

5月5日，郑州市副市长杨福平对首届中国考古学大会筹备工作情况进行了调研，分别对东赵遗址和大河村遗址现场布置情况及沿途综合整治工作进行了实地查看，并在大河村遗址博物馆召开了会议，听取各有关单位工作情况汇报，对下一步工作提出了要求：一要高度重视。各单位要站在宣扬郑州形象的高度，高标准、高效率地筹办这次国际性考古学大会。二要明确任务。对绿化提升、道路平整、边沟整治、垃圾清理、墙体刷白、隐患排查、道路保通、宣传标语等进行详细的部署。三要加快工作进度，保证如期完成任务。四要通力合作。各单位之间要分工合作，加强沟通协调。五要加强督导落实。

5月6日上午，首届中国考古学大会郑州工作组到黄河迎宾馆、郑州

2016 年 5 月 6 日，首届中国考古学大会接待酒店现场考察

2016 年 5 月 6 日，首届中国考古学大会接待酒店现场考察

师范学院国培楼等大会接待酒店实地考察，并与接待宾馆负责人就会场布置、人员报到、入场程序、住宿、就餐、宣传展板摆放及宾馆服务等细节问题进行了对接、协调。工作组还实地察看了接待宾馆附近的交通状况和公交线路等。

5 月 13 ~ 14 日，中国考古学会田野考古奖评选会召开，共评选出 2011 ~ 2015 年度中国考古学会田野考古奖 21 项。其中，一等奖 5 项、二等奖 5 项、三等奖 11 项。

5 月 14 日上午，首届中国考古学大会新闻发布会在北京中国社会科

2016 年 5 月 14 日，首届中国考古学大会新闻发布会

学院考古研究所召开。中国考古学会理事长、中国社会科学院考古研究所所长王巍首先介绍了首届中国考古学大会的基本情况：大会主题为"走向世界、走向未来的中国考古学"；大会将由来自中国社会科学院考古研究所、中国科学院、中国国家博物馆、中国文化遗产研究院、北京大学考古文博学院等 49 家研究院所和高等院校，北京市文物研究所、河南省文物考古研究院、上海博物馆等全国 75 家省、市、自治区及香港特别行政区、台湾地区考古文博机构的 385 位专家、学者，以及来自俄罗斯、加拿大、德国、英国、埃及、印度、韩国、日本、乌兹别克斯坦、洪都拉斯、蒙古国 11 个国家的 24 位专家、学者与会；大会还将颁发中国考古学会研究成果奖（金鼎奖）、中国考古学会青年学者奖（金爵奖）各 11 项，中国考古学会田野考古奖 21 项（一等奖 5 项、二等奖 5 项、三等奖 11 项）、中国考古学终身成就奖 1 项。

　　5 月 16 日，首届中国考古学大会新闻发布会在郑州嵩山饭店召开。郑州市委宣传部副部长、新闻发言人石大东主持会议。

　　首先，郑州中华之源与嵩山文明研究会常务副会长丁世显讲话，他表示，此次大会是中国考古学史上第一次举办的大规模的国际性学术盛会。届时，将有来自国内高等院校、科研院所及英国、德国、埃及、印度、韩国、日本、洪都拉斯等 11 个国家和中国港、台地区的专家、学者与会，会议正式代表近 400 人。他还指出，首届中国考古学大会将集中展示河南考古成果，还将举行 16 场公共考古讲座，让更多的百姓了解考古成果，了解郑州历史，宣传郑州历史，具有极高的学术价值。

　　首届中国考古学大会筹委会负责人、中国社会科学院考古研究所科研处处长刘国祥介绍，本次会议期间，还将举行中国考古学会第六届理事会第二次理事大会，以及"'走向未来的中国考古学'——青年学者圆桌会议""'走向世界的中国考古学'——海外学者演讲与座谈会"等专题学术会议。本次大会面向社会开放，广大文物考古热心人士均可参会、听会。大会还将分别在郑州大学、河南大学、郑州师范学院、河南博物院、郑州文庙等地，安排十多场公众讲座，主讲人均为来自科研院所、高等院校的著名专家。同时，会议期间，中央电视台科教频道《探索·发现》栏目将播出关于郑州考古的纪录片。

河南省文物考古学会会长、河南省文物局副局长孙英民说："'一部河南史，半部中国史'，本次大会在河南郑州召开，是因为河南是华夏文明的核心地区，在中华文明的起源、形成和发展中起到了重要作用，在夏商周断代工程和中华文明探源工程等国家重大科技攻关项目中，郑州地区的考古发掘和研究，均起到了重大作用，极大地推动了中国考古学的发展。"

5月20日，首届中国考古学大会参会的外地专家到郑州报到。

5月21日上午，首届中国考古学大会在黄河迎宾馆礼堂隆重开幕。中国社会科学院党组书记、院长王伟光，文化部党组成员、国家文物局党组书记、局长刘玉珠，中共河南省委常委、郑州市人民政府市长马懿，河南省人民政府副省长张广智，郑州中华之源与嵩山文明研究会会长刘其文等致辞。著名考古学家李伯谦教授、印度考古调查局考古所所长桑杰·库玛尔·曼纽尔等专家讲话。随后，郑州市文物考古研究院顾万发、浙江省文物考古研究所王宁远等做了主题演讲。

2016年5月20日晚，大会筹备组最后一次工作会议

2016年6月1日，首届中国考古学大会总结会

5月21日晚，首届中国考古学大会青年学者圆桌会议举行。

5月21日下午至22日下午，中国考古学会13个专业委员会分别举行本专业委员会的学术研讨。

首届中国考古学大会公共考古讲座分别在郑州大学、河南大学、郑州师范学院、河南博物院、郑州博物馆、郑州文庙等地举办。

5月22日晚，首届中国考古学大会海外学者演讲与座谈会举行。

5月23日上午，与会代表分别考察郑州东赵遗址发掘现场、郑州市大河村遗址博物馆、开封新郑门遗址发掘现场。

下午，首届中国考古学大会举办闭幕式。闭幕式上，各专业委员会就本专业委员会学术研讨做了总结发言。之后，中国考古学会理事长、中国社会科学院考古研究所所长王巍，郑州中华之源与嵩山文明研究会名誉会长王文超，河南省文物考古学会会长、河南省文物局副局长孙英民分别讲话。

首届中国考古学大会胜利闭幕！

6月1日，首届中国考古学大会总结会在郑州嵩山饭店召开。

6月20日，中国考古学会向郑州市委、市政府发函，表示感谢。

附录二　感　谢　信

中共郑州市委、郑州市人民政府：

今年 5 月 21 ～ 23 日，首届中国考古学大会成功举办，郑州市委、市政府对本次大会成功举办给予了大力支持，做出了积极贡献。在此，中国考古学会及全体与会代表，向郑州市委、市政府和郑州市民表示衷心感谢，并致以崇高敬意！

首届中国考古学大会是中国考古学诞生近百年来首次举办的大规模高端学术盛会。大会共有来自国内 100 多个科研院所、高等院校，以及英、德、俄、日、韩、印度、埃及、蒙古、洪都拉斯、乌兹别克斯坦等十余个国家和港台地区近 400 位中外学者参加，300 余位学者列席会议。与会代表以"走向世界、走向未来的中国考古学"为主题，在众多学术领域进行了深入的交流和研讨，取得了丰富的成果；人民日报社、新华通讯社、中央电视台、光明日报社等近百家媒体、200 余位记者对大会进行了全方位报道，转载 50 余万次，产生了广泛的社会影响，有力推动了中国考古学的发展。

本次大会具有规模大、层次高、国际化、开放性的特点，筹备组织工作周期长、头绪多、任务重、难度大。郑州市委、市政府对本次大会给予了高度重视，市委马懿书记及时任市委书记吴天君同志亲自过问和部署各项工作，胡荃副书记、杨福平副市长等领导同志亲赴一线指导工作，周密安排，精心组织，有关部门为大会成功举办也付出了辛勤劳动和汗水。正是由于郑州市委、市政府的关心和支持，并为大会提供了人力、物力保障，大会各项工作有条不紊，议程安排井然有序，服务接待热情周到，宣传工作扎实充分，大会取得圆满成功。

　　首届中国考古学大会是中国考古学发展史上的一个里程碑，是中国考古学全面发展，实现腾飞的新起点。本次大会的成功举办，反映了郑州市委、市政府对文物工作的关心和重视，同时也必将积极推动郑州市文物事业的全面发展。我们相信，在国家对文物工作日益重视、对文化遗产保护力度不断加强的大好形势下，中国考古学一定会以此次大会成功举办为契机，朝着国际化、科学化、大众化的方向继续努力，用更加优异的成绩和更加丰硕的成果服务社会，服务大众，为实现中华民族伟大复兴的"中国梦"做出更大贡献！

　　再次真诚感谢郑州市委、市政府及全体郑州市民的支持和奉献！

中国考古学会

二〇一六年六月二十日

附录三　大会赠书

作者	书名	出版社	出版日期
河南省文物局编著	《百泉、郭柳与山彪》	科学出版社	2010 年 1 月
河南省文物局编著	《南阳镇平程庄墓地》	科学出版社	2011 年 2 月
河南省文物局编著	《淅川东沟长岭楚汉墓》	科学出版社	2011 年 3 月
河南省文物局编著	《淅川刘家沟口墓地》	科学出版社	2011 年 5 月
河南省文物局编著	《新乡老道井墓地》	科学出版社	2011 年 10 月
河南省文物局编著	《辉县孙村遗址》	科学出版社	2012 年 6 月
河南省文物局编著	《鹤壁刘庄——下七垣文化墓地发掘报告》	科学出版社	2012 年 7 月
河南省文物局编著	《安阳韩琦家族墓地》	科学出版社	2012 年 7 月
河南省文物局编著	《淅川柳家泉墓地》	科学出版社	2013 年 2 月
河南省文物局编著	《淇县大马庄墓地》	科学出版社	2013 年 5 月
河南省文物局编著	《安阳北朝墓葬》	科学出版社	2013 年 7 月
河南省文物局编著	《新乡王门墓地》	科学出版社	2013 年 9 月
河南省文物局编著	《禹州新峰墓地》	科学出版社	2013 年 9 月
河南省文物局编著	《辉县汉墓》（一）	科学出版社	2014 年 5 月
河南省文物局编著	《平顶山黑庙墓地》	科学出版社	2014 年 9 月
河南省文物局编著	《淇县黄庄墓地Ⅱ区考古发掘报告》	科学出版社	2015 年 2 月
河南省文物局编著	《淇县西杨庄墓地、黄庄墓地Ⅰ区发掘报告》	科学出版社	2015 年 3 月
河南省文物局编著	《淅川新四队墓地》	科学出版社	2015 年 6 月

作者	书名	出版社	出版日期
河南省文物局编著	《荥阳官庄遗址》	科学出版社	2015 年 6 月
河南省文物局编著	《卫辉大司马墓地》	科学出版社	2015 年 8 月
河南省文物局编著	《荥阳薛村遗址人骨研究报告》	科学出版社	2015 年 12 月
河南省文物局编著	《新乡金灯寺墓地》	科学出版社	2016 年 5 月
河南省文物局编著	《淅川阎杆岭墓地》	科学出版社	2016 年 5 月
河南省文物局编著	《淅川下寨遗址 ——东晋至明清墓葬发掘报告》	科学出版社	2016 年 6 月
河南省文物考古研究院编	《古代青铜器修复与保护技术》	大象出版社	2014 年 6 月
河南省文物考古研究院、中国科学技术大学科技史与科技考古系编著	《舞阳贾湖》（二）	科学出版社	2015 年 3 月
河南省文物考古研究院编	《郑州商城遗址考古研究》	大象出版社	2015 年 7 月
河南省文物考古研究院编著	《郑州商城陶器集萃》	大象出版社	2015 年 7 月
河南省文物考古研究院编著	《郑州汉墓》	大象出版社	2015 年 10 月
河南省文物考古研究院编著	《新郑双楼东周墓地》	大象出版社	2016 年 4 月
河南省文物考古研究院编著	《河南林州大菜园东周墓地出土青铜器保护修复报告》	中州古籍出版社	2016 年 4 月
河南省文物考古研究院编著	《新郑坡赵一号墓》	中国社会科学出版社	2016 年 5 月
河南省文物考古研究院、中国文化遗产研究院、日本奈良文化财研究所编著	《巩义黄冶窑》	科学出版社	2016 年 5 月
河南省文物考古学会编	《河南文物考古论集》（五）	大象出版社	2014 年 9 月

作者	书名	出版社	出版日期
杨文胜著	《中原地区两周随葬青铜礼乐器制度研究》	大象出版社	2016 年 5 月
齐岸青主编	《嵩山故事》（7 册／套）	中国工人出版社	2008 年 5 月
郑州市嵩山历史建筑群申报世界文化遗产委员会办公室编著	《嵩山历史建筑群》	科学出版社	2008 年 7 月
于茂世著	《大哉嵩山》	中华书局	2009 年 7 月
齐岸民著	《嵩山古建》	中华书局	2009 年 7 月
郑州市文物志编辑委员会编	《郑州市文物志》	中华书局	2013 年 8 月
郑州市文物局编	《郑州市大遗址保护规划汇编》	科学出版社	2013 年 11 月
阎铁成主编	《华夏文明彩霞》	科学出版社	2015 年 8 月
顾万发主编，郑州市文物考古研究院编	《华美与灵动——院藏文物精品三维动态鉴赏》	科学出版社	2016 年 4 月
顾万发主编，郑州市文物考古研究院编	《剪纸上的郑州》	科学出版社	2016 年 4 月
顾万发主编，郑州市文物考古研究院编	《郑州大师姑图录》	科学出版社	2016 年 4 月
赵春青、顾万发主编，中国社会科学院考古研究所、郑州市文物考古研究院编著	《新砦遗址与新砦文化研究》	科学出版社	2016 年 4 月
阎铁成主编，郑州市文物考古研究院编	《重构中国上古史的考古大发现——郑州地区重大考古发现纪实》	科学出版社	2016 年 5 月
顾万发主编	《如是漫说——文化遗产保护法制主题创意绘本》（第一季）	人民日报出版社	2016 年 5 月
顾万发主编，郑州市文物考古研究院编著	《郑州市文物考古与研究》（三）	科学出版社	2016 年 5 月
顾万发编著	《文明之光——古都郑州探索与发现》	科学出版社	2016 年 5 月
赵春青、顾万发主编，中国社会科学院考古研究所、郑州市文物考古研究院、北京大学震旦古代文明研究中心编著	《新砦陶器精华》	科学出版社	2016 年 5 月

作者	书名	出版社	出版日期
于革等著，郑州市文物考古研究院编	《郑州地区湖泊水系沉积与环境演化研究》	科学出版社	2016 年 5 月
顾万发主编，郑州市文物考古研究院编著	《新郑望京楼——2010～2012 年田野考古发掘报告》	科学出版社	2016 年 11 月
郑州大学历史文化遗产保护研究中心编著	《登封南洼——2004～2006 年田野考古报告》	科学出版社	2014 年 2 月
（郑州）中华之源与嵩山文明研究会编，周昆叔、齐岸青主编	《中华文明与嵩山文明研究》（第一辑）	科学出版社	2009 年 7 月
郑杰祥著	《郑州商城与早商文明》	科学出版社	2014 年 9 月
索全星著	《中华文明本源初探》	科学出版社	2014 年 12 月
徐海亮著	《郑州古代地理环境与文化探析》	科学出版社	2015 年 5 月
郑州中华之源与嵩山文明研究会、中国社会科学院考古研究所主编	《中华之源与嵩山文明研究》（第二辑）	科学出版社	2015 年 6 月
洛阳市第二文物工作队编著	《唐安国相王孺人壁画墓发掘报告》	河南美术出版社	2008 年 5 月
洛阳市文物考古研究院编著	《偃师华润电厂考古报告》	中州古籍出版社	2012 年 8 月
河南省文物管理局、洛阳市文物考古工作队编著	《黄河小浪底水库考古报告》（第四辑）	中州古籍出版社	2013 年 10 月
洛阳市文物考古研究院编著	《洛阳朱仓东汉陵园遗址》	中州古籍出版社	2014 年 3 月
洛阳市文物考古研究院编著	《洛阳红山唐墓》	中州古籍出版社	2014 年 7 月
洛阳市文物考古研究院编著	《洛阳市定鼎北路唐宋砖瓦窑址考古发掘报告》	中州古籍出版社	2016 年 1 月
李全立著	《周口文物大观》	中州古籍出版社	2013 年 12 月
李全立著	《周口古陶瓷》	中州古籍出版社	2013 年 12 月
秦勇军、李全立主编	《周口文物考古研究》	中州古籍出版社	2015 年 12 月
韩长松著	《焦作陶仓楼》	中州古籍出版社	2015 年 7 月

后记

2016年5月21～23日，首届中国考古学大会（2016·郑州）在河南省郑州市成功举办。本次大会由中国考古学会主办，郑州中华之源与嵩山文明研究会、河南省文物考古学会承办，大会主题为"走向世界、走向未来的中国考古学"。本次大会是一次高水准、国际化、开放式、大规模的学术盛会，其内容丰富、议题广泛、影响深远。本次大会的成功举办，使得中国考古学的国际影响力得以提升，中国考古学的整体实力得以彰显，中国考古学的学术研究水平得以增强。与此同时，河南作为华夏文明核心区的重要地位愈加凸显，郑州的文化软实力和国际知名度得到显著提升，对郑州成为国际化商都产生了积极影响，促进了郑州国家中心城市建设。

为如实反映大会盛况，主、承办双方决定编纂出版《首届中国考古学大会（2016·郑州）会志》。中国考古学会理事长、中国社会科学院学部委员王巍研究员，中国考古学会秘书长、中国社会科学院学部委员、中国社会科学院考古研究所所长陈星灿研究员，郑州中华之源与嵩山文明研究会王文超名誉会长等均十分关注会志的编纂出版工作，并给予了大力支持。中国社会科学院考古研究所也十分重视会志的编纂出版工作，多次给予指导和帮助。河南省文物考古学会孙英民会长、中国社会科学院考古研究所科研处刘国祥处长、郑州市文物局任伟局长、科学出版社闫向东副总经理多次召开会议，明确提出时间紧、任务重，要以高度的责任感和使命感，高标准、高质量地完成会志的编纂出版工作。同时，根据工作需要，成立了编纂工作组，由陈星灿、孙英民、任伟任组长，刘国祥、闫向东、张建华任副组长，李俊兰、张国辉、王飞峰、王光明、李宏飞、曹蕊为成员。孙英民会长、刘国祥处长负责会志编纂出版组织、协调工作，张建华书记负责具体执行工作，郑州嵩山文明研究院李俊兰、张国辉两位同志全程参与，郑州嵩山文明研究院高丽、黄俊、沈倩、袁升飞、柴小羽、姜维、刘慧霞、秦鹏娜、申丽霞、李辉、李宏等同志也分别参与了资料收集整理或部分编辑工作。在大家的共同努力下，如期完成会志大纲设计初稿及会志相关资料的组织和统稿工作，并与王飞峰、王光明、曹蕊等对书稿进行多次校改，使之按期付梓。

最后，感谢参加首届中国考古学大会（2016·郑州）的各位领导、学界同仁、新闻媒体的朋友们！感谢为保证大会顺利召开付出辛勤劳动的全体工作人员！感谢科学出版社闫向东副总经理、文物考古分社王光明编辑为会志的编辑出版工作给予的支持和付出的辛劳！

由于时间仓促，加上编者水平所限，本书难免有疏漏和不足之处，敬请专家、学者及读者给予批评指正。

编　者
2018年9月